U0642480

勿使前辈之遗珍失于我手
勿使国术之精神止于我身

陈氏太极拳图说

【简体版】

〔清〕陈鑫 著

陈东山 点校

北京科学技术出版社

图书在版编目（CIP）数据

陈氏太极拳图说:简体版 /（清）陈鑫著;陈东山
点校 . — 北京:北京科学技术出版社,2024.2（2025.1 重印）
ISBN 978-7-5714-3269-0

Ⅰ.①陈… Ⅱ.①陈… ②陈… Ⅲ.①陈式太极拳—
图解 Ⅳ.① G852.11-64

中国国家版本馆 CIP 数据核字（2023）第 194649 号

策划编辑:王跃平
责任编辑:宋杨萍
责任校对:王晶晶
封面设计:异一设计
责任印制:张　良
出 版 人:曾庆宇
出版发行:北京科学技术出版社
社　　址:北京西直门南大街 16 号
邮政编码:100035
电话传真:0086-10-66135495（总编室）
　　　　　0086-10-66113227（发行部）
网　　址:www.bkydw.cn
印　　刷:三河市华骏印务包装有限公司
开　　本:787 mm × 1092 mm　1/16
字　　数:316 千字
印　　张:24.75
版　　次:2024 年 2 月第 1 版
印　　次:2025 年 1 月第 2 次印刷
ISBN 978-7-5714-3269-0
定　　价:118.00 元

序

序一

一部常销不衰的经典之作
——《陈氏太极拳图说》的文化渊源与新版发行

《陈氏太极拳图说》1933 年由开封开明书局首发，距今已近百年。

此书一经面世，即在武术界引起极大轰动，武林同道给予了很高的评价，称之为"拳坛理论之丰碑，武林修学之经典"。《陈氏太极拳图说》自发行以来，多次再版，仍历久弥新，常销不衰，至今仍然深受武术界人士的重视和推崇。

这本详尽、系统地阐述太极拳基础理论、基本技法的大成之作，之所以能翘楚于太极拳诸作之林，我认为主要有三个原因。

首先是它以《易》理解拳理，以拳技印拳理，技理互证。

本书卷首详细阐述了太极、阴阳、五行、八卦等理论以及大到宇宙，小到人体经络，世上万物在阴阳对应中运行的规律。指出了这些理论、规律与太极拳运动的内在联系，以及在这些基本原理的指导下，太极拳运动所要遵循的基本原则；卷一、二、三则主要讲太极拳的练法，侧重外形动作要领、内劲运行轨迹和招式的攻防技巧，深入浅出、环环相扣，既有启蒙作用，又有引导入深之效。本书对这些内容以五言或七言绝句、俚语口诀的形式进行了高度的概括总结，读起来上口易记。

其次是本书有中原地域文化的渊源和陈家沟太极拳文化的厚重积淀。

温县陈家沟，西有洛阳，东有汴京，这一带是中华民族早期生存繁衍的中心区域之一。仰韶文化和龙山文化千年留痕，"伏羲画卦""河图洛书"传声乡里，养生盛典《黄庭经》在此问世，这里还是李商隐、韩愈、杜甫、许衡等历史文化名人的故里。数千年生生不息的岁月沉淀和多个朝代兴衰更替的铁马金戈，不仅形成了浓郁的文化氛围，而且给这里的人们留下了强大的尚武基因，这些都为黄河北岸的陈家沟孕育出如今享誉世界的太极拳提供了肥沃的文化土壤。数百年来，太极拳作为家拳在村里陈姓人家世代传承。"喝了陈（家）沟水，都会跷跷腿。"这里的陈氏后人，习练太极拳不仅是爱好，更是一种责任的赓续。代代尚武的风气，使太极拳在这里淬火提炼，使这里名人辈出，清代中期曾声播宫廷。

最后是作者陈鑫丰厚的文化积累和对家拳传承的高度责任心。

《陈氏太极拳图说》的作者陈鑫，出身于陈家沟太极拳世家。曾祖陈公兆，拳艺精湛，曾力斗疯牛，为世人称颂。祖父陈有恒、叔祖陈有本，皆精太极拳，炉火纯青。有本公将家传的五套拳、五套捶分别归纳为一套拳（即一路）和一套捶（即二路），时人将其简称为"略"，是太极拳发展史上一座重要的里程碑。陈鑫的父亲陈仲甡、叔父陈季甡（系孪生兄弟），"昆仲文韬武略，艺臻神化，智勇绝伦"，皆因战功卓著而名动华夏，清咸丰年间先后晋"五品花翎"和"御赐武节将军"。

陈鑫身为太极拳世家子弟，"少小侍侧，耳闻目见，熏蒸日久，窃于是艺管窥一斑"，于太极拳颇有所得。及长，在精研家传拳法的同时，更是熟读诸子百家，尤其对明朝大儒来知德的《易经集注》用功颇深。晚年，怀"恐分门别户，失兹真传"之担心和"不至以祖宗十六世之家传，至我身而断绝也"之责任，遂发愤著书立说。他一洗家拳秘不外传之故习，利用十二年时间，将其一生对易学研究的心得和对家传太极拳理论、拳法及拳术的研练感悟，在《陈氏太极拳图说》中融会贯通，做出了精辟的阐述。检视十二年的心血付出，陈鑫欣然写道："书成完璧，学者演习，世世相传于弗替……而使一世之人既有益于己，又有益于人，并有益于天下，后世卫身卫国，两收其美，岂不快哉。"其对家传拳艺及《陈氏太极拳图说》的深爱厚冀，流于笔端。凡深研此书者，将其中技理称之为"陈氏太极拳的核心理论"，是"几百年来陈家沟历代武术家练拳悟理的经验积累和陈氏太极拳的精华"，言不为过。此书当是我国武术发展史上一份难得的宝贵财富。

1933 年首次出版的《陈氏太极拳图说》为繁体字竖排版，此后几经重刊，均为原著影印。为方便当代更多受众群体阅读，本书版权的法定继承人陈东山先生（《陈氏太极拳图说》原著者陈鑫之曾孙、编辑者陈椿元之孙、参订者陈绍栋之子）在对该书进行系统的勘误校注后，该书于 2006 年以简化字横排版的形式再版发行，书中增添了国家武术研究院研究员康戈武教授 2004 年在《人民日报》（海外版）发表的《三读〈陈氏太极拳图说〉》的序。按照其父陈绍栋生前所嘱，删除了 1933 年初版附录中《杜育万述蒋发受山西师传歌诀》及其对原著中"任脉督脉论"所附加的"杜补"二字等非原著内容，还原著以本来面目。

我与东山先生相识于 20 世纪 90 年代，那时他还在陕西省政府机关工作。出身于太极拳世家的他，自幼秉承庭训，随父习练家传太极拳法，后又得族叔陈克忠、伯父陈金鳌诸前辈进一步的悉心教导。先辈们的倾囊相授，使东山先生对陈氏家传的拳理拳法感悟至深。多年来，他身处他乡却心系桑梓，积极筹划、组织和参与陈家沟太极拳的诸多活动，如为历代太极拳宗师修祠竖碑，组织纪念一代太极宗师陈鑫诞辰等活动，撰写文章、义务传拳等，为陈氏太极拳历史资料的挖掘整合和宣传推广做了大量的实际工作，是陈氏太极拳文化名副其实的传播者和优秀传承人。

本次再版的《陈氏太极拳图说》，依然采用简化字横排版的形式，东山先生顺应当前人们阅读方式和阅读习惯的改变，在确保原著内容的前提下，对本书内容做了如下补充：一是在保留原书中手工绘制的示意图的基础上，在附录部分添加了传统套路六十四势的分解定式照片，以更精准地示范身法、步法、手法；二是增加了传统套路和简化套路的演练视频，以满足不同人群的学习需求，用手机扫描封底的二维码，便可反复观看。此二项附补，使得这次再版的《陈氏太极拳图说》突出了文、图、像的高度融合，体现了图、像由粗到精、由静到动的有机转换，使"此招之下与下招之上，夹缝中如何承上，如何启下"的演示尤为准确生动，为习练者"由招熟到懂劲，乃至阶及神明"提供了妙途佳径。东山先生虽年近耄耋，尚亲自演武示范，体现了他在传承过程中恪守家传拳理、拳法的原则，坚守了先祖"恐分门别户，失我真传"而著书立说之初心，确保了传统套路的"原生态"。

祝愿这部在世界武术界享有盛誉的太极拳经典之作，经陈鑫后人及众多专家贤达的共同注润后，能对太极拳的普及发展，起到更加积极的指导和推动作用。

当下有些人在太极拳界追名逐利，不注重弘扬继承，醉心于所谓的创新发展，为了"标新立异"而随意改编传统套路。在这种情况下，能静下心来认真研读、领悟《陈氏太极拳图说》的读者尤为难能可贵，希望本书能帮助更多读者理解顺应宇宙万物发展运动的规律，科学地养生修心、习武练功及强身健体。

谨以此，祝贺《陈氏太极拳图说》的再版发行。

原福全

二○二三年七月于温县

（作者系原河南省温县太极拳开发委主任、温县国际太极拳年会常务副秘书长）

三读《陈氏太极拳图说》

陈鑫著《陈氏太极拳图说》自 1933 年由开封开明书局出版发行后，引起了武坛广泛、持续的关注。70 年后的今天，山西科学技术出版社为了适应当代读者的需求，拟于近期内重印此书合订本，并邀我写点导读的话叙于书首。思之再三，谨将我读《陈氏太极拳图说》的心得概要为泛读、精读、研读，名之为《三读〈陈氏太极拳图说〉》，与读者诸君进行交流。

一、以泛读明其概要

泛读，可以理解为泛泛地读，或者说是快速地翻阅一遍，凭此了解全书的概貌和特色，判断是否值得精读和研读。

原版本《陈氏太极拳图说》分为卷首、卷一、卷二、卷三，共四卷，在其后出现的翻版和重印本中，有的将四卷合订为一册。该书内容可概要为四部分：

其一是陈氏太极拳架六十四势的练法。这部分所占篇幅最多，是该书卷一、二、三的主要内容。

其二是太极拳的基本理论。这部分内容，不仅有集中于卷首的阐述太极拳与《易》相融的图文四则和《太极拳经谱》等十一篇太极拳论文，还有分散于六十四势练法图说中的拳理和拳诀。

其三是太极拳的文化基础。这部分内容主要集中于卷首，包括四十则介绍周易知识的图文和十二则介绍人身经络穴道的图谱、歌诀。

其四是阐述陈氏太极拳发展脉络和时人评述陈氏太极拳的文章。包括辑录于卷首之前的河南西平（华）陈泮岭《太极拳谱题词》、与温县邻里相望的卫辉汲人李时灿（敏修）序、邻人杜严序和作者陈鑫的自序；附录于卷三的《陈氏家乘》（节录陈王廷以后部分）、《陈英义公传》、《陈仲甡传》、《温县陈君墓铭》、李春熙《跋》、刘焕东《后叙》，另有沁阳杜元化（育万）以订补者名义加入的《杜育万述蒋发受山西师传歌诀》一则。

通过泛读，我们发现陈鑫著《陈氏太极拳图说》是一部全面介绍陈氏太极拳历史、理论、技术以及相关知识的专著。全书有着图说详明、技理交融、以诀示要、适用面广等特色。

图说详明是《陈氏太极拳图说》的第一个特点。此书以"图说"的形式，展示全书的内容。着墨于《易》时，易图与易理相连。介绍到经络穴位时，经络图与歌诀兼收。图说拳势动作时，不仅有整体姿势图，还有上肢运行图、下肢运行图、步位图、运动气机图、内气运行图、缠丝劲图、内劲图等；而且，不仅每一图皆附有相应的文字解说，还用线条将文字解说和身体某部相连，针对性极强地图说身体各部的运动要领。对拳势图清晰细微地阐释，对拳理深入浅出地剖析，从中，我们可以看到作者渴望读者能看懂、学会的心愿。

技理交融是《陈氏太极拳图说》的第二个特点。此书在卷首中集中辑录了作者的太极拳论文，介绍了作为太极拳文化基础的易理和中医经络知识。然而，更多带有指导意义的拳术理论和相关传统文化知识，则出现在与拳势相应的解说中。

例如，在解说"第一势金刚捣碓"时，作者在描述了外形运动方法、内劲运行方法、动作的攻防作用、身体各部的姿势要领后，以"总论"为标题，论述了太极拳运动的阴阳总则，指明"惟有五阴并五阳，阴阳无偏称妙手"，进而以"取象"为标题，取象乾坤，以"乾健坤顺""阴阳合德"，说明运动的阴阳法则。其文云："当其静也，阴阳所存，无迹可寻；及其动也，看似至柔，其实至刚，看似至刚，其实至柔。刚柔皆具，是谓阴阳合德。"随后，又以五首七言俚语进一步描述练习金刚捣碓的要求。最后，注明练习此拳时需要注意"百会"等穴位的位置。此外，解说文中还包含有一些习武常识。如在道德教育方面，强调"打拳，亦所以修身正、卫性命之学也"，要"中礼""能敬能和，然后能学打太极拳"。在练习场地和方位的选择方面，指出"平素打拳，因地就势，不必拘定方向而守一定之位置"。在练习要持之以恒方面，提出了"拳打万遍，神理自现"的练习要求。其他各势的解说也都是循着这个大致的格式展开的。从这种技理交融的写法中，我们可以看到作者力图引导读者在理论指导下学好太极拳、在中华传统文化启迪下练好太极拳、拓宽太极拳锻炼价值的一腔挚情。

以诀示要是《陈氏太极拳图说》的第三个特点。作者在阐明太极拳理论和揭示太极拳技术要领时，普遍采用歌诀、韵语、俚语的形式进行表述。例如，列于太极拳理论之首的《太极拳经谱》《太极拳权谱》，是以四言句写成的论文；太极拳总论，是一首七言韵文；推手的要谛，被总结为两首七言歌诀。在各势练法解说中，也都是以四言、五言、七言或长短句俚语作为结语。这些朗朗上口的歌诀便于读者诵读、记忆；同时，也有助于读者借助这些歌诀去领悟太极拳的技法、练法和功用。

适用面广是《陈氏太极拳图说》的第四个特点。《陈氏太极拳图说》的知识量很大，好武者皆可"开卷有益"。

此书作为陈氏太极拳的专著、名著，专门习练陈氏太极拳者读之，可以较快地了解本拳系的始末和概貌，掌握本拳系的技法诀窍。习练他式或兼练多式太极拳者读之，可以深化对太极拳共性特征和基本法则的认识，还可借此找出陈氏太极拳与其他式太极拳拳架、理法的异同点，从而在保持太极拳基本要素的基础上去发展其他架势的个性特点。即使是其他武术拳种的传习者，乃至广大武术研究者和爱好者，也都可以"开卷有益"。首先，可以借助此书了解陈氏太极拳，吸取其中精华以丰富个人所学；其次，可以借鉴和仿效《陈氏太极拳图说》的编撰体例和表述方法，以完善自家之学；最后，还可以从武术整体的角度或某一拳种的角度对《陈氏太极拳图说》进行比较阅读，以获取更多的体悟，拓展更广的视野。

二、以精读取其精髓

精读，可以理解为反复仔细地阅读。通过精读，读懂、读通、读会，乃至得其精髓，举一反三。换句话说，要想读懂这部四卷本的名著，必须花时间、下功夫进行精读。要获取全书的精髓，必须精读全书。要想获取其中某一部分的精髓，必须对该部分进行精读。总之，要根据不同的读书目的，采取不同的精读方法。

最通常的精读方法，就是依原书的顺序一点点读。读懂一则，再读下一则，学会一势，再学下一势，逐步读完全书，悟通全书。

在泛读的基础上进行分类读，是精读的又一种方法。依笔者在前文对此书内容的分类来说，我们可以先集中学练拳架，按照书中对陈氏太极拳架六十四势的图说，逐步学会整套动作。随后，重读每势图说的技法理论，明悉每势的技术标准，掌握同类动作的运动要领。然后，再集中阅读太极拳论文，从总体上运用太极拳理论去指导学习，深入实践。最后，阅读太极拳的相关文化知识及历史脉络，加深对太极拳理论和技术的理解。

在分类精读《陈氏太极拳图说》技理内容方面，顾留馨先生下了很

陈氏太极拳图说

序

多功夫，成绩卓著，堪称楷模。在沈家桢、顾留馨合著的《陈式太极拳·第五章陈式太极拳拳论》首段中写道："作者（顾留馨）素爱太极拳并穷究其理，故由他从几本书中分类摘录陈鑫的拳论，以便练拳时参考和揣摩。"

顾留馨把陈鑫论述太极拳运动对身体各部姿势要求的语录归类为十九目。此十九目即：头、眼、耳、鼻与口、项、手、拳、腹、腰、脊与背、裆与臀、足、骨节十三目，加上顶、肩、肘、胸、胯、膝六目。

顾留馨把陈鑫论述太极拳运动原理的拳论归类为十三类别。此十三类名为：心静身正，以意运动；开合虚实，呼吸自然；轻灵圆转，中气贯足；缠绕运动，舒畅经络；上下相随，内外相合；着着贯串，势势相承；虚领顶劲，气沉丹田；含胸拔背，沉肩坠肘；运柔成刚，刚柔相济；先慢后快，快而复慢；窜奔跳跃，忽上忽下；刚柔俱泯，一片神行；培养本元，勤学苦练。

顾留馨还把陈鑫论述太极拳搌手（推手）的拳论归类汇编为：搌手论集录、搌手十六目、搌手三十六病、搌手歌二首。

顾留馨先生这种分类集录、分类揣摩的精读方法，很值得我们学习。

在泛读的基础上，结合自己的习拳进度和在练拳实践中遇到的问题，选取相应的内容进行细读，也是精读的重要方法之一。这样读，有的放矢，常能从书中获得解决问题的方法和启示，收到立竿见影的效果。

三、以研读拓展学问

研读，可以理解为以研究的态度进行阅读。如果说泛读和精读是立足于"信书"，着眼于"接纳书"，那么，研读则是在"信书"和"接纳书"的基础上，立足于"疑书"，着眼于"发展书"。所谓"疑书"和"发展书"，可以分两方面来说。一是对已被我们"接纳"的知识存"疑"，疑其是否正确。于是，带着这个"疑"去接受实践检验，比较同类知识，若所获知识经得住验证，而且出类拔萃，我们就应宣传、推广，从而"发展书"。二是对书中不明确的问题、有待深入的问题、有异议的问题存"疑"，带着这些"疑"去研究答案，找出答案来"发展书"。这一疑、一答，有如一问、一学。问得多了，学到的也就多了，学问也就拓展了。可以说，研读是一种开放式的阅读方法。

笔者对《陈氏太极拳图说》的研读，才刚刚起步，谨从问学所得中摘出几点与宏观把握此书价值有关的粗知，与同仁们交流；也提出一些有待研究的问题，与有志于斯的同仁们一道关注，携手攻关。

研读问题一：为什么在陈鑫著《陈氏太极拳图说》书末，附录有《杜育万述蒋发受山西师传歌诀》？

据查询，获得有助释疑的信息有四：

其一，杜育万（1869—1938），名元化，河南沁阳人。1905年（清光绪三十一年）至1910年间聘温县西新庄任长春为师，学练太极拳。1931年后，杜育万在河南开封以教太极拳为业。1935年5月，署名杜元化编述的《太极拳正宗》成稿。杜在《太极拳正宗·太极拳溯始》中说："先师蒋老夫子……学拳于山西太原省太谷县王老夫子讳林桢。"这么说，《杜育万述蒋发受山西师传歌诀》中的"山西师"即"王林桢"了。

其二，据1915年出版的《中州文献辑志》和《中州先哲传·义行·陈仲甡》记载，在陈家沟陈氏拳道传习者中，"陈仲甡技称最""……传其学者曰陈花梅、曰陈耕耘、曰陈复元、曰陈峰聚、曰陈同、曰李景延、曰任长春，然皆不及陈仲甡"。陈仲甡是《陈氏太极拳图说》作者陈鑫的父亲。依此，杜元化（育万）从任长春学的拳，应是陈氏太极拳。

其三，1933年开封开明书局出版《陈氏太极拳图说》时，作者陈鑫（1849—1929）已逝世四年。据参订者陈绍栋述（陈东山整理）：在陈椿元等参与《陈氏太极拳图说》编写工作的编辑者和参订者离开开封回温县陈家沟之际，当时在开封教拳的杜育万，私自以订补者的名义将《杜育万述蒋发受山西师传歌诀》一文附于陈鑫著作之末。这说明《杜育万述蒋发受山西师传歌诀》一文，既与原著无关，也与原著的作者和编辑者及参订者无关。

其四，1937 年 4 月，正中书局同时出版了徐震（字哲东，1898—1967）的专著《太极拳谱理董辨伪合编》和《太极拳考信录》两部书。

这位任职南京中央大学的国学教授、在太极拳史考证方面成绩显著的研究者，在《太极拳谱辨伪·辨杜育万述蒋发受山西师传歌诀》中写道："辩曰：此文见陈鑫品三所著《陈氏太极拳图说·附录》之末。除首四句四言韵语，及后四句七言韵语外，余皆取武禹襄文，其为杨氏拳谱流传后所伪造者的然无疑。"

徐震还在《太极拳考信录·卷中·正杜武之误第十八》中写道："陈鑫所著《太极拳图说》，末附杜育万补入歌诀一篇。谓述蒋发受山西师传者，即武（禹襄）氏所撰'一举动周身俱要轻灵'一篇。唯将此篇分为四节，每节摄以七言一句。其前总以四言韵语云：'筋骨要松，皮毛要攻，节节贯串，虚灵在中。'吾尝问陈子明，子明曰：'此杨氏之学大行，学者转袭彼说，又附益之，非陈氏所本有。杜育万乃今人，未尝深究其源也。'陈君此言甚是。此文明明为武禹襄所撰，吾前既备列证据矣，谓蒋发受山西师传，显然诬妄。"

至此，"研读问题一"似乎搞清楚了，但笔者以为还有需要深入研究的问题。例如，杜育万说此歌诀传自山西王林桢，可在杜育万（元化）于 1935 年编述《太极拳正宗》之前，从未听说山西"王林桢"一名。近年，有人说山西王林桢，就是山右王宗岳。也曾有人说，山右王宗岳就是明代内家拳传人西安王宗。究竟王林桢是不是王宗岳？王宗岳是不是王宗？是否确有王宗岳其人？都是有待研究的问题。

　　研读问题二：依徐震考，杜育万所谓受山西师传歌诀的基本内容，抄自武禹襄。那么，武禹襄的太极拳与陈氏太极拳是什么关系？陈氏太极拳与其他各式太极拳又是什么关系呢？

　　在笔者查阅的有关文献中，积极支持出版《陈氏太极拳图说》的首席助刊者陈泮岭先生（1891—1967）于1963年著刊的《太极拳教材》一书颇值一读。

　　陈泮岭先生，河南西平人。自幼好武，早在1920年就在河南开封发起并创办"青年改进俱乐部"，提倡武术。随后，担任河南省国术馆首任馆长，继而，受聘为南京中央国术馆副馆长，并于1940年至1944年出任国民政府"教育部及军训部国术编审委员会"主任，组织编辑国术教材。这位自析一生精力为"二分水利，一分党务，二分教育，五分国术"的陈泮岭先生，在其晚年著刊的《太极拳教材·自序》中写道：

　　"余自幼从先父习少林。民初，从李存义及刘彩臣两先生习形意；从佟联吉、程海亭两先生习八卦；从吴鉴泉、杨少侯、纪子修、许禹生诸先生习太极。民国十六七年间，复至河南温县陈家沟，研究陈家太极拳。

　　"太极拳之盛行于国内者，有杨家、吴家、武家、郝家。而吴家之太极，出于杨家；郝家之太极，出于武家；而杨家与武家之太极，皆由河南温县陈家沟所传授，故陈家沟实为近代太极拳之策源地。"

　　他在《太极拳教材·总论》中再一次强调："现在之太极拳，皆出于杨家、吴家、武家、郝家。郝家出于武家，吴家出于杨家；而杨家与武家，又出于陈家。可以说现在所研练的太极拳，皆系由河南温县陈家沟所传授；但陈家沟太极拳又是传自何人？尚难找出确实证据。……太极拳之源流，在今日难以稽考，唯其传自陈家沟，则为今日练太极拳人士之所共知公认者也。"

笔者从陈泮岭先生关于太极拳源流考察的结语中，既看到了"研读问题二"的简明答案，也看到了作者尊重"共知公认"、注重"确实证据"的治学态度，还看到了作者"引而不发"留给读者去思考、去研究的问题。

顺陈先生的文意去思考，陈家沟太极拳又是传自何人，尚难找出确实证据。似乎可以理解为，"尚难找出确实证据"证明太极拳不传自陈家沟。那么，就应该以"唯其（太极拳）传自陈家沟，则为今日练太极拳人士之所共知公认者也"为共识，加强太极拳界的团结，在齐心推动太极拳整体发展的同时，共同提高，一道前进。

将陈先生的考察结果放到太极拳研究的大环境中去思考，唐豪先生（1897—1959）关于太极拳起源的考证结果比陈先生进了一步。唐豪在没有"确实证据"证明太极拳不传自陈家沟的前提下，综合实地考察、文献考辨和拳技研究获得的考据，把"传自"定位到了"源自"的高度。这位将一生献给中国武术史学研究的拓荒者，在1930年时提出了太极拳源自陈家沟的考证结论，并明确指出"太极拳创始于陈王廷"。1964年，人民体育出版社出版发行了顾留馨完稿的《太极拳研究》一书。此书于1992年经中国武术协会审定，纳入《中华武术文库》"理论部"。书中"第一章　太极拳的起源和发展简史"再次论证了唐豪1930年时的考证结论。

学术研究是没有止境的。后学者应该借助前人的研究成果，在前人研究成果的基础上深入研究，才可能有所发现、有所建树，推动武术的科学化进程。质疑前人的研究成果，同样是在前人研究成果的基础上深入研究的一种方法。陈泮岭先生所谓"找出确实证据"，是质疑的基础。找得前人未能掌握或未予以重视的"确实证据"本身就是发现。不论质疑原有成果的总体结论还是枝节问题，都有助于学术发展和学科完善，关键是"找出确实证据"。

研读问题三：一本书的优劣与作者的素养和写作目的有关。《陈氏太极拳图说》的作者陈鑫，在太极拳方面的造诣如何？写作目的又是什么呢？

《陈氏太极拳图说》原著者陈鑫，字品三，出生于以家传太极拳著名的河南温县陈家沟陈氏族中。其祖父陈有恒、叔祖陈有本，皆善拳技。其父陈仲牲（后经众议，易名"英义"），兼得有恒和有本传，在当时"技称最"，咸丰、同治年间，曾多次在冷兵争锋中显技。有记载述陈鑫在同治六年（1867 年）时亦曾随父参战，胜归。上述详情，在《中州文献辑志》《中州先哲传》和李裳阶《李文清公日记》中均有记载。

陈鑫在自序中说，生长在这样的环境中，"少小侍侧，耳闻目见，熏蒸日久，窃于是艺管窥一斑。虽未通法华三昧，而于是艺仅得枝叶，其中妙理循环，亦时觉有趣"。在陈鑫的这几句谦语中，我们可以看到陈鑫从小就随父亲练太极拳，不仅掌握了技艺，而且悟到了"其中妙理"。

陈鑫在撰写《陈氏太极拳图说》时，并未局限于个人所学所悟。他还充分利用"耳闻目见"的陈氏族人练拳经验和多种拳谱，将之作为写作的素材。

陈氏族人陈绩甫在《陈氏太极拳汇宗》自序中说："余从祖品三公，系清贡生，得英义先生亲传，造诣精邃。汇集先世历传拳学真诠，详加稽考，益以己意，编真诠四卷，并武术杂技附本。"

南阳张嘉谋《温县陈君墓铭》刻石云："君，英义季子也。讳鑫，字品三，廪贡生。承其先志，服膺拳经，综绘群谱，根极于易。"

杜严在《陈氏太极拳图说》序中说："品三陈先生，英义先生之哲嗣，夙精拳术，又深学理，积数十年之心得，著《太极拳图说》一书。己巳初夏，策杖过余，须鬓飘然，年已八十有一矣。以弁言属余，受而读之。其于拳术之屈伸开合，即阴阳合辟之理，反复申明，不厌求详，可谓发前人所未发。"

陈鑫著《陈氏太极拳图说》时"反复申明，不厌求详"，与他的写作目的有关。从该书的序言中，我们看到其目的有二。

其一，恐失家学，为族人而写。

陈鑫在自序中说："说中所言，吾不知于前人立法之意，有合万一与否，而要于先大人六十年之攻苦，庶不至淹没不彰也；亦不至以祖宗十六世之家传，至我身而断绝也。……是书传之于家则可，传之于世恐贻方家之一笑。"

郑济川《太极拳法序》云："我友陈兄品三，英义先生之哲嗣也，承英义先生之家学，谓先大人六十年汗血辛劬独辟精诣，而鑫以二十年继述，心摹手绘，订为四卷，载在陈氏家乘。今特拔出，另成一部，诚恐久而湮没。"（见《陈氏太极拳汇宗》）

家乘原本是写给本族人看的。将拳谱"载在陈氏家乘"，其写作初衷已很明确。

其二，恐乱了技术标准，为保持"真传"而写。

陈鑫在自序中说："愚今者既恐时序迁流，迫不及待，又恐分门别户，失我真传。"

出于上述两点，陈鑫"课读余暇，急力显微阐幽，纤悉毕陈。自光绪戊申以至民国己未，十有二年，其书始成。又急缮写简册，虽六月盛暑，不敢懈也"（见《陈氏太极拳图说·自序》）。陈鑫在书成后，抄写了多册。从不同时期、不同作者为陈鑫题写的序言中，已见到稿本有《太极拳真铨》四卷、《太极拳图谱》四卷、《太极拳图画讲义》四卷、《太极拳图说》四卷等不同的书名（参阅陈绩甫《陈氏太极拳汇宗》和陈鑫《陈氏太极拳图说》）。《陈氏太极拳图说》一名，是陈鑫原著于1933年正式出版时才由后人议定的。

就这些书名而言，也有一个值得研究的问题：为什么20世纪初年，陈鑫原著各稿书名前均无"陈氏"二字，进入20世纪30年代的1933年，后人才在其书名前加上"陈氏"二字付印出版？

鉴于篇幅和时间，这一问题和其他相关问题就不再一一剖析了。

上述引证材料，已足以让我们明白，《陈氏太极拳图说》全面总结了陈氏数代积累的太极拳传承实录和实践心得，是陈鑫一生心血的结晶。不论是从陈氏太极拳在整个太极拳发展中的作用，陈鑫的武术阅历、写作目的与功苦，还是从该书展示出的拳理、拳技和揭示出的陈氏不传之秘去推敲，这部书都称得上是一部值得泛读、精读、研读，乃至必读和收藏的拳经。

康戈武

二〇〇四年中秋日于北京

略谈陈氏太极拳小架之特点

　　太极拳源于河南省温县陈家沟陈氏家族，故称为陈氏太极拳，至今已有近四百年的历史，先后在其基础上演变派生出杨式、吴式、武式、孙式及和式等主要流派。陈氏太极拳主要分为小架和大架两种，其中小架一直在陈氏家族内部习练，以防身为主，俗称"看家拳"。随着观念的改变，该拳术已走出家门乃至国门，习练的目的也由过去的技击防身转变为强身健体。为使人们更好地了解这套拳术，作为陈氏第十九世、陈氏太极拳第十一代传人，我一直注重收集整理前辈的太极拳理论、习练传播家传太极拳法，点校出版了先曾祖陈鑫的《太极拳图画讲义》和《陈氏太极拳图说》，下面在结合自身习练体会的基础上，将这套祖传拳法的拳理特点略述如下。

一、略谈太极拳及陈氏太极拳小架的来历

　　明末清初，我九世祖陈王廷（约 1600—1680）在家传一百零八

势长拳的基础上，依据阴阳消长之理，采用螺旋缠绕之法，博采众长，历经四十多年的研究，经过多次的否定再否定，最终创编五套拳、五套捶及双人推手等套路，在族内世代相传。传至我十四世祖时，陈长兴（1771—1853）将祖传拳法传给河北永年杨露禅。陈有本（1780—1858）在祖传五套拳、五套捶的基础上多有创新，将原有的五套拳归纳为一套拳（即为一路，以柔为主），将原有的五套捶归纳为一套捶（即为二路，以刚为主，亦称炮捶），时人将这两套拳法简称为"略"（简明、简略）。陈有本创编的一路、二路之"略"相对于原有的五套拳、五套捶为新架，是创新，是太极拳发展史上一座重要的里程碑。经其子陈敬柏（1818—1894），侄陈仲甡（1809—1871）、陈季甡（1809—1865)，孙陈鑫（1849—1929），族侄陈清平（1796—1865）等历代宗师再传至今的这两套拳法称为"小圈"，也称为"小架"。经其族侄陈耕耘等传承至今的这两套拳法称为"大圈"，也称为"大架"。陈有本将祖传五套拳、五套捶归纳为一套拳、一套捶（"略"）之前，并没有大架、小架之分，亦无新架、老架之说。陈鑫所著的《太极拳图画讲义》《陈氏太极拳图说》《三三六拳谱》等著作则是集历代宗师理论之大成，堪称拳坛理论之丰碑、武林修学之经典。陈鑫的经典著作对中国太极拳的普及和发展均起到巨大的推动作用，是太极拳发展史上的又一座里程碑。无论大架还是小架，其健身和防身的功效均妙不可言，数百年来经久不衰，深受世人所喜爱。

陈鑫依据阴阳开合之理，采用螺旋缠绕之法，注重发挥人体小宇宙的丹田主导作用，强调整体协调，即"周天运转，天人合一"。在行拳中，八劲八法层层体现、环环相扣，进退顾盼圈圈相连、承前启后、始终如一。陈氏太极拳拳架舒展，结构紧凑，动作简捷如行云流水，螺旋缠绕周身相随，刚柔变化随心所欲。初学时，以手带身，即所谓"划大圈"，随着功夫层次的提高，逐渐做到以身带手，即所谓"划小圈"，由大圈到小圈，由小圈到无圈，达到太极拳"无极而太极"的最高境界。

二、陈氏太极拳小架的主要特点

1. 开合顺其自然，阴阳互为其根，螺旋缠绕自始至终。该拳架依据阴阳消长之理，遵循自然运动之规律，采用螺旋缠绕之心法，取八卦变化之数，名曰六十四势。顺其一开一合、一屈一伸之自然，一阴一阳、一虚一实互为其根，"惟有五阴并五阳，阴阳无偏称妙手"。"缠丝精"（螺旋缠绕的劲）是陈氏太极拳小架最主要的特点，进缠、退缠，左缠、右缠，顺缠、逆缠，上下缠，里外缠，自始至终贯穿于每一拳势之中，无时无处不缠，浑身皆是缠劲，一往一来运一周，环环相扣，上下气机不停留，圈圈相连，从而形成一系列无限缠绕空间，承前启后，至虚至灵，一举一动均体现太极拳圆象。我曾祖陈鑫在论述缠丝精时说："打太极拳须明缠丝精。缠丝者，运中气之法门也。不明此，即不明拳。"

2. 阴阳互补，虚实分明。"人身之有任督，犹天地之有子午。人身任督以腹背言，天地任督以南北言"，打拳以调养气血，起势面向北，收势面向南，称为阴起阳收。在运行中，左手阴则右手阳，右手阴则左手阳，"动则生阳静生阴，一动一静互为根"，一动一静使人体任督相互交错产生能量，实现自然与人体阴阳互补，以调养气血，调节阴阳平衡，养浩然之正气，得哲理之妙用，对健康十分有益。

虚实分明也贯穿于整个行拳过程中，左虚则右实，右虚则左实，上虚则下实，手虚足亦虚，手实足亦实，手起足起，手落足落，从而实现"手从心内发，力从足上起"的高度协调和统一，达到"一动而无不动，一静而无不静"的至高境界。

3. 屈伸有度，进退有法，上下相随，内外相合。"思不出其位，动不越其界"，就是我们常说的屈求圆和、伸不过界。"打拳以鼻为中界，左手管左半身，右手管右半身，各足随各手动之"，上体之手与下体之足趾相齐。膝尖不超出足尖。比如云手，手以中为界，高不过眉，上体如何动，下体、中间自然随之，向左则左右皆向左，向右则左右皆向右，左旋右转，形成一个合力，此为一气贯通。上下相随，即整体高度协调的集中统一，手到身到，身到步随，内外相合（即心与意、气与力、筋与骨相合，手与足、肘与膝、肩与胯相合），总之，随机应变在于手，灵活与否在于步，进退之步、屈伸之手，皆要求非弧即圆的曲线，进退、屈伸始终保持身法中正。动作留有足够的余地，方可以示千变万化之妙。

4. 平圆与立圆立体交叉。"打拳之道，不外一圈。圈有正有斜，有左有右，有缓有急，有阴有阳，有有形，有无形，皆因现在所运之势而循环不已。"在整个套路中，立圆与平圆并重，是整体性、内外统一的运动方法。如陈氏太极拳第一势金刚捣碓，即可体现出太极十三势（掤、捋、挤、按、采、挒、肘、靠、进、退、顾、盼、定）的技法，且皆须要平圆的力和立圆的劲相辅相成，方可体现十三势的精髓和内涵。再如搂膝拗步、闪通背、倒卷红、上步七星等，也均能充分体现出平圆和立圆并重的动作要领。

5. 松柔沉稳，圆活轻灵。"内持静重，外现轻和"是陈氏太极拳小架的主要特点，也是其追求的目标。行拳以意行气，以气运身，始终注重虚领顶劲裆开圆、塌腰泛臀根基稳和沉肩坠肘气沉丹田，强调以腰为轴心的螺旋缠绕。这些基本的动作要领，不仅是实现轻灵圆活的重要方法，也是实现松柔沉稳的必备条件。虚领顶劲与塌腰泛臀，形成百会穴与会阴穴的上下垂直对拉，呈上下两夺之势，以达到上虚下实的效果。上虚则轻灵，下实则稳固，根深则叶茂。裆开圆，开中有合，合中有开，不开则腰腿的动作不灵活，不合则骨节松散而力不聚。松柔与圆活在于蓄发相变，沉稳与轻灵在于虚实互换。蓄发相变与虚实互换的关键在于腰裆之间。总之"腰裆劲"是腰、胯联合发出的劲，腰和胯不仅具有调节全身平衡的作用，而且具有旋转和折叠的功能，是产生和调控平圆与立圆力纵横交错的枢纽，也是导向力的万向节和传动轴。"松柔沉稳、圆活轻灵"与否，全在于"腰裆"的灵活程度，所以陈鑫指出，"有不得机不得势处，其病必于腰腿之间求之"。

6. 呼吸自然。陈氏太极拳的呼吸采用腹式自然呼吸法，吸气时小腹内收，使丹田之气上行于胃部，胸部自然扩张，从而加大肺活量，呼气时小腹外凸，使聚于胃部之内的气下行至丹田，胃部和胸部自然复平。在意识的指导下，呼吸行气与丹田内转相结合，有着强健内脏功能和调节全身平衡的作用，对强身健体特别有益。腹式自然呼吸有利于气沉丹田，是重心下沉、实现根基稳固的基本方法。一呼一吸以意行气与拳势的一开一合以气运身自然协调，使中气（亦称元气、内气）贯足于每一拳势之中，充分利用地面的反作用力加大爆发力和弹抖力，达到柔中寓刚、刚柔相济。

关于这套拳法的精髓，陈鑫在《太极拳图画讲义》中明确指出："太极拳之道，'开''合'二字尽之，一阴一阳为之拳，其妙处全在互为其根。""太极拳，缠丝法也。"要求自始至终以精、气、神为统帅，以整体的高度协调统一为重点，强调一气贯通，以螺旋缠绕为核心，突出划圆的作用。通过划圆缠绕，达到全身关节最大限度旋转，实现全身协调灵活、骨节松柔、通经活络、内劲充盈、气血旺盛，达到强身健体的目的。同时利用圆的运动作用化解力和产生力，亦可达到技击防身的作用。简而言之，习练太极拳就是"顺其性之自然，行其事之当然，合乎人心之同然，而究乎天理之所以然。一开一合绝无勉然，一动一静恰合天然"的过程。

以上论述是我多年来收集研究家传太极拳理论、习练传播家传拳法的一些粗浅认识，不揣冒昧地写出来，就是想与广大拳友分享，希望广大拳友多提宝贵意见，希望能与广大拳友在太极拳理论的深入研究、太极拳功力的提高乃至人生境界的升华上共同进步。同时感谢广大拳友多年来对此书的关注和喜爱，感谢原福全先生百忙之中拨冗为此书作序，感谢侄子陈向武，弟子冯克、黎紫翔在本次点校出版中所做的工作，感谢出版社的朋友为此书出版所做的辛勤劳动和付出。

陈东山

陈家沟陈氏第十九世、陈氏太极拳第十一代传承人

二〇〇三年九月于西安

目录

陈氏太极拳图说

目录

太极拳谱题词

◎ 陈泮岭

天地元始，无极太极；

太极赋物，各一太极。

人而体天，原本返始；

精气与神，合为一理。

至大至刚，可塞天地；

其玄莫测，其勇无比。

吾宗温人，天纵英义；

实辟拳宗，悉本太极。

其嗣昌之，推阐以易；

尽人可学，内外一致。

愚耽国术，所见多矣；

功用之神，莫若此极。

潜玩力追，默识厥旨；

知其不诬，可标一帜。

喜其书成，用识数语；

以志钦仰，以勖同志。

李 序

拳法者，古兵家之支流，《汉书·艺文志》所谓技巧者是也。《志》列《手搏》六篇、《蹴鞠》二十五篇、《剑道》三十八篇，其书不传，未知所言视今拳法何如。然其习手足，便器械，积机关，以立攻守之胜，安见今必异于古所云耶？

温县陈沟陈氏世以拳名河南，咸丰三年，李开方以十万众自巩渡河，屯温南河滩柳林中时，李文清公方家居，用民团击之，团众率乌合，尝敌即败走。陈英义先生仲甡与弟季甡直入阵，诱其酋杨辅清陷沟中，以单手出枪毙之。杨辅清者，号"大头王"，以善攻城名。由是夺气，遂移众西去。至今父老谈英义柳林杀敌事，犹眉飞色舞，口角流沫津津不置，大河南北言拳法者，必曰陈沟陈氏云。岁乙卯，吾征中州文献，得《陈氏家乘》，即采其事列《义行传》。越辛酉，英义哲嗣品三，介吾友王子伟臣以所述家传《太极拳图说》四卷。索序读其书，以《易》为经，以《礼》为纬，出入于黄老而一以贯之，以敬内外交养，深有合于儒家身心性命之学，不徒以进退击刺、阳开阴合示变化无穷之妙。

如古兵家所言，盖技也，近乎道矣。自火器日出，杀人之具益工，匹夫手持寸铁，狙击人于数里之外，当者辄糜，拳法与遇，顿失功能，浅识者遂以为无用，弃而去之，其术至今惝遽不振。拳法用以御侮制敌，特廿粗迹耳。而乃因其粗之稍绌，遂废其精者，于以叹吾国民轻弃所长，日失其故步，为可伤也。向使我中华人人演习，卫身卫国无在不有益也。

中华民国十年小阳月卫辉汲人敏修李时灿识

陈氏太极拳图说

李序

杜 序

  天地之道，阴阳而已，人身亦然。顾人身之阴阳，往往不得其平，则血气滞而疾病生，故炼气之术尚焉。中国拳术流传已久，然皆习为武技，其中精义蕃然不讲，即有略知一二者，或珍秘不以示人，殊为憾事。品三陈先生，英义先生之哲嗣，夙精拳术，又深学理，积数十年之心得，著《太极拳图说》一书。己巳初夏，策杖过余，须鬓飘然，年已八十有一矣。以弁言属余，受而读之。其于拳术之屈伸开合，即阴阳合辟之理，反复申明，不厌求详，可谓发前人所未发。方今提倡国术，设馆教士若得此书，以资讲授，将见事半功倍，一日千里，其裨益岂浅显哉！先生此书，拳术骨肉停匀，盖即动静交相，养阴阳得其平之精义也。余学植浅薄，未能窥测奥妙，谨抒管见，待质诸高明。

中华民国十八年五月杜严敬识

自 序

古人云：莫为之前，虽美而弗彰；莫为之后，虽盛而弗传。此传与受之两相资者也。我陈氏自陈国支流山左，派衍河南，始于河内而卜居，继于苏封而定宅。明洪武七年，始祖_{讳卜}耕读之余，而以阴阳开合、运转周身者，教子孙以消化饮食之法，理根太极，故名曰太极拳。传十三世，至我曾祖_{讳公兆}，文兼武备；再传至我祖_{讳有恒}与我叔祖_{讳有本}。我叔祖学业湛深，屡荐未中，终成廪贡；技艺精美，出类拔萃，天下智勇未有尚之者也。于是以拳术传之我先大人_{讳仲甡}与我先叔大人_{讳季甡}。我先大人与我先叔大人同乳而生，兄弟齐名，终身无怠，诣臻神化。

倘非有先达传之于前，虽有后生，安能述之于后也？我先大人命我先兄_{讳垚}习武，命愚习文。习武者，武有可观；习文者，文无所就，是诚予之罪也。夫所可幸者，少小侍侧，耳闻目见，熏蒸日久，窃于是艺管窥一斑。虽未通法华三昧，而于是艺仅得枝叶，其中妙理循环，亦时觉有趣。迄今老大，已七十有余矣，苟不即吾之一知半解传述于后，不且又加一辜哉？愚今者既恐时序迁流，迫不及待，又恐分门别户，失我真传，所以课读余暇，急力显微阐幽，纤悉毕陈。自光绪戊申以至民国己未，十有二年，其书始成。又急缮写简册，虽六月盛暑，不敢懈也。

说中所言，吾不知于前人立法之意，有合万一与否，而要于先大人六十年之攻苦，庶不至淹没不彰也；亦不至以祖宗十六世之家传，至我身而断绝也。愚无学问，语言之间不能道以风雅，而第以浅言俗语，聊写大意。人苟不以齐东野语唾而弃之，则由升堂以至入室，上可为国家御贼寇，下可为筋骨强精神。庶宝塔圆光，世世相传于弗替，岂不善哉？是书传之于家则可，传之于世恐贻方家之一笑。

民国八年岁次己未九月九日
书于木栾店训蒙学舍
陈鑫序

凡 例①

一、学太极拳不可不敬。不敬则外慢师友，内慢身体，心不敛束，如何能学艺？

二、学太极拳不可狂，狂则生事。不但手不可狂，即言亦不可狂；外面形迹必带儒雅风气。不然，狂于外必失于中。

三、学太极拳不可满，满则招损。俗语云：天外还有天。能谦则虚心受教，人岂不乐告之以善哉。积众以为善，善斯大矣。

四、学太极拳，着着当细心揣摩。一着不揣摩，则此势机致情理终于茫昧。即承上启下处，尤当留心。此处不留心，则来脉不真，转关亦不灵动。一着自成一着，不能自始至终一气贯通矣。不能一气贯通，则与太和元气终难问津。

五、学太极拳，先学读书。书理明白，学拳自然容易。

六、学太极拳，学阴阳开合而已。吾身中自有本然之阴阳开合，非教者所能加损也。复其本然，教者即止 教者教以规矩，即大中至正之理。

七、是书尚未付梓，或有差字，或有漏字，或有错字，未经查明，阅者当改正勿吝。

八、太极拳虽无大用处，然当今之世，列国争雄，若无武艺，何以保存？惟取是书演而习之，于陆军步伐止齐之法，不无小补。我国苟人人演习，或遇交手仗，敌虽强盛，其奈我何？是亦保存国体之一

007

陈氏太极拳图说

凡例

---

① 此凡例由该书编辑者陈雪元等人依据原著者陈鑫存留下的草稿修订而成。

道也。有心者，勿以刍荛之言弃之。

九、学太极拳不可借以为盗窃抢夺之资，奸情采花之用。如借以抢夺、采花，是天夺之魄，鬼神弗佑，而况人乎！天下孰能容之？

十、学太极拳不可凌厉欺压人。一凌厉欺压，即犯众恶，罪之魁也。

陈氏太极拳图说

卷首

◎ 温县陈鑫品三述

无极图 [1]

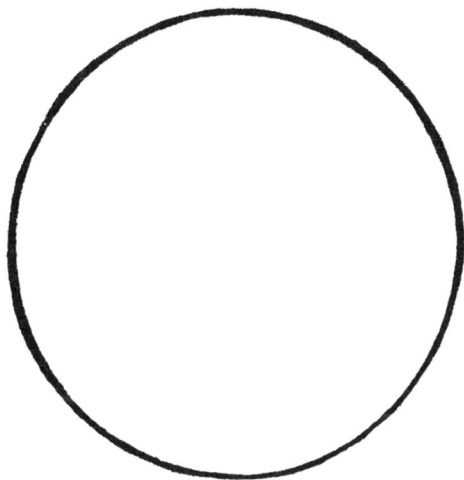

太极图

以上二图说列后卷一之起首。

---

① 原版本为"无图",疑为编排时将"极"字漏印。

河 图

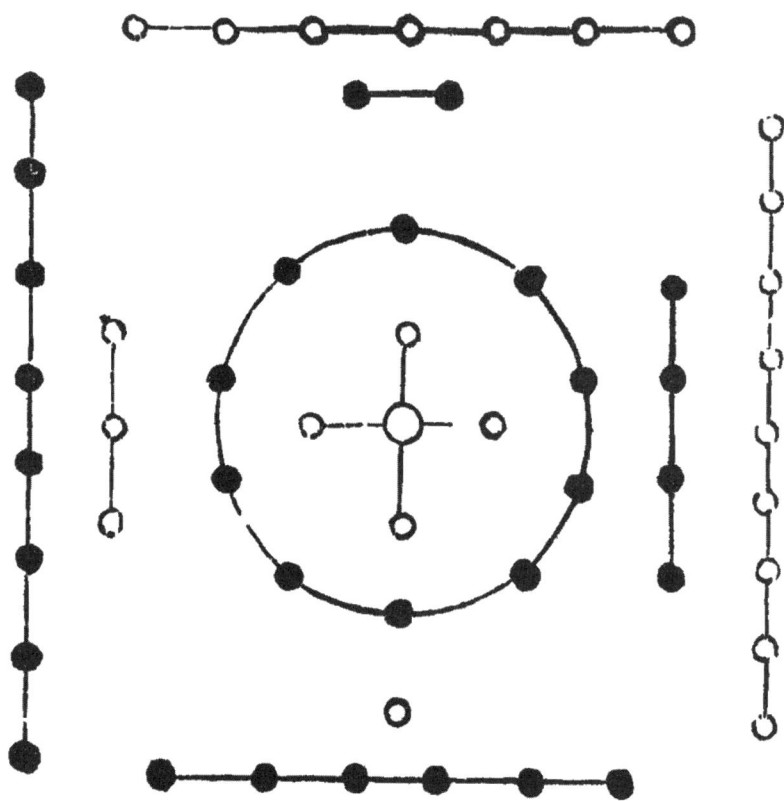

《易》曰：天一，地二；天三，地四；天五，地六；天七，地八；天九，地十。天数五：一、三、五、七、九。地数五：二、四、六、八、十。五位相得，而各有合。一得六为水，二得七为火，三得八为木，四得九为金，五得十为土。一得四、二得三为五，六得九、七得八、五得十为十五，一合九、二合八、三合七、四合六为十。天合一、三、五、七、九为二十五，地合二、四、六、八、十为三十。凡天地之数，五十有五。此所以成变化而行鬼神也。

洛 书

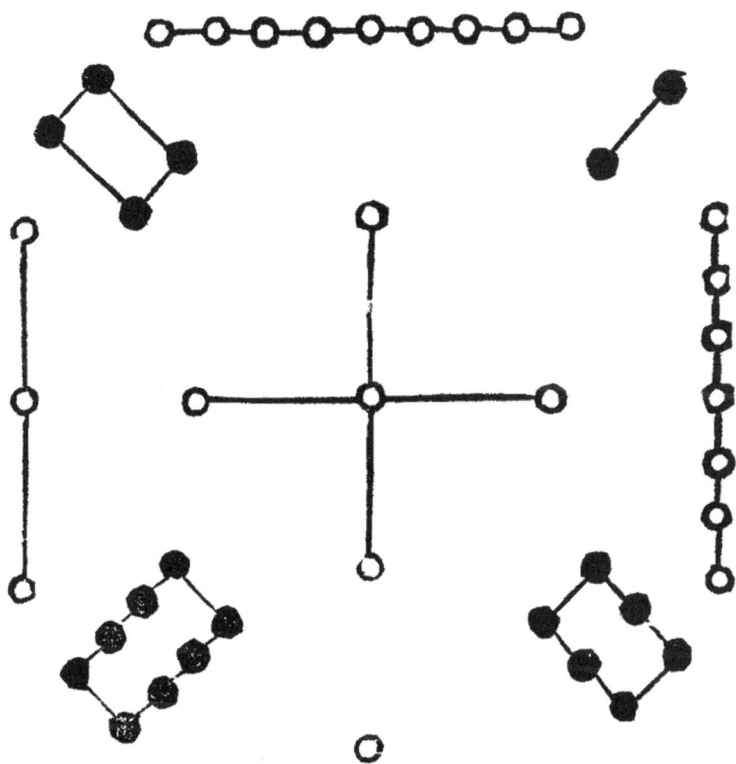

洛书四十五数。一、三、七、九奇数居四正，天、地、水、火也；二、四、六、八偶数居四隅，雷、风、山、泽也；五居中，为皇极，即太极也。纵、横、斜、正数之皆得十五，以符八节，内含勾三、股四、弦五者八，隐寓矩、方合成河图规圆。凡太极拳之周旋曲折，皆依为法而莫能外。

伏羲八卦方位

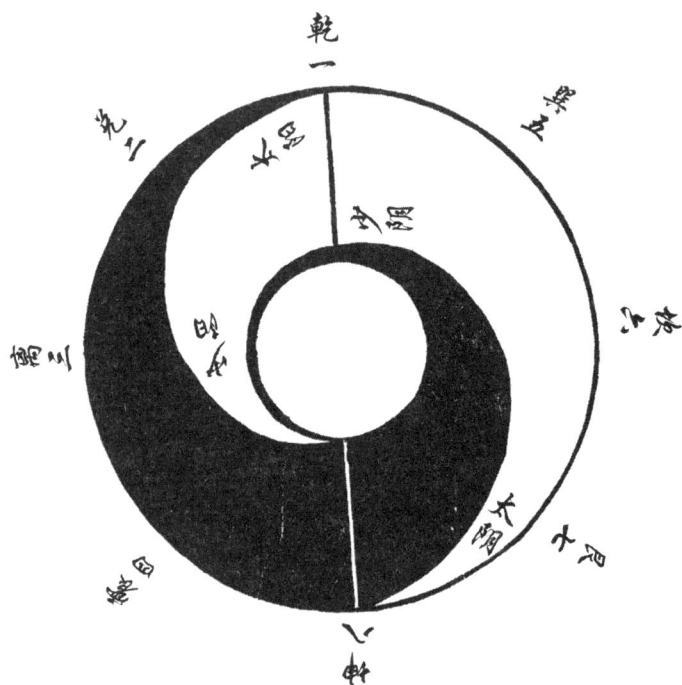

详说列后。

文王八卦方位

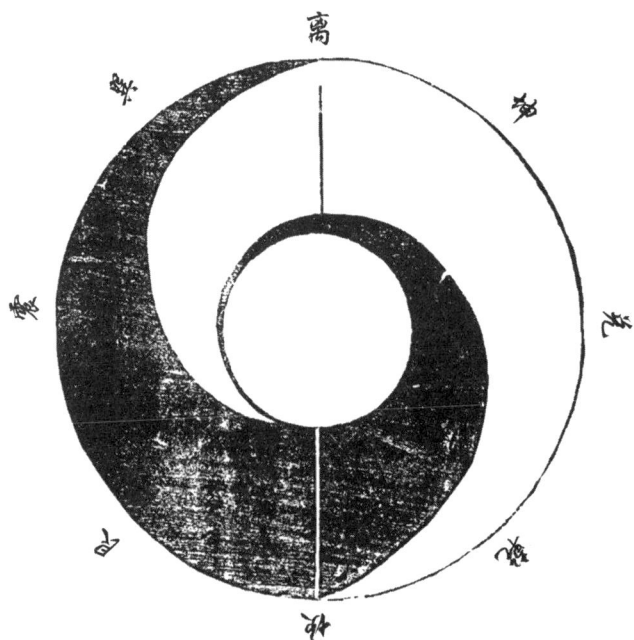

诸儒因邵子解文王之卦，皆依邵子之说，通说穿凿。了文王之方位本明，而解之者反晦也。殊不知文王之解已明矣，"帝出乎震"一节是也，又何必别解哉？朱子乃以文王八卦不可晓处甚多，不知何说也。

盖文王以伏羲之卦，恐人难晓，难以致用，故就一年春、夏、秋、冬方位，卦所属木、火、土、金、水相生之序而列也。今以孔子说卦解之于后_{来注}①。

帝者，天一也。一年之气始于春，故出乎震。震，动也，故以出言之。齐乎巽，巽者，入也，时当入乎夏矣，故曰巽。巽，东南也，言万物之洁齐也。盖震、巽皆属木之卦也。离者，丽也，故相见乎离。坤者，地也，土也。南方之火生土方能生金，故坤、艮之土，界木、水于东北，界金、火于西南。土居乎中，寄旺四季，万物之所以致养也，所以成终成始也。坤，顺也，安得不致役乎坤。兑，悦也，万物于此而成，所以悦也。乾，健也，刚健之物必多争战。坎，陷也，凡物升于上者必安逸，陷于下者必劳苦，故劳乎坎。艮，止也，一年之气于冬终止，而又交于春矣。盖孔子释卦多从理上说，"役"字生于坤顺，"战"字生于乾刚，"劳"字生于坎陷，诸儒皆以辞害意，故愈穿凿矣。

一者，水之生数也；六者，水之成数也。坎居于子，当水生成之数，故坎属水。

二者，火之生数也；七者，火之成数也。离居于午，当火生成之数，故离属火。

三者，木之生数也；八者，木之成数也。震居东，巽居东南之间，当天三地八之数，故震、巽属木。

四者，金之生数也；九者，金之成数也。兑居西，乾居西北之间，当地四天九之数，故兑、乾属金。

---

① "来注"即来知德所著的《易经集注》。来知德为明代著名易学家，号瞿塘。以下"来注"不再另注。

五者，土之生数也；十者，土之成数也。艮、坤居东、北、西、南四方之间，当天地五十之中数，故艮、坤属土。

以上论八卦所属五行，以生数、月令云，春其数八，夏其数七，秋其数九，冬其数六，以成数。

何以天一生水，地二生火，天三生木，地四生金？此皆从卦上来。

"天地"二字，即"阴阳"二字。盖一阴一阳，皆生于子午坎离之中。阳则明，阴则浊。试以照物验之：阳明居坎之中，阴浊在外，故水能照物于内，而不能照物于外；阳明在离之外，阴浊在内，故火能照物于外，而不能照物于内。观此，阴阳生于坎离端的矣。坎卦一阳居其中，即一阳生于子也，故谓天一生水。及水之盛，必生木矣，故天三又生木。离卦一阴居其中，即一阴生于午也，故谓地二生火。及火之盛，必生土而生金矣，故地四又生金。从坎自艮至震、巽，乃自北而东，子、丑、寅、卯、辰、巳也，属阳，皆天之生。至巳，则天之阳极矣，故至午而生阴。从离至坤至兑、乾，乃自南而西，午、未、申、酉、戌、亥也，属阴，皆地之生。至亥，则地之阴极矣，故至子而生阳。艮居东北之间，故属天生；坤居西南之间，故属地生_{来注}。

窃谓伏羲先天、文王后天之说，时代固难臆断，要其"先天而天弗违，后天而奉天时"，二语紧承上文，合德、合明、合序、合吉凶而来，显见是有先后两层功夫，必须合一，方能获效。犹言人心道心、识神慧神、有知无知之类。譬如学拳者，以后天人心、有知之识神，习其姿势、规矩，久练纯熟，而先天道心、不知之慧神发矣。是后天者，可知之整数也；先天者，不可知之零数也，卦象皆能表明之。故乾南坤北者，辨六阴六阳平分相对之理；离南坎北者，推参天两地奇零不齐之数。如乾对坤，兑对艮，离对坎，震对巽，粗观之，平分方位似无所谓参差也，然细测之，实有参两九六、大月七、小月五之各证焉。

就日之出入观之，春分、秋分，昼六时、夜六时也。就天之昏晓观之，日出前半时即晓，日入后半时方昏，则昼七时，夜五时矣。就岁之子午观之，冬至、夏至，阳六月、阴六月也。就岁之阴阳观之，阳不生于子而生于亥，故超乾于亥前，位乎西北，名十月为小阳，其以此欤？阴不生于午而生于未，故次坤于未后，位乎西南。就周天三百六十度观之，平分十二宫为十二月之限，每宫三十度，整数也，每月二十九日半，零数也。自子至午，七阅月二百一十度，加超亥六度，适符乾策二百一十六；自未至亥，五阅月一百五十度，减去乾超六度，适符坤策一百四十四。乾策得三个七十二，九个二十四；坤策得两个七十二，六个二十四，故曰参天两地而倚数，示零数为整数之真根也。零数者何？太极也，无极也。拳术家创立缠丝精法，默行乾坤不息之螺旋线，其至命矣，夫技艺云乎哉！

意有未尽者。乾盈于南，而息于西北；坤盈于北，而息于西南，返本还原，穷其始也。离息于东，而盈于南，以代乾。坎息于西，而盈于北，以代坤。虽曰离上而坎下也，其实皆进步上达也。离之上达由雷震，坎之上达由兑泽，口中生液，不亦说乎。兑象也，兑泽之降由巽风。《诗》曰：习习谷风，以阴以雨。雨，泽也，泽润生民，谷神不死矣。震起之成，始由于艮。止之成终，终则有始，循环无端。帝出乎震，帝齐乎巽，帝相见乎离，帝役乎坤，帝说言乎兑，帝战乎乾，帝劳乎坎，帝成言乎艮，帝即神也。神也者，妙万物而为言也。言有八方而不拘方，言有四时而不拘时，先天、后天一合相矣。拳乎？道乎？有志者谅能识矣。

太极生两仪四象八卦图

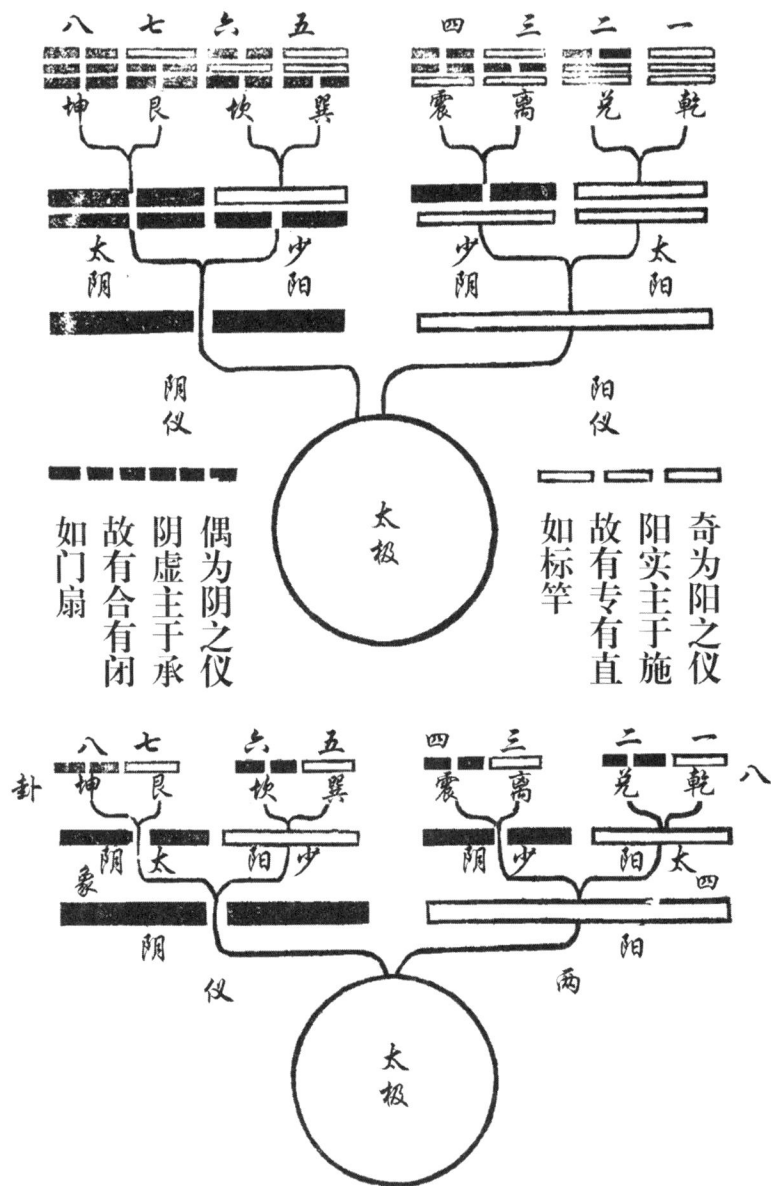

八　七　六　五　　　　四　三　二　一

坤　艮　坎　巽　　　　震　离　兑　乾

太阴　　　　少阳　　　少阴　　　　太阳

阴
仪　　　　　　　　　　　　　阳
　　　　　　　　　　　　　　仪

如门扇
故有合有闭
阴虚主于承
偶为阴之仪

（太极）

奇为阳之仪
阳实主于施
故有专有直
如标竿

八　七　六　五　　　　四　三　二　一

卦　坤　艮　坎　巽　　　震　离　兑　乾　八

象　阴　太　阳　少　　　阴　少　阳　太　四

　　阴　仪　　　　　　　　阳　　　两

（太极）

伏羲只在一奇一偶上生出八卦，又生出后圣许多文字，如：

一阳上加一阳，为太阳。阳，自然老之象。

一阳上加一阴，为少阴。阴，自然少之象。

一阴上加一阳，为少阳。阳，自然少之象。

一阴上加一阴，为太阴。阴，自然老之象。

太阳上加一阳为乾，一阴为兑。

少阴上加一阳为离，一阴为震。

少阳上加一阳为巽，一阴为坎。

太阴上加一阳为艮，一阴为坤。

太极生两仪者，阴、阳也。

两仪生四象者，太阳、少阴、少阳、太阴也。

四象生八卦者，乾、兑、离、震、巽、坎、艮、坤也。

自然而然，不假安排，则所谓象者、卦者，皆仪也。故天地间万事万物，但有仪形者，即有定数存乎其中。而人之一饮、一啄，一天、一寿，皆毫厘不可逃者。故圣人惟教人以贞，以成大业。

⦿⦿⦿ 此三阳对三阴也，故曰天地定位。

此太阴对太阳于下，一阳对一阴于上也，故曰山泽通气。

此太阴对太阳于上，一阳对一阴于下也，故曰雷风相薄。

此少阳对少阴于下，一阴对一阳于上也，故曰水火不相射 来注。

八卦相合数

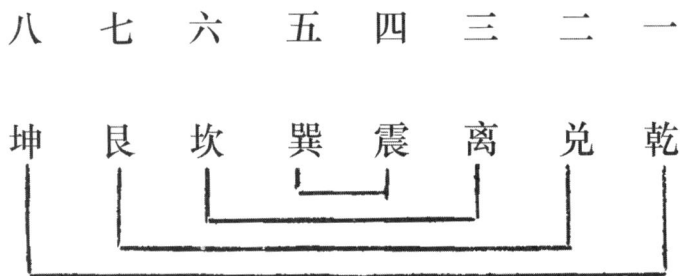

天一，地八，乃天地自然之数也。乾始于一，坤终于八。今兑二艮七，亦一、八也；离三坎六，亦一、八也；震四巽五，亦一、八也。八卦皆本于乾坤，于此可见。故曰：乾坤，其《易》之门耶。乾坤毁，则无以见《易》。一部《易经》，"乾坤"二字尽之。

伏羲之卦起于画，故其法皆以画论之。若宋儒谓天位乎上，地位乎下，日生于东，月生于西，山镇西北，泽注东南，风起西南，雷震东北，则谓其合天地之造化，不以数论也。

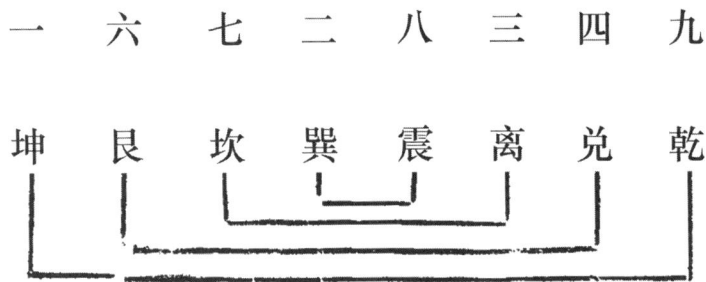

上图用八卦次序，数相合得九。此图用八卦配洛书，数相合得十。术学家分用，各有取义；拳学家合用，无其分别。

先天八卦动静图

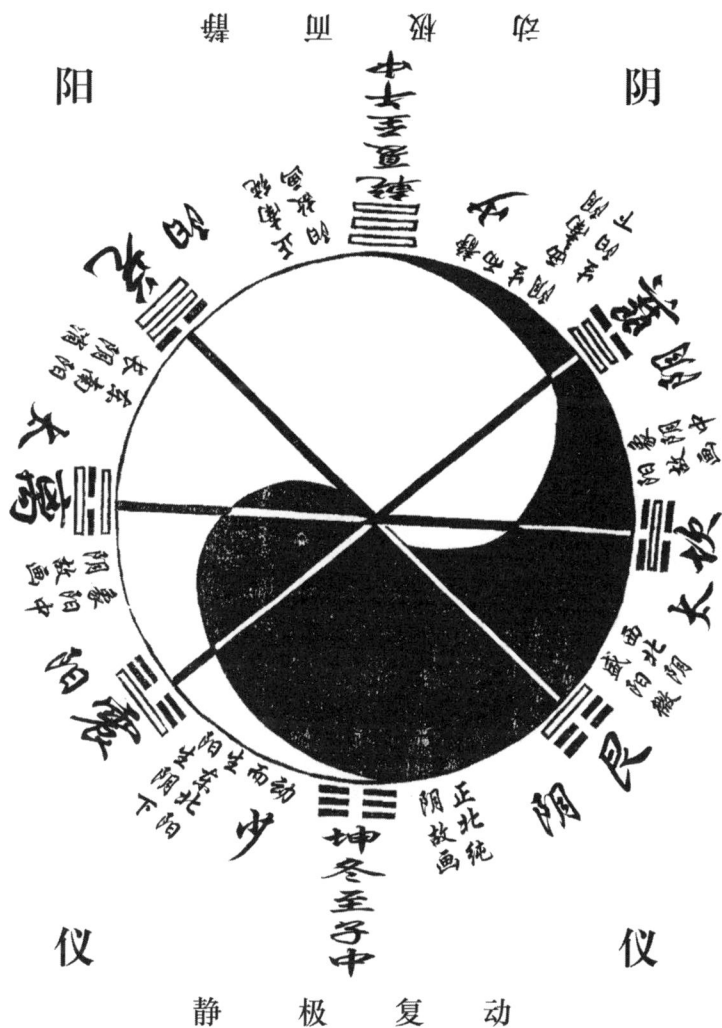

按：图有太极、两仪、四象、八卦。合而为一，分而为二，阳仪在左，阴仪在右；二分为四，左少阳、太阳，右少阴、太阴；四分为八，乾南，坤北，离东，坎西，震、巽、兑、艮居于四隅，皆自然而然，不假一毫人力者也_{来注}。

伏羲先天八卦圆图

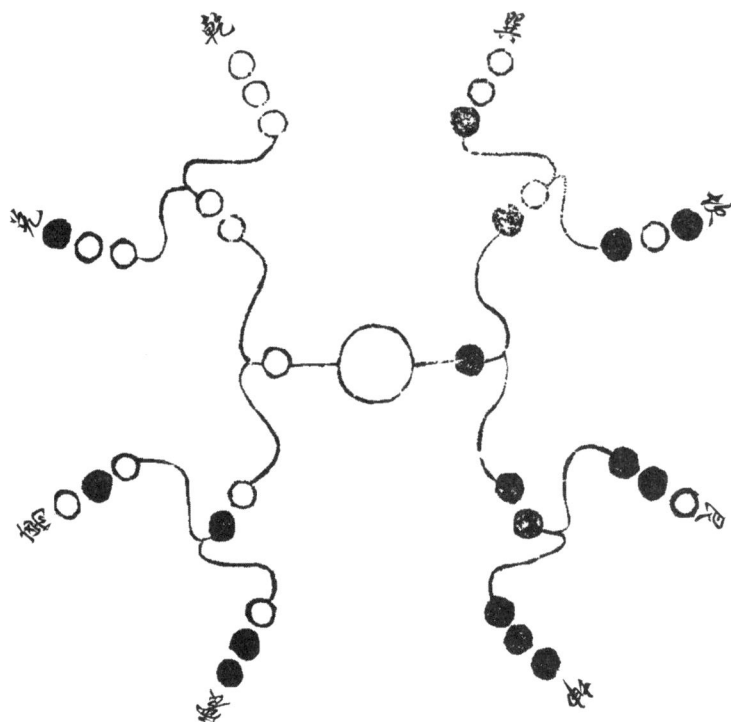

《系辞传》曰：易有太极，是生两仪。两仪生四象，四象生八卦。邵子曰：一分为二，二分为四，四分为八也。《说卦传》曰：易逆数也。邵子曰：乾一，兑二，离三，震四，巽五，坎六，艮七，坤八；自乾至坤，皆得未生之卦，若逆推四时之比也。后六十四卦仿此。

《说卦传》曰：天地定位，山泽通气，雷风相薄，水火不相射，八卦相错，数往者顺，知来者逆。邵子曰：乾南，坤北，离东，坎西，震东北，兑东南，巽西南，艮西北。自震至乾为顺，自巽至坤为逆。六十四卦方位仿此。

一、八卦次序论

自乾而兑、离、震，而巽、坎、艮、坤，乃顺也。今伏羲之卦，乃不以巽次于震之后，而乃以巽次于乾之左，渐至于坤焉。是巽、坎、艮、坤，其数逆也。故曰：易逆数也。

八卦已成之谓"往"，以卦之已成而言。自一而二、三、四、五、六、七、八，因所加之画，顺先后之序而去，故曰：数往者顺。

八卦未成之谓"来"，以卦之初生而言。一阳上加一画为太阳，太阳上添一画则为纯阳，必知其为乾矣，八卦皆然。其所加之画，皆自下而行上，谓之逆，故曰：知来者逆。

二、一年卦气论

自子而丑、寅、卯、辰、巳、午者，顺也。今伏羲之卦，将乾安于午位，逆行至于子，是乾、兑、离、震，其数逆。伏羲八卦方位，自然之妙。以横图论，列乾一、兑二、离三、震四、巽五、坎六、艮七、坤八，不假安排，皆自然而然，可谓妙矣。乃又颠之，倒之，错之，综之，安其方位，疑若涉于安排者，然亦自然而然也。今以自然之妙，图画于后_{来注}。

三、乾坤所居论

乾位乎上，君也。左则二阳居乎巽之上焉，一阳居乎坎之中焉，右则二阳居乎兑之下焉，二阳居乎离之上下焉，宛然三公、九卿、百官之侍列也。

坤居于下，后也。左则二阴居乎震之上焉，一阴居乎离之中焉，右则二阴居乎艮之下焉，二阴居乎坎之上下焉，宛然三妃、九嫔、百媵之侍列也。

四、男女相配论

乾对坤者，父配乎母也。

震对巽者，长男配长女也。

坎对离者，中男配中女也。

艮对兑者，少男配少女也。

五、乾坤橐籥论

乾取下一画换于坤，则为震；坤取下一画换于乾，则为巽。此长男长女橐籥之气相交换也，故彼此相薄。

乾取中一画换于坤，则为坎；坤取中一画换于乾，则为离。此中男中女橐籥之气相交换也，故彼此不相射。

乾取上一画换于坤，则为艮；坤取上一画换于乾，则为兑。此少男少女橐籥之气相交换也，故彼此通气来注。

八卦生六十四卦论

是八卦之上各加八卦而成六十四卦，皆自然而然。试观乾一、兑二、离三、震四、巽五、坎六、艮七、坤八，则八卦之与数，岂安排而强合之哉！一为乾，故于本卦一位上见之；二为兑，即于本卦二位上见之；三为离，四为震，五为巽，六为坎，七为艮，八为坤，莫不然也。况即乾之一宫，其八卦次序故依一二三四五六七八，整然不乱，而各宫皆然，可见六十四卦圣人无一毫增损矣。

八卦生六十四卦阳仪横图

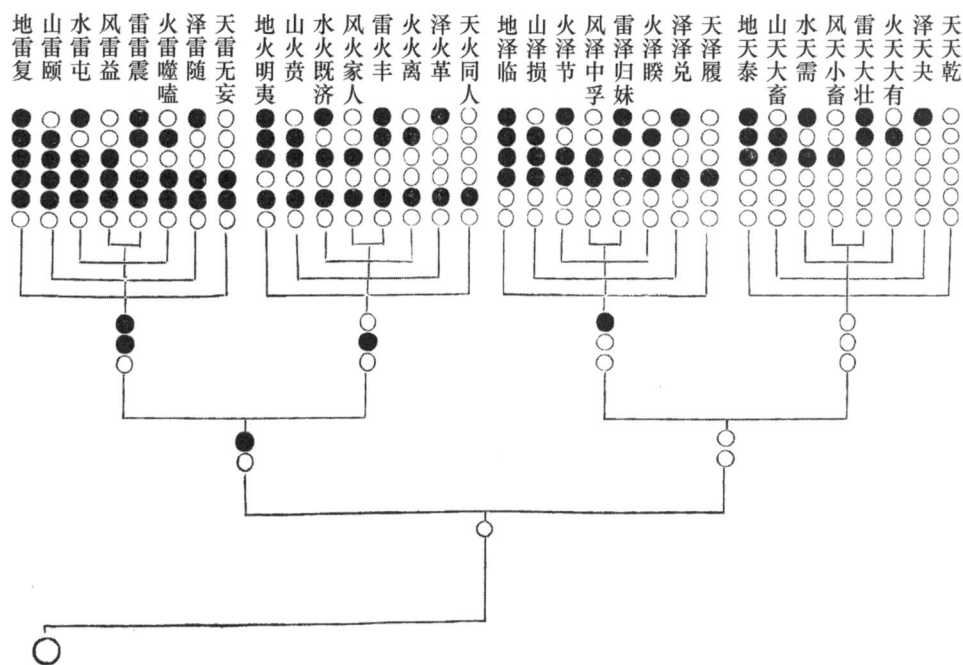

地雷复　山雷颐　水雷屯　风雷益　雷震　火雷噬嗑　泽雷随　天雷无妄　地火明夷　山火贲　水火既济　风火家人　雷火丰　火离　泽火革　天火同人　地泽临　山泽损　水泽节　风泽中孚　雷泽归妹　泽睽　火泽兑　天泽履　地天泰　山天大畜　水天需　风天小畜　雷天大壮　火天大有　泽天夬　天乾

八卦生六十四卦阴仪横图

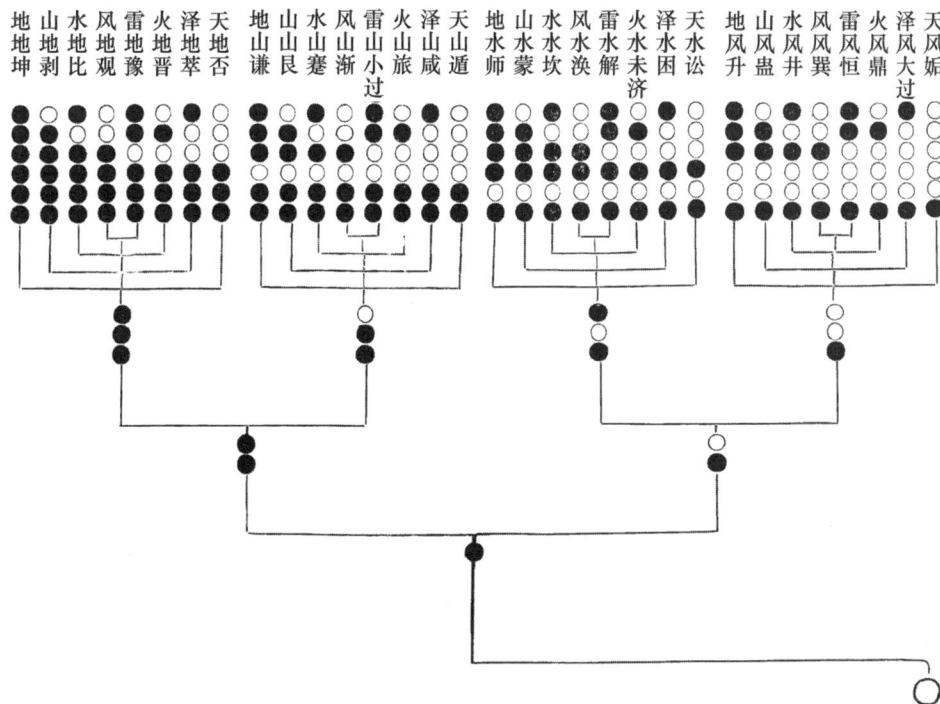

地地坤　山地剥　水地比　风地观　雷地豫　火地晋　泽地萃　天地否　地山谦　山山艮　水山蹇　风山渐　雷山小过　火山旅　泽山咸　天山遁　地水师　山水蒙　水水坎　风水涣　雷水解　火水未济　泽水困　天水讼　地风升　山风蛊　水风井　风风巽　雷风恒　火风鼎　泽风大过　天风姤

陈氏太极拳图说

卷首

八卦变六十四卦图

表头：

| 火无二尾 | 地无二尾 | 山无二尾 | 水无二尾 | 火无二尾 | 泽无二尾 | 天无二尾 | 雷无二尾 | 归 |
山风水有	水雷风有	风天地有	地泽山有	天山泽有	雷地天有	火风雷有	泽水火有	原位
水地比	风山渐	地水师	山风蛊	泽雷随	天火人同	雷泽妹归	火天有大	复还变
水天需	风泽孚中	地火夷明	山雷颐	泽风过大	天水讼	雷山过小	火地晋	五爻变
泽天夬	天泽履	雷火丰	火雷嗑噬	水风井	风水涣	地山谦	山地剥	四爻变
雷天壮大	火泽睽	泽火革	天雷妄无	地风升	山水蒙	水山蹇	风地观	三爻变
地天泰	山泽损	水火济既	风雷益	雷风恒	火水济未	泽山咸	天地否	二爻变
地泽临	山天畜大	水雷屯	风火人家	雷水解	火风鼎	泽地萃	天山遁	初爻变
地雷复	山火贲	水泽节	风天畜小	雷地豫	火山旅	泽水困	天风姤	
地地坤	山山艮	水水坎	风风巽	雷雷震	火火离	泽泽兑	天天乾	
八变	七变	六变	五变	四变	三变	二变	一变	

上八卦不过加太极两仪四象八卦是也。六十四卦不过变，即《系辞》所谓"八卦成列，象在其中矣，因而重之，爻在其中矣；刚柔相推，变在其中矣"。如乾为阳刚，乾下变一阴之巽，二阴之艮，三阴之坤；坤为阴柔，坤下变一阳之震，二阳之兑，三阳之乾，是刚柔相推也。盖三画卦若重，成六画，则不能变六十四，惟六画则即变六十四矣。所以每一卦六变即归本卦，下爻画变为七变，连本卦成八卦，以八加八，即成六十四卦。古之圣人，见天地阴阳变化之妙原是如此，所

以以"易"名之。若依宋儒之说，一分二，二分四，四分八，八分十六，十六分三十二，三十二分六十四，是一直死数，何以为"易"？且通不成卦，惟以八加八，方见阴阳自然造化之妙。

六十四卦相错图

兑四	艮六	巽二	震八	离三	坎七	坤一	乾九
雷泽归妹	风山渐	山风蛊	泽雷随	天火同人	地水师	水地比	火天大有
雷山小过	风泽中孚	山雷颐	泽风大过	天水讼	地火明夷	水天需	火地晋
地山谦	天泽履	火雷噬嗑	水风井	风水涣	雷火丰	泽天夬	山地剥
水山蹇	火泽睽	天雷无妄	地风升	山水蒙	泽火革	雷天大壮	风地观
泽山咸	山泽损	风雷益	雷风恒	火水未济	水火既济	地天泰	天地否
泽地萃	山天大畜	风火家人	雷水解	火风鼎	水雷屯	地泽临	天山遁
泽水困	山火贲	风天小畜	雷地豫	火山旅	水泽节	地雷复	天风姤
泽泽兑	山山艮	风风巽	雷雷震	火火离	水水坎	地地坤	天天乾

兑四 相错 艮六　　巽二 相错 震八　　离三 相错 坎七　　坤一 相错 乾九

八宫尾二卦正错互综图

天地 其尾 天之火地晋 综水之地火明夷
水火 二卦 天火大有 综火之天火同人
正卦 则互 地之水天需 综火之天水讼
相错 相综 地之水地比 综水之地水师

风雷 其尾 雷之泽风大过 错风之山雷颐
山泽 二卦 雷之泽雷随 错风之山风蛊
隅卦 则互 山之风泽中孚 错泽之雷山小过
相综 相错 山之风山渐 错泽之雷泽归妹

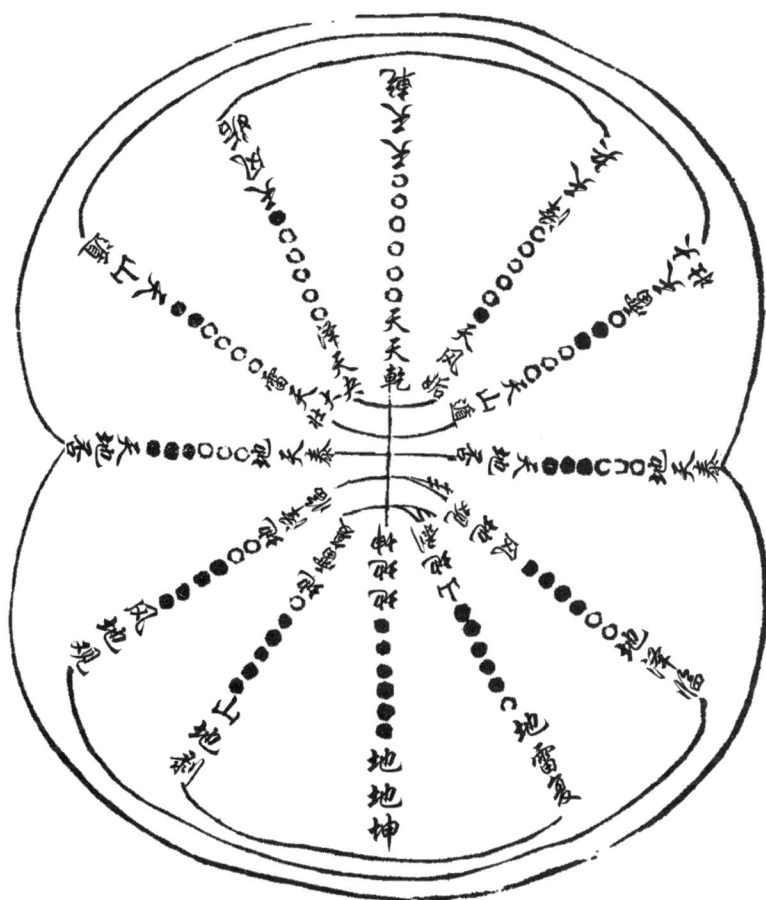

乾之属自姤至剥顺行与坤所属相综

夬	综	姤
壮大	综	遁否
泰	综	观
临	综	剥
复	综	

综相属所乾与行逆夬至复自属之坤

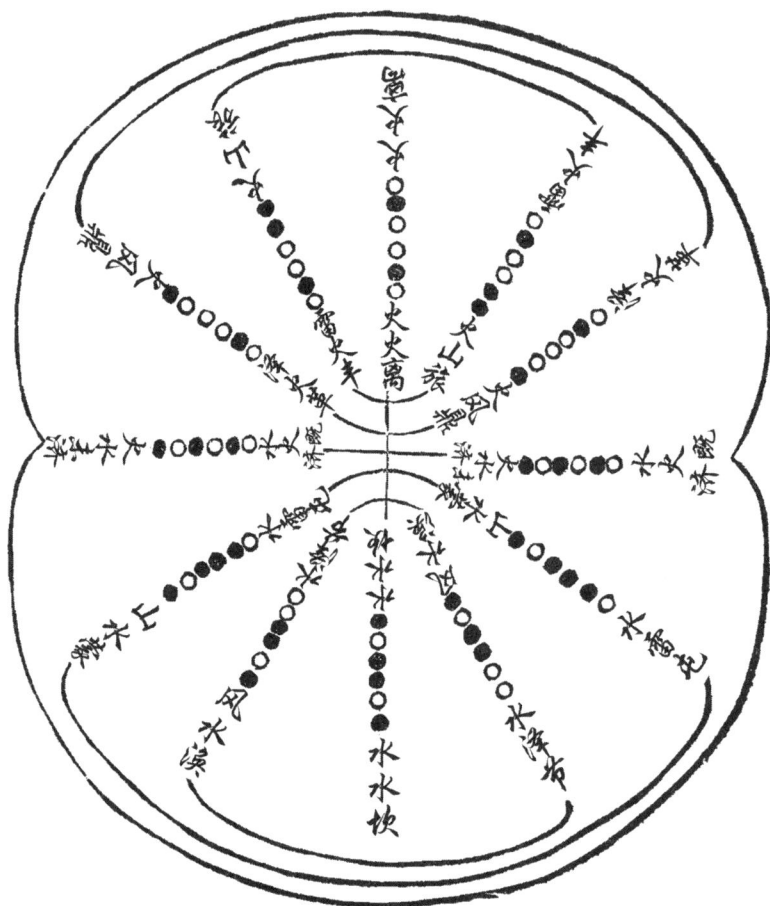

坎之属自节至丰顺行与离所属相综

涣		综		节
蒙		综		屯
济	未	综	济	既
鼎		综		革
旅		综		丰

综相属所坎与行逆涣至旅自属之离

序卦正综（三）

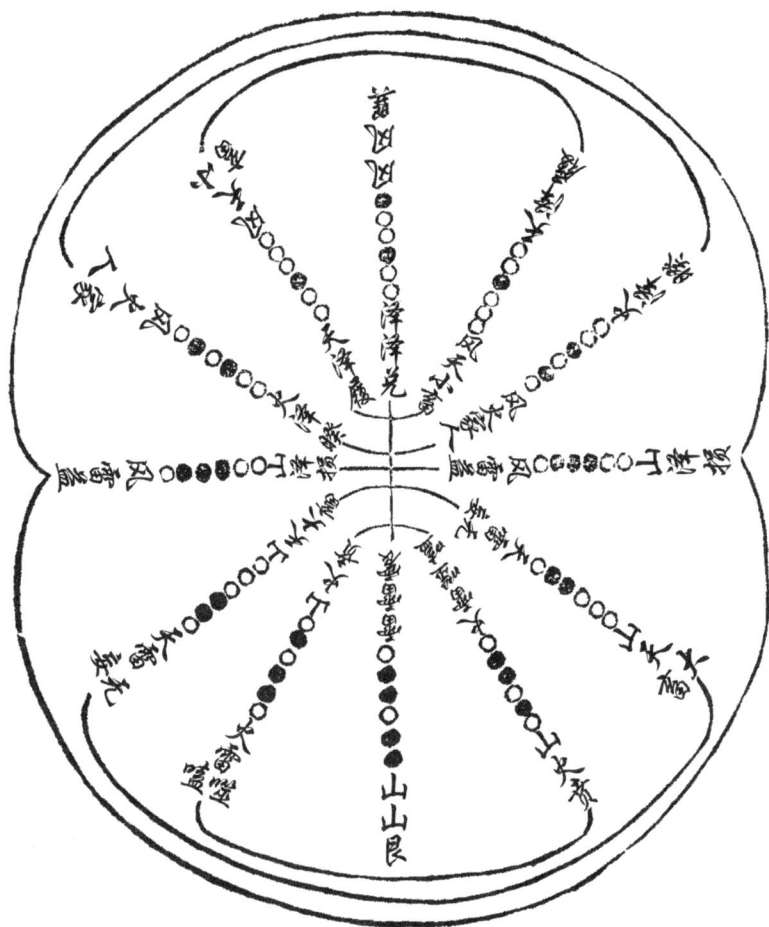

艮之属自贲至履顺行与巽所属相综

嗑噬	综		贲
妄无	综	畜大	损
益	综		睽
人家	综		履
畜小	综		

综相属所艮与行逆嗑噬至畜小自属之巽

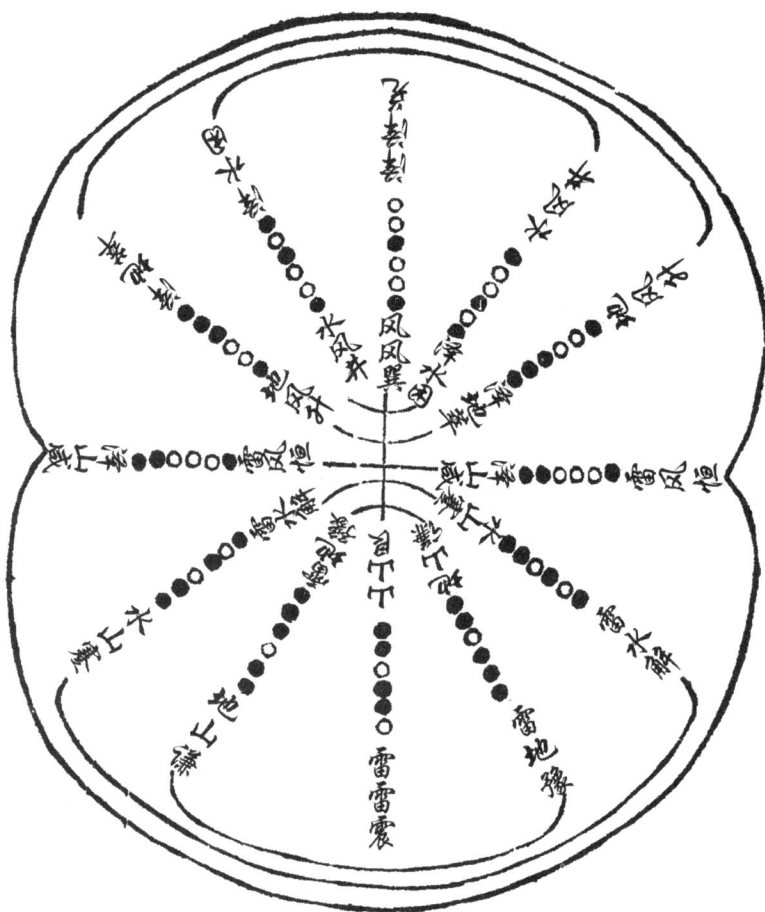

震之属自豫至井顺行与兑所属相综

谦	综	豫
蹇	综	解
咸	综	恒
萃	综	升
困	综	井

综相属所震与行逆谦至困自属之兑

六十四卦颠倒相综图

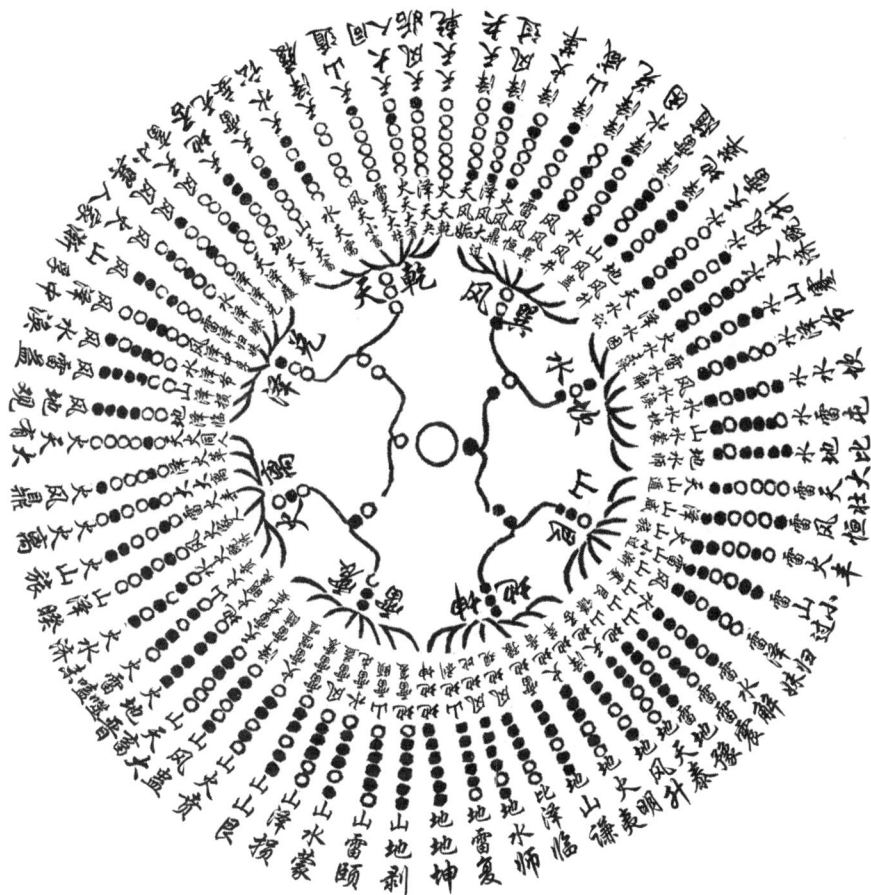

此图因伏羲八卦天泽火雷风水山地之序，仍以天泽火雷风水山地，依次加之，颠倒综之。则乾、坤、坎、离之四本卦，颐、大过、中孚、小过之四交卦，共八卦仍相错，而其余五十六卦综为二十八卦，共得三十六卦。故邵子曰"三十六宫都是春"也。所谓八分为十六，十六分为三十二，三十二分为六十四者，尤见法象自然之妙也。

太极生一百二十八卦相错图

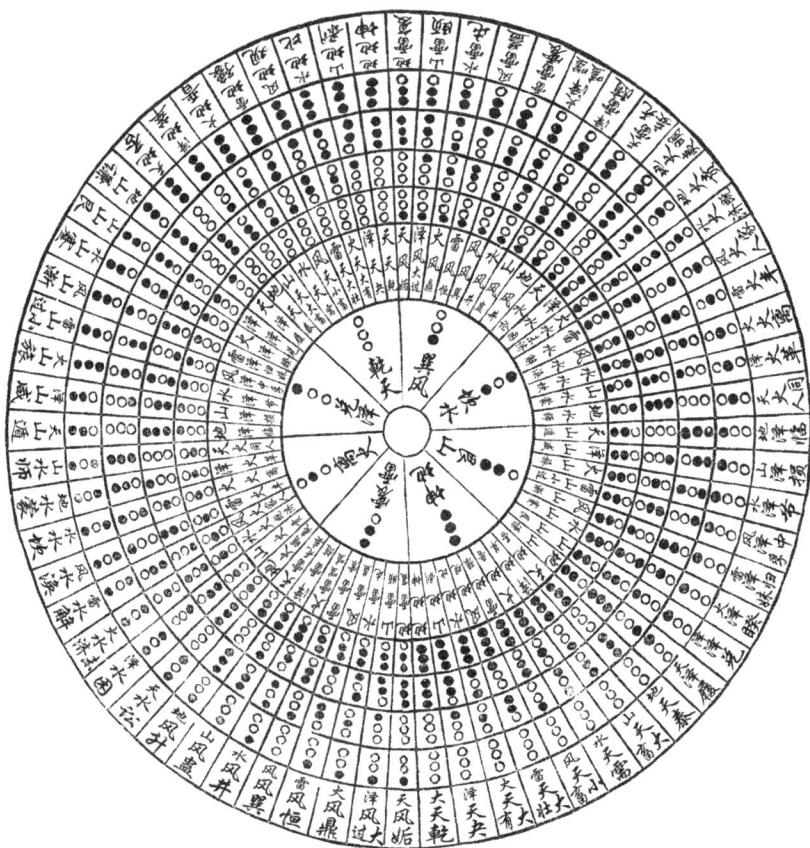

前图六十四卦颠倒相综，此图六十四卦颠倒相错，以明太极拳缠丝精之大圈小圈。约有六层，与人身之皮肤、肌肉、筋腱、网膜、骨节、脑髓六层适相符合。凡血气之流通，精神之凝聚，皆可于上下、升降、表里、出入时验其圈之大小。而能得其环中者，当自知之。

内一圈、外十二圈阴阳各三十二，内四圈、外九圈阴阳各四；

内二圈、外十一圈阴阳各十六，内五圈、外八圈阴阳各二；

内三圈、外十圈阴阳各八，内六圈、外七圈阴阳各一。

《易》言"一阴一阳之谓道"者，言其"归根复命"，乃团阴阳为一而还于天。

天地定位图

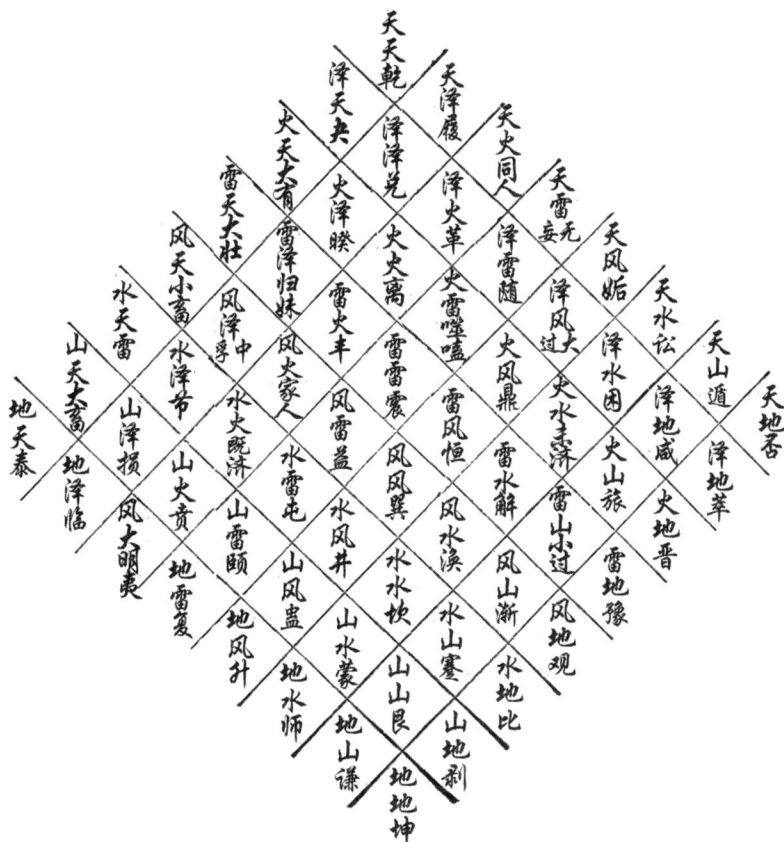

天天乾　泽天夬　火天大有　雷天大壮　风天小畜　水天需　山天大畜　地天泰
天泽履　泽泽兑　火泽睽　雷泽归妹　风泽中孚　水泽节　山泽损　地泽临
天火同人　泽火革　火火离　雷火丰　风火家人　水火既济　山火贲　地火明夷
天雷无妄　泽雷随　火雷噬嗑　雷雷震　风雷益　水雷屯　山雷颐　地雷复
天风姤　泽风大过　火风鼎　雷风恒　风风巽　水风井　山风蛊　地风升
天水讼　泽水困　火水未济　雷水解　风水涣　水水坎　山水蒙　地水师
天山遁　泽山咸　火山旅　雷山小过　风山渐　水山蹇　山山艮　地山谦
天地否　泽地萃　火地晋　雷地豫　风地观　水地比　山地剥　地地坤

《易》曰："天地定位，山泽通气，雷风相薄，水火不相射。"（方图）

观《易传》"数往者顺，知来者逆，是故易逆数也"数语，似乎为前后关键，具有奥义。言人之为，须知天之所以生人，人之所以回天，否则人道有亏，失却造命根性，故曰"数往者顺"。顺其天地生六子，自上下下，生生不息之原理，无时或违，知以藏往也。"知来者逆"，逆用六子之力，下学上达。自一阳、二阳、三阳、四阳、五阳而六阳，变化性命，保合太和，驯至神武不杀，而物亦无能杀之者，至矣，神以知来也。是《易》之为书，教人回天之大经大法也，故曰"逆数也"，即后数章之先言震、巽，后言乾、坤也。非徒"乾道成男"，而且男成乎乾君，"首出庶物，万国咸宁"。非徒"坤道成女"，而且女成乎坤后，后以施命告四方，乃得位乎天地之中而"与天地参"。

成男成女图

雷雷震　火雷噬嗑　泽雷随　天雷无妄　地雷复　山雷颐　水雷屯　风雷益
雷火丰　火火离　泽火革　天火同人　地火明夷　山火贲　水火既济　风火家人
雷泽归妹　火泽睽　泽泽兑　天泽履　地泽临　山泽损　水泽节　风泽中孚
雷天大壮　火天大有　泽天夬　天天乾　地天泰　山天大畜　水天需　风天小畜
雷地豫　火地晋　泽地萃　天地否　地地坤　山地剥　水地比　风地观
雷山小过　火山旅　泽山咸　天山遁　地山谦　山山艮　水山蹇　风山渐
雷水解　火水未济　泽水困　天水讼　地水师　山水蒙　水水坎　风水涣
雷风恒　火风鼎　泽风大过　天风姤　地风升、　山风蛊　水风井　风风巽

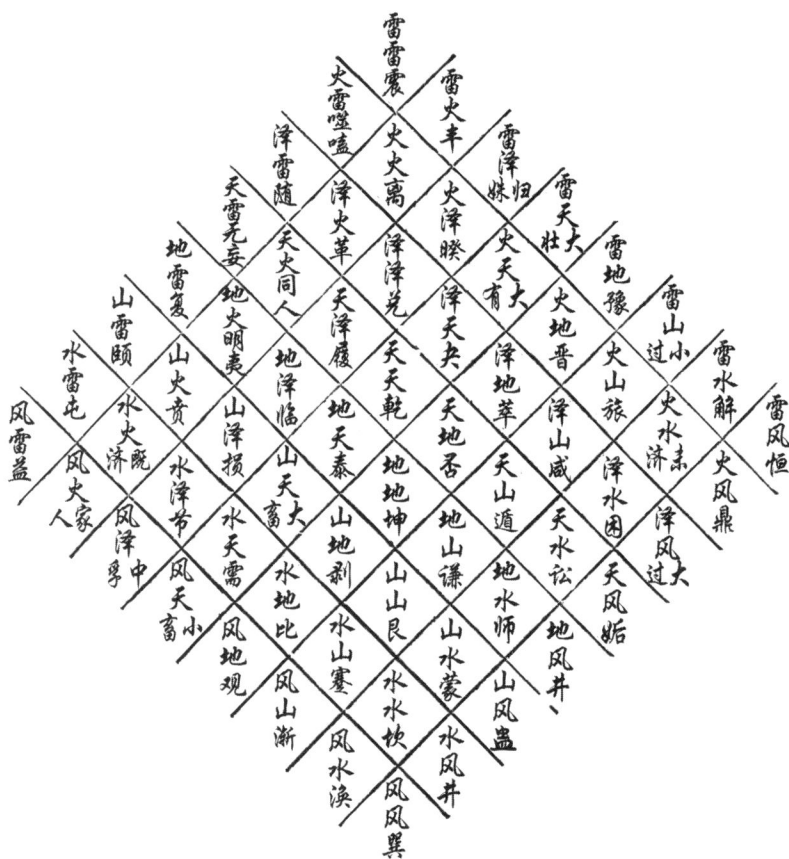

《易》曰："鼓之以雷霆，润之以风雨；日月运行，一寒一暑，乾道成男，坤道成女。"（方图）

其工只在"五十以学《易》"。学《易》者，学逆也，学逆数之相交于中央。隅交为五，正交为十也。隅交者，风雷山泽五以学《易》也；正交者，天地水火十以学《易》也。圆图是矣。而方图又皆以隅为正，以正为隅。八纯卦纵贯上下，为东西之枢；八交卦横亘东西，为上下之

纽，皆十字正交也。而五字隔交，亦寓其中。顺数者，乾坤包六子，乾坤在外圈大，六子在内圈小；逆数者，六子包乾坤，六子在外圈大，乾坤在内圈小。虽有大小，舒卷顺逆往来之迹，久而久之，浑沦无间，色空莫辨，无声无臭，拳拳服膺。"回也，其庶乎？"各教各分门户，而泥其教者，曾亦悟其均不能外于太极而无极欤？习太极拳者其勉旃。

乾君坤藏图

《易》曰："雷以动之，风以散之，雨以润之，日以煊之，艮以止之，兑以说之，乾以君之，坤以藏之。"（方图）

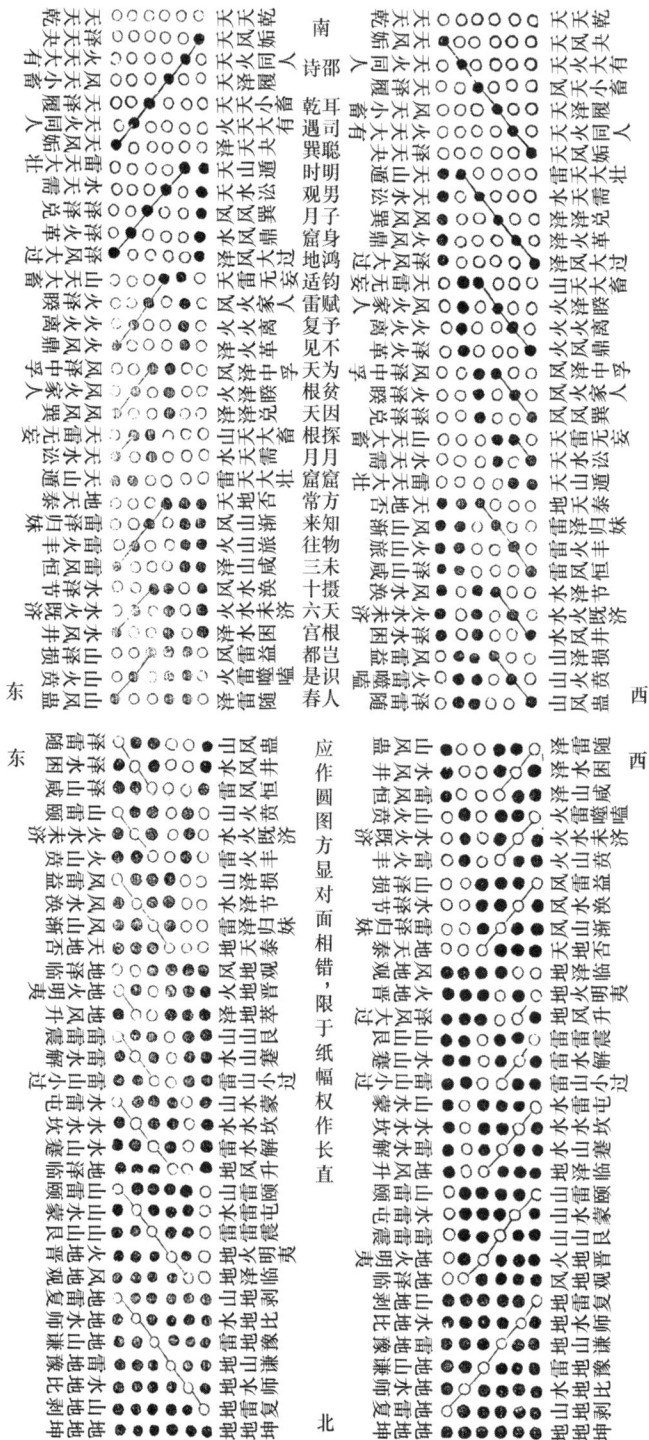

天根月窟图

此图自邵诗，露出复姤端倪，触类引申，备见爻变次序，参伍错综之妙，言诠难罄。如阴变一二三四五六阳，阳变一二三四五六阴，消长盈虚，循环接续，参以变也。阳依阳序，阴依阴序，殊途同归，分道扬鞭，伍以变也。变序斜连成直线，由长渐短曲之成圆线，由大渐小。阴阳爻各三十二爻，各一卦，卦各三十二，闰月之法也，六十四卦共三百八十四爻，岁有闰月之日数也。各卦自相综，对卦互相错，得二百五十六卦，共一千五百三十六爻。十九年为一章，共有七闰之数也，较统法一千五百三十九少三数者，减去余分一二五也，积至一百五十二年，合八章，加一闰月，则余分尽。

西历不用闰月，月窟遇姤每错过，天根来复将迷凶，作事不慎于谋始，气初恐归于鲜终。六阳始复而终姤，六阴始姤而终复，参以相错，错成一大圈。三阳始复而终蛊，三阴始姤而终随，伍以相综，综为二连圈。二连圈各含九小圈，天地位于上下，水火济以东西，雷山自地起，风泽从天降。有轻重，有虚实，有动静，有伏见，八方齐会于五十，往来皆春变真常矣。《易》曰："参伍以变，错综其数。通其变，遂成天地之文。极其数，遂定天下之象。非天下之至变，其孰能与于此！"

阳直图、阴直图消息盈虚说

太极拳之消息盈虚，本系四德。推而详之，则有接、引、进、转、击、蓄、留、停八法。接者，交手也；引者，引透也；进者，前进也；转者，转关也；击者，打敌也；蓄者，含蓄也；留者，留有余地，勿用十分力也；停者，穷兵莫追，不犯吾界即止也。

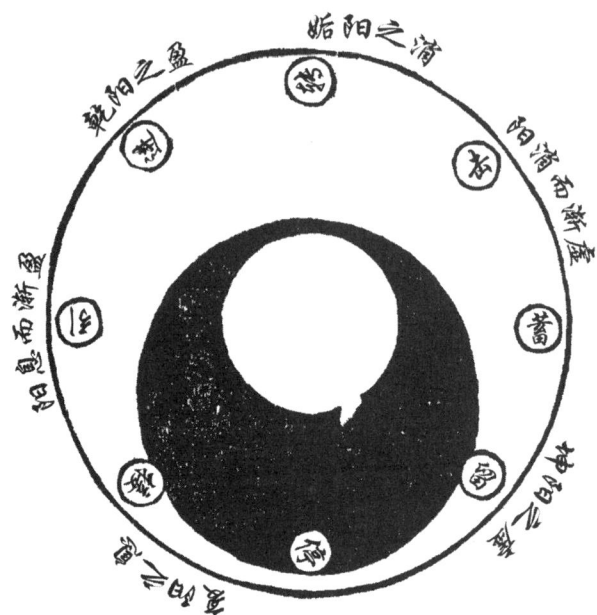

　　复者阳息，乾者阳盈，姤者阳消，坤者阳虚。息者必盈，盈者必消，消者必虚，虚者必息。

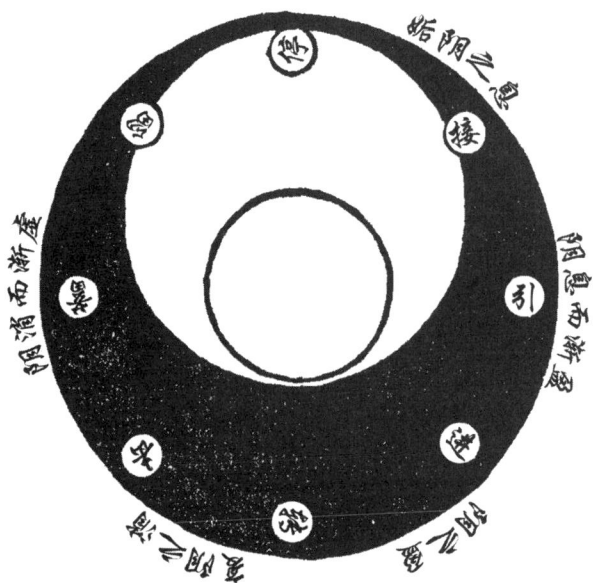

　　姤者阴息，坤者阴盈，复者阴消，乾者阴虚。息者必盈，盈者必消，消者必虚，虚者必息。

三才图

　　《易》曰："穷理尽性，以至于命。"所以谓之理者，物之理也；所以谓之性者，天之性也；所以谓之命者，处理性者也。所以处理性者，非道而何？是知道为天地之本，天地为万物之本。以天地观万物，则万物为物；以道观天地，则天地亦为物。道之道，尽之于天矣；天之道，尽之于地矣；天地之道，尽之于物矣；天地万物之道，尽之于人矣。

　　人能知天地万物之道，所以尽于人者，然后能尽民也。天之能尽物，则谓之昊天；人之能尽民，则谓之圣人。谓昊天能异乎万物，则非所以谓之昊天也；谓圣人能异乎万民，则非所以谓之圣人也。万民与万物同，则圣人固不异乎昊天者矣。然则圣人与昊天为一道，则万民与万物亦可以为一道也。一世之万民，与一世之万物，既可以为一道，则万世万民与万世万物亦可以为一道也，明矣。

　　若昊天以春夏秋冬四时授人，圣人以《易》《书》《诗》《春秋》诸经法天，天人之事当如何哉？仁配天地谓之人，唯仁者真可谓之人矣。

　　气者，神之宅也；体者，气之宅也。天六地四，天以气为质，而以神为神；地以质为质，而以气为神。唯人兼乎万物，而为万物之灵。如禽兽之能，以其类而各得其一，无所不能者，人也。推之他事，亦莫不然，唯人得天地日月交之用，他类则不能也。人之生，真可谓之贵矣。

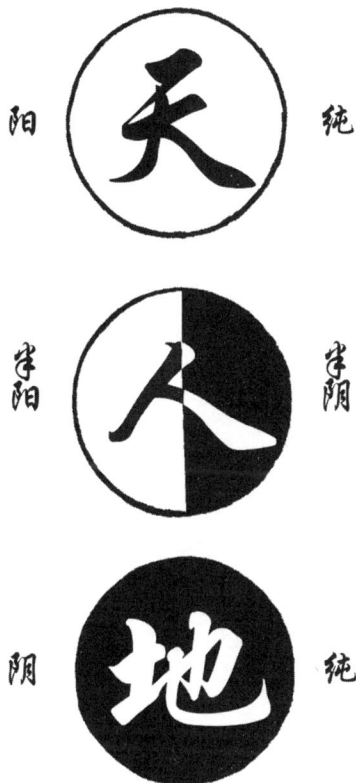

天地与其贵而不自贵，是悖天地之理，不祥莫大焉来注。

天地形象图①

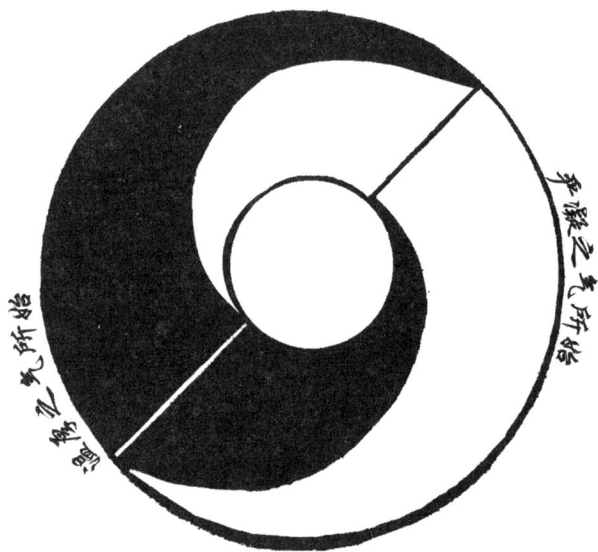

天地形象虽非如此，然西北山高，东南水多，亦有此意。

天地戌亥之交，其形体未曾败坏，在此图看出，以气机未尝息也。

天地西北高，东南低，论有数端。

以风水论，是右边白虎，太极盛矣。是以历代帝王长子不传天下，通是二房子孙传之。

以人才论，圣贤通生在西北一边。以山耸秀，出于天外，故也。

以财赋论，通在东南，以水聚湖海故也。

以中原论，泰山在中原独高，所以生孔子。旧时去岱岳，一日路上，见有一山耸秀，问路边人，答曰：此王府陵也。次日行到，孟庙在其下，始知生孟子者此山也。

以炎凉论，天地严凝之气，始于西南，而盛于西北；天地温厚之

① 陈鑫原著《太极拳图画讲义》中称此图为"来子太极圆图"，又称"来瞿唐先生圆图"。

气，始于东北，而盛于东南。严凝之气，其气凉，故多生圣贤；温厚之气，其气炎，故多生富贵。

以性情论，西北人多质实、多刚、多蠢，下得死心，所以圣贤多也；东南人多秀、多柔、多巧，下不得死心，所以圣贤少也。

人事与天地炎凉气候相同。冬寒之极者，春生必盛；夏热之极者，秋风必凄；雨之久者，必有久晴；晴之久者，必有久雨。故有大权者必有大祸，多藏者必有厚亡。知此可以居易以俟命，不必怨天尤人来注。

观来子此条之论，搭手必占形胜之地。形胜之地非指地势之高下，乃指两人交手，我之胳膊必先据上游。据上游则我在高处，彼在低处，胜负之机已决。此必素有工夫，且本以中气而能之，而地基亦在其中。

一年混沌气象

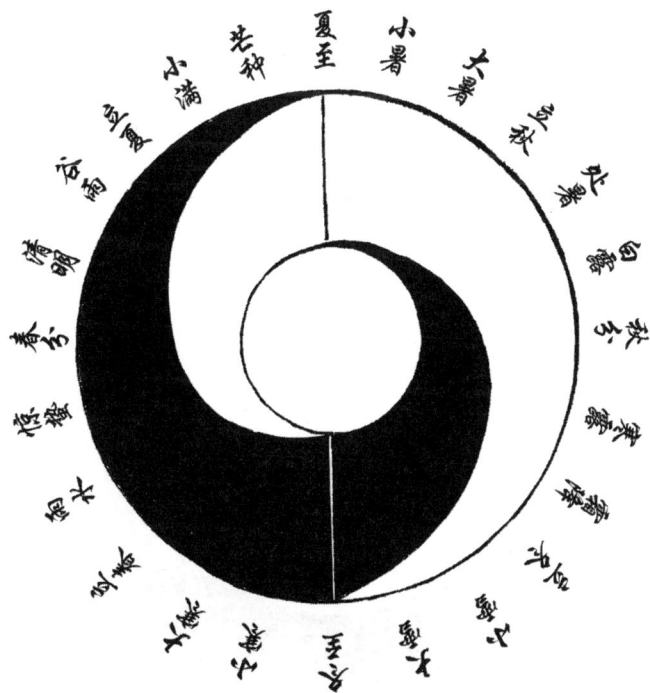

万古之人事，一年之气象也。春作、夏长、秋收、冬藏，一年不过如此。自盘古至尧舜，风俗人事以渐而长，盖春作、夏长也；自尧舜以

后，风俗人事以渐而消，盖秋收、冬藏也。此之谓大混沌。然其中有小混沌，以人身气血譬之：盘古至尧舜，如初生时到四十岁；自尧舜以后，如四十岁到百年。此以前乃总论也。若以消息论之，大消中，其中又有小息；大息中，其中又有小消；小息中又有小消；小消中又有小息。故以大小混沌言之。

何以大消中又有小息？且以生圣人论。尧舜以后乃大消矣；至周末又生孔子，乃小息也，所以禄位名寿通不如尧舜。

邵子元会运世，只就此一年算_{来注}。

一月混沌气象

月轮图

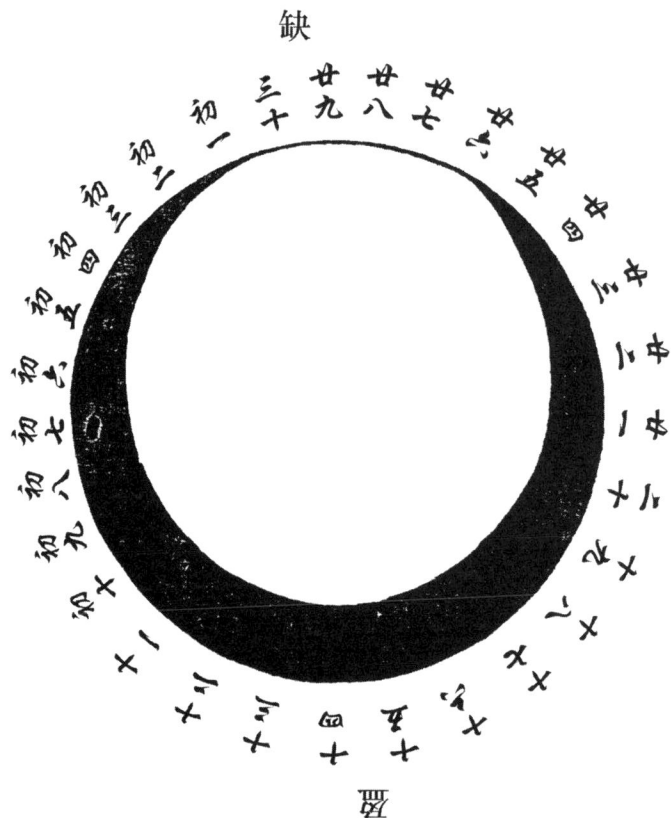

月缺于三十日，半夜止。盈于十五日，半夜止。初一日子时，息之始，息至十五日而盈。十六日子时，消之始，消至三十日而虚。

初一日与二十九日，月同是缺，但初一日之缺乃息之始，二十九日之缺乃消之终。十六日与十四日，月同是盈，但十四日之盈乃息之终，十六日之盈乃消之始。

天地阴阳之气，即如人呼吸之气，四时通是一样。但到冬月寒之极，气之内就生一点温厚起来，所谓息也。温厚渐渐至四月，发散充满，所谓盈也。盈又消了。到五月，热之极，气之内就生出一点严凝起来，所谓息也。严凝渐渐至十月，翕聚充满，所谓盈也。盈又消了。

阴阳之气，如一个环，动静无端，阴阳无始，未曾断绝，特有消息盈虚耳。朱子说"阳无骤至之理"，又说"一阳分作三十分"云云；双峰饶氏说"'坤'字介乎剥、复二卦之间"云云，通说零碎了，似把阴阳之气，作断绝了又生起来。殊不知阴阳剥复就是月一般，月原不曾断绝，止有盈缺耳。周公硕果不食，譬喻亲切果长不至硕，则尚有气。长养至于硕果，气候已完，将朽烂了。外面气尽，中间就生起核之仁来，可见气未曾绝。

天地阴阳之理，不过消息盈虚而已。故孔子尚消息盈虚。打太极拳，亦是消息盈虚。坤与复之时，阳气通是一样微。但坤者，虚之终而微也；复者，息之始而微也。乾与姤之时，阳气通是一样盛。但乾者，盈之终而盛也；姤者，消之始而盛也。乾与姤之时，阴气通是一样微，但乾者，虚之终而微也；姤者，息之始而微也。坤与复之时，阴气通是一样盛。但坤者，盈之终而盛也；复者，消之始而盛也。

息者，喘息也，呼吸之气也，生长也。故人之子谓之息，以其所生也。因气微，故谓之息。消者，减也，退也。盈者，中间充满也。虚者，中间空也来注。

一日混沌气象

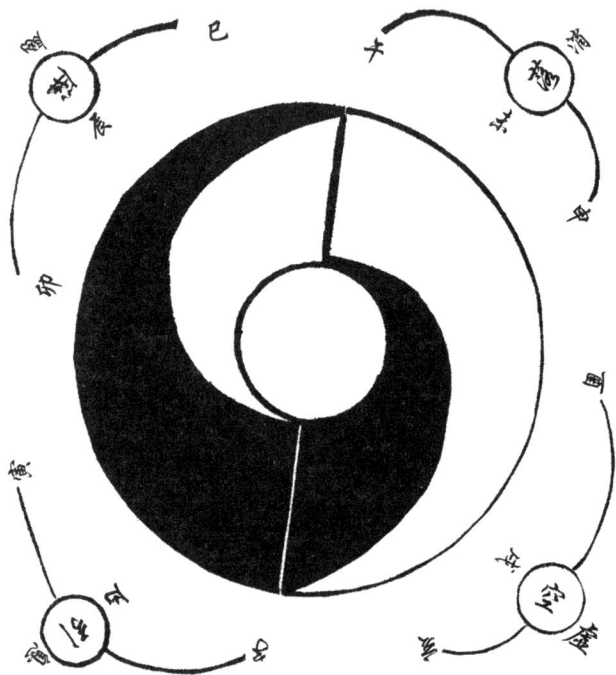

　　太极拳如一日气象。万古之始终者，一日之气象也。一日有昼有夜，有明有暗，万古天地，即如昼夜。

　　做大丈夫，把万古看作昼夜，此襟怀就海阔天高，只想做圣贤出世，而功名富贵，即以尘埃视之矣_{来注}。

　　自子至丑、寅，我之引，即息也。自卯至辰、巳，我引之使进，即长也。自午至未、申，即敌之盛气尽处，即我之转关处，亦即击人处。敌不得势，其气即消灭。不能不有落脚之地，所谓落也。酉、戌、亥，即敌之虚，惟虚故空，能不失败乎？是拳之引、进、落、空，亦一日之盈虚消长也。

心易发微伏羲太极图

正南，纯阳方也，故画为乾。正北，纯阴方也，故画为坤。画离于东，象阳中有阴也。画坎于西，象阴中有阳也。东北阳生阴下，于是乎画震。西南阴生阳下，于是乎画巽。观阳长阴消，是以画兑于东南。观阴盛阳微，是以画艮于西北_{来注}。

此图乃伏羲氏所作也，世不显传。或谓希夷所作，虽周子亦未之见也，乃自作《太极图》，观任道逊之诗可见矣。诗云："太极中分一气旋，两仪四象五行全。先天八卦浑沦具，万物何尝出此图。"又云："造化根源文字祖，图成太极自然天。当时早见周天子，不费钻研作正传。"夫既谓八卦浑沦文字祖，则知此图为伏羲所作，而非希夷明矣。

其外一圈者，太极也；中分黑白者，阴阳也；黑中含一点白者，阴中阳也；白中含一点黑者，阳中阴也。阴阳交互，动静相倚，周详活泼，妙趣自然。其圈外左方自震，一阳驯至乾之三阳，所谓起震而历离、兑，以至于乾是已；右方自巽，一阴驯至坤之三阴，所谓自巽而历坎、艮，以至于坤是已。其间四正四隅，阴阳纯杂，随方布位，自有太极含阴阳、阴阳含八卦之妙，不假安排也，岂浅见近识者所能及哉！伏羲不过模写出来以示人耳。

予尝究观此图，阴阳浑沦，盖有不外乎太极，而亦不离乎太极者，本先天之易也。观周子《太极图》，则阴阳显著，盖皆太极之所为，而非太极之所倚者，实后天之易也。

然而，先天所以包括后天之理，后天所以发明先天之妙，明乎道之浑沦，则先天而天弗违，太极体立也；明乎道之显著，则后天而奉天时，太极用行矣。使徒玩诸画像，谈诸空玄，羲、周作图之意荒矣！故周子诗云："兀坐书房万机休，日暖风和草色幽。谁道二十年远事，而今只在眼睛头。"岂非孔子所论太极者之旨，容有外于一举目之间哉。是可默识其妙，而见于性理，指要可考也_{来注}。

古太极图叙

天地间形上形下，道器攸分，非道自道、器自器也。器即道之显诸有，道即器之泯于无，虽欲二之，不可得也。

是图也，将以为沦于无耶？两仪、四象、八卦与夫万象森罗者已具在矣。抑以为滞于有耶？凡仪象、卦画与夫群分类聚，森然不可纪者，曾何形迹之可拘乎？是故，天一也，无声无臭，何其隐也；成象成形，何其显也。然四时行，百物生，莫非其于穆之精神无方，易无体，不离乎象形之外。自一而万，自万而一，即此图是也。

默识此图，而太极生生之妙，完具胸中，则天地之化机、圣神之治教，不事他求，而三才一贯，万物一体备是矣。可见执中，执此也；慎独，慎此也；上古之心传，传此也，可以图象忽之哉来注。

古太极图说

道必至善，而万善皆从此出，则其出为不穷。物本天然，而万物皆由此生，则其生为不测。包罗主宰者，天载也，泯然声臭之俱无；纤巧悉备者，化工也，浑乎雕刻之不作。赤子未尝学虑言，知能之良必归之。圣人绝无思为言，仁义之至必归之。盖凡有一毫人力安排布置，皆不可以语至道、语至物也。况谓之太极，则盘天地，亘古今，瞬息微尘，悉统括于兹矣，何所庸其智力哉！

是故天地之造化，其消息盈虚本无方体，无穷尽，不可得而图也。不可图者从而图之，将以形容造化生生之机耳。若以人为矫强分析于其间，则天地之自然者，反因之而晦矣。

惟是图也，不知画于何人，起于何代，因其传流之久，名为"古太极图"焉。

尝读《易·系辞》首章，若与此图相发明，《说卦》"天地定位"数章，即阐明此图者也。何也？总图即太极也，黑白即阴阳、两仪、天地、卑高、贵贱、动静、刚柔之定位也。黑白多寡，即阴阳之消长。太阴太阳，少阴少阳，群分类聚，成象成形，寒暑往来，乾男坤女，悉于此乎见也。以卦象观之，乾坤定位上下，坎离并列东西，震巽艮兑随阴阳之升降而布于四隅，八卦不其毕具矣乎？

然太极、两仪、四象、八卦，吉凶大业，虽毕见于图中，而其所以生生者，莫之见焉。其实，阴阳由微至著，循环无端，即其生生之机也。太极不过阴阳之浑沦耳，原非先有太极，而后两仪生，即有两仪，而后四象、八卦生也。岂有两仪生而太极遁，四象生而两仪亡，八卦生而四象隐，两仪、四象、八卦各为一物，而别有太极宰其中，统其外哉？惟于此图潜神玩味，则造化之盈虚消息隐然呈象。效法此之谓至道而不可离，此之谓至物而物格知至也。

若云孔子以前无《太极图》，而《先天图》画于伏羲，《后天图》改于文王，考之《易》皆无据，今尽阙之可矣。虽然，乾坤之易简，久大之德业，即于此乎在。而虞廷执中，孔门一贯，此外无余蕴。但按图索骥，则又非古人画像垂训之意矣。故曰："神而明之，存乎其人，默而成之，不言而信，存乎德行。"

《古太极图》，圣人发泄造化之秘，示人反身以完全，此太极也。是极也，在天地匪巨，人身匪细，古今匪遥，呼吸匪暂也。本无象形，本无声臭，圣人不得已而画之图焉。阴阳刚柔，翕辟摩荡，凡两仪、四象、八卦，皆于此乎具，而吉凶之大业生焉。即所谓一阴一阳之道，生生之易，阴阳不测之神也。惟于此图，反求之身，而洞彻无疑焉。则知吾身即天地，而上下同流，万物一体，皆吾身所固有，而非由外铄我者。

然而有根源焉，培其根，则枝叶自茂；浚其源，则流自长。细玩图象，由微至著，浑沦无穷，即《易》所谓"乾元资始，乃统天"是也。何也？分阴分阳，而阴即阳之翕也；纯阴纯阳，而纯阳即一阳之积也。一阳起于下者，虽甚微，而天地生生化化，变通莫测，悉由此以根源之耳。况以此观之《河》《洛》，则知《河图》一、六居下，《洛书》戴九履一，其位数生克不齐；而一之起于下者，宁有二哉！

以此观之，易六十四卦始于乾，而乾初九"潜龙勿用"，谓阳在下也。《先天圆图》起于复者，此也；《横图》复起于中者，此也；《方图》震起于中者，此也；《后天图》帝出乎震者，亦此也。诸卦爻图象不同，莫非变化，特其要在反身，以握乎统天之元于以完全造化，与天地同悠久也。

是故天之所以为天者，此也，故曰"乾以易知"；地之所以为地者，此也，故曰"坤以简能"；人之所以为人者，此也，故曰"易简理得""而成位乎其中"。否则天地几乎毁矣，况于人乎？信乎？人一小天地，而天、地、人统同一太极也。以语其博，则尽乎造化之运；以语其约，则握乎造化之枢，惟《太极图》为然。故揭此以冠之图书编云_{来注}。

伏羲八卦消长图

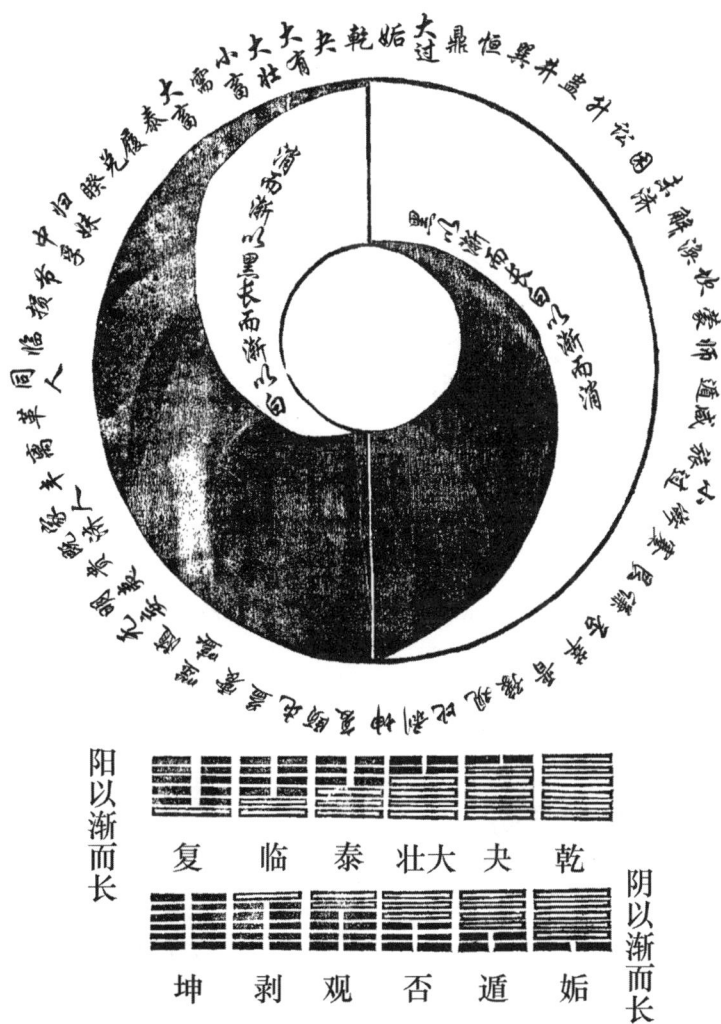

白路者，一阳复也。自复而临，而泰，而壮，而夬，即为乾之纯阳。黑路者，一阴姤也。自姤而遁，而否，而观，而剥，即为坤之纯阴。

复者，天地之生子也，未几而成乾健之体。健极则必生女矣，是火中之一点水也。姤者，天地之生女也，未几而成坤顺之功。顺极则必生男矣，是水中之一点火也。故乾道成男，未必不成女；坤道成女，未必不成男。

坤而复焉，一念之醒也，而渐至夬，故君子一篑之土可以成山。乾而姤焉，一念之差也，而渐至剥，故小人一焰之火可以燎原。

学者只将此图黑白消长玩味，就有长进，然非深于道者，不足以知之。观此图者，且莫言造化性命之学，且将黑白消长，玩"安""危""进""退"四个字，气象亦已足矣。了得此手，便就知进、知退、知存、知亡；便即于天地合其德，日月合其明，四时合其序，鬼神合其吉凶。故修德凝道之君子，以居上不骄，为下不倍。国有道，其言足以兴；国无道，其默足以容结之_{来注}。

太极黑白图

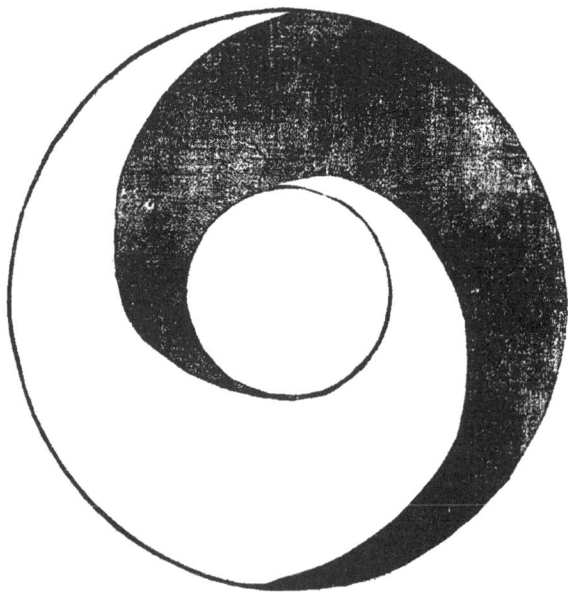

白者，阳仪也；黑者，阴仪也。黑白二路者，阳极生阴；阴极生阳，其气机未尝息也，即太极也。非中间一圈，乃太极之本体也来注。

太极图弄圆歌

我有一丸，黑白相和，虽是两分，还是一个。

大之莫载，小之莫破，无始无终，无右无左。

八卦九畴，纵横交错，今古参前，乾坤在坐。

尧舜周孔，约为一堂，我弄其中，琴瑟铿锵。

孔曰太极，惟阴与阳，是定吉凶，大业斯张。

形即五行，神即五常，惟规能圆，矩以能方。

孟曰弄此，有事勿忘，名为浩然，至大至刚。

充塞天地，长揖羲皇。

此图与周子之图少异者，非求异于周子也。周子之图散开画，使人易晓。此图总画，解周子之图者，以中间一圈为太极之本体者，非也。图说，周子已说尽了，故不必赘。

易以道阴阳，其理止此矣。世道之治乱，国家之因革，山川之兴废，王伯之诚伪，风俗之厚薄，学术之邪正，理学之晦明，文章之纯漓，士子之贵贱，贤不肖之进退，华夷之强弱，百姓之劳逸，财赋之盈虚，户口之增减，年岁之丰凶，举辟之详略，以至一草一木之贱，一饮一食之微，皆不外此图。

程子曰："天地万物之理，无独必有对。"皆自然而然，非有安排也，于此图见之矣。画此图时，因读《易》"七日来复"，见得道理原不断绝，往来代谢是如此。因推而广之，作理学辨疑。

河图太极图

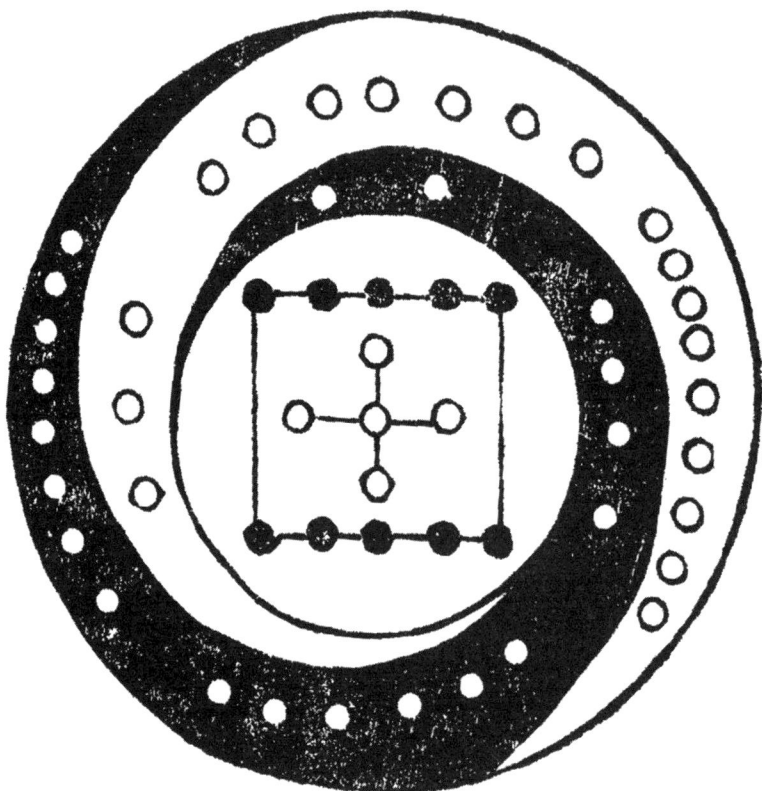

　　虽曰一、六在下，二、七在上，其实皆阳上而阴下。虽曰三、八在左，四、九在右，其实皆阴左而阳右。虽曰以五生数，统五成数，其实皆生数在内，成数在外。虽曰阴阳皆自内达外，其实阳奇一、三、七、九，阴耦二、四、六、八，皆自微而渐盛。彼欲分裂其几点置之某处，而更乱之。盍即此"太极、河图"观之哉？但阴阳左右，虽旋转无定在也，而拘拘执河图虚中，五、十无位之说，是又不知阴阳合于中心，而土本天地之中气也_{来注}。

洛书太极图

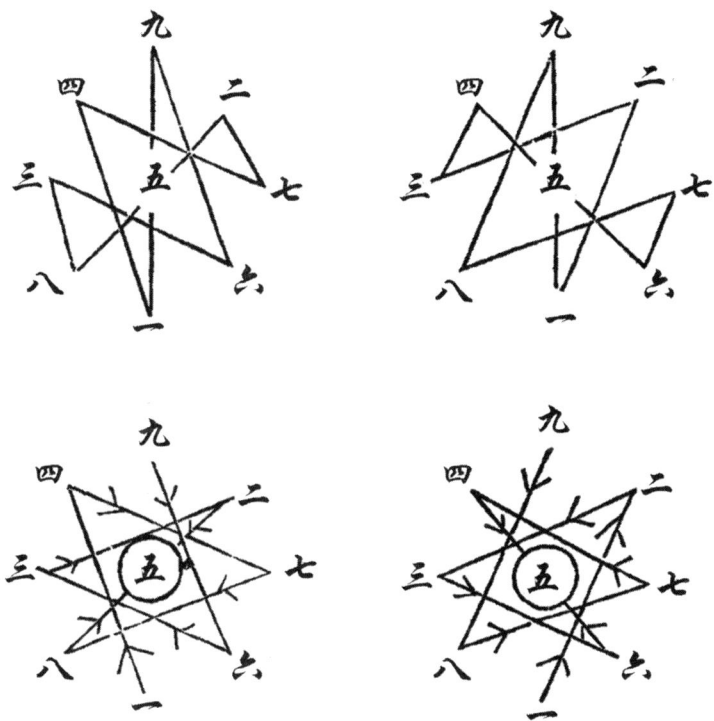

上右图一二三、四五六、七八九，挨次连三方者，天地体数顺行也。上左图一四七、二五八、三六九，隔次连三方者，甲子用数逆行也。拳家缠丝精法所走之路，适与相仿。右仰手与左俯手相向，若抱右手在下，从一向二、向三、向六行；头领两足，从九向八、向七、向四行；四六同向，五扭缥，猛力一抖，气结中宫；左仰手在下，从一向四、向七、向八行，头领两足，从九向六、向三、向二行；二八同向，五扭缥，猛力一抖，气结中宫；左右扭缥，落点时，头、手、足皆成一、二、三，或一、四、七矩折三角形。若兼带俯仰伸缩法，规矩方为完全合一。久练纯熟，则起落进退，旋转自由，而轻重虚实，刚柔齐发，乃识太极确有真相，非徒托诸空言矣。

河图天地交图

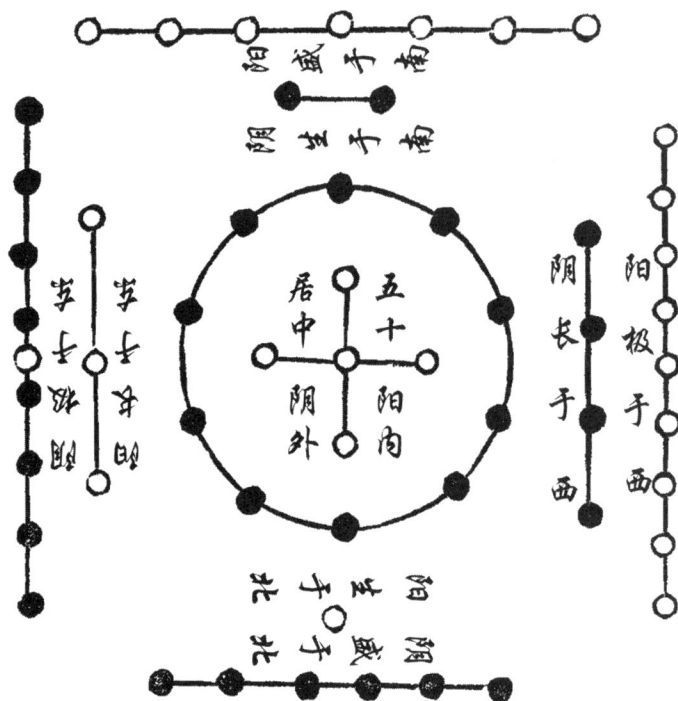

五十
居中
阳内
阴外

阳生于南
阴生于南

阴长于西
阳极于西

阳生于东
阳极于东

阴生于北
阳生于北

洛书日月交图

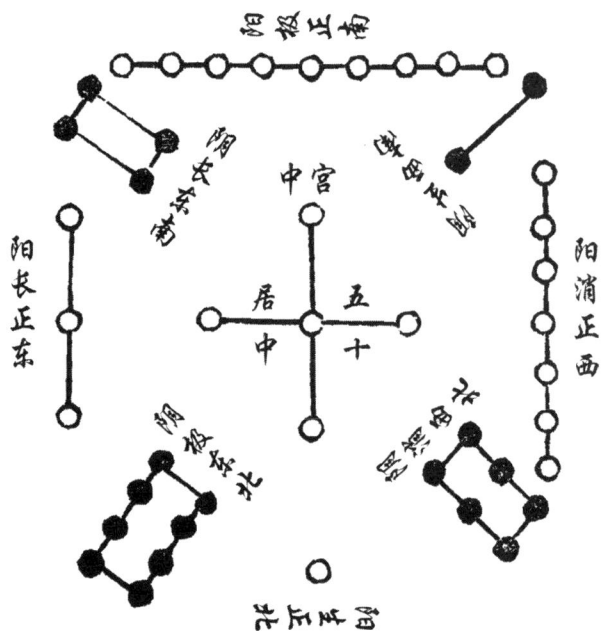

中宫
居中
五十

阳长正东

阳消正西

阴长东南

阴极东南

河图天地交、洛书日月交论

天地交，则泰矣，《易》即严艰贞于九三。日月交，则既济矣，《易》即谨衣袽于六四。君子因图、书而致慎于交也，深矣哉。

若夫统观河图，除中五、十，则外数三十，径一围三，故圆。谓图为天之象可也。统观洛书，除中五数，则外数四十，径一围四，故方。谓书为地之象亦可也。

图之数，五十有五。其数奇而盈也，非日之象乎？书之数，四十有五。其数耦而乏也，非月之象乎？潜神图、书者，可无反身之功哉？

盖天地日月之交，即吾人性命之理、姤复之机也。果能以此洗心退藏于密，天地交而一阳含于六阴之中；日月交而一贞完其纯阳之体，则天地合德，日月合明，生克制化之神妙，不在图、书而在我矣。否则，图、书固不当牵扯，而图自图，书自书，亦方圆奇耦之象数耳，于穷理尽性至命之学何与哉来注？

太极拳内精圆图

太极拳仿河图
作缠丝圆劲图

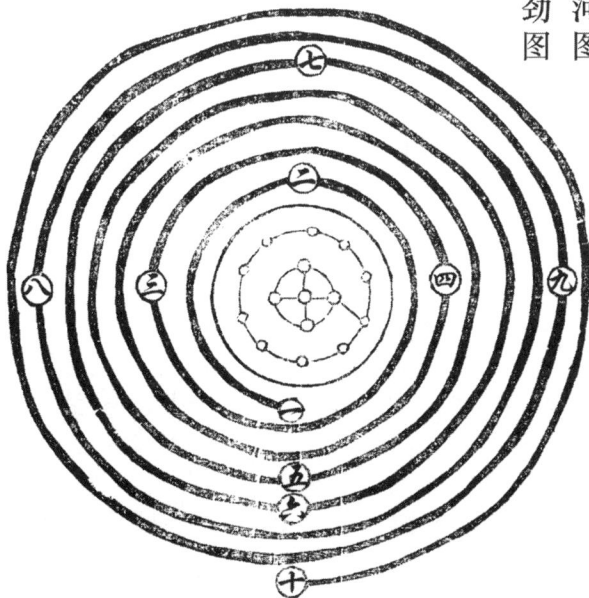

《河图》实为缠丝精之祖。单开如一字。两头合住，周围撑开，则为太极圆图；错之，则为缠丝图；双之，则为褊图；再双之，四角撑开，则为方图；至三角、五角、六角、七角、八角、九角，皆方图也，皆由一生二而推之也。即《尧典》所载日月运行、错综之缠次圆图，莫非由一字所生也？兹不俱论。此图专主缠丝劲说。因拳中股肱宜用，故推及之。

太极拳外形方图

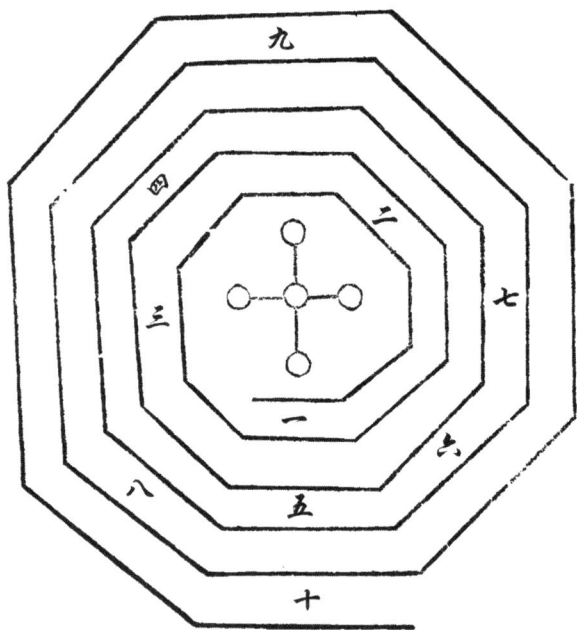

《洛书》实为方形之祖，犹是智欲圆而行欲方之意。且太极拳实系外方而内圆，上圆而下方。方者，其形；圆者，其神也。耍拳者不可不知。

打拳虽有时倚斜，然斜之中，自寓有方正之意。

此八角方形也。一摸其棱，即成太极圆图矣。方由圆生，圆因方成，此方圆相通之理要，皆本一字所生。

太极拳缠丝精图

　　吾读诸子太极圆图，而悟打太极拳须明缠丝精。缠丝者，运中气之法门也。不明此，即不明拳。

　　第一白路与黑路，以象无极中自存太极之阴阳也。第二白路、黑路，以象太极生两仪。两仪，阴阳也，即天地也。第三白路、黑路，以象人人秉阴阳五行之气以生者也。第四白路，即孟子所谓浩然之气；黑路即人之血气，配以道义，即为正气，即是浩然之气。第五白路，即道心，所以宰乎气者也。气非理无以行，此性中之理也。黑路即人心，圣贤所谓私心也。中间白点即克念，黑点即罔念也。惟圣人但存克念去其罔念。罔念，即告子所谓食色性也，人皆有之。人能去此一念之私，使之永不发动，则纯乎天矣。纯乎天，则打拳皆随天机动宕，莫非自然而然，活泼泼地太极原象皆从吾身流露。

　　外三大圈推阴阳所自始，内三圈言阴阳有所宰。内三圈皆在第三圈，人所秉受之中，本不必再图。恐打拳不知理以宰气之故尔，非另外别有一图也，姑图之令人易晓。要之内三圈皆在第三圈之中，第三圈皆在第二圈之中，第二圈皆在第一圈之中。此图专言卫生之本、还气妙诀。能善运气，始能卫其生命；能卫生命，则复性有所资，养气有所赖矣。此太极拳，是有益于身心性命之学。圣贤言修身在复性，此言卫生运气以为修身复性之本。未知是否，姑为图说，以留笑柄。

无极图

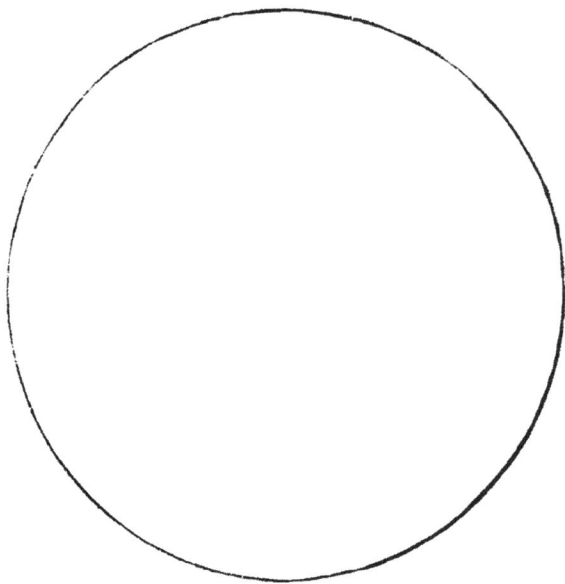

前吾画一空圈，名曰无极图。此又画一空圈，何谓也？天地万物，皆自无而生有。自有以后，事物不可枚举。即如打拳一艺，起初原无，是术一既有之。正不妨即其有，以造至无心，成化不著形迹，则有者仍归于无矣。所谓色即是空，空即是色，空空色色，色色空空。吾之又画一圈者，盖以此。

人身缠丝正面图

浑身俱是缠劲。大约里缠、外缠，皆是随动而发。有左手前，右手后；右手前，左手后，而以一顺合者。亦有左里合，右背合者。亦有用反背劲，而往背面合者。各因其势之如何，而以自然者运之。

足大趾待手气走足后，乃与手一齐合住，此时方可踏实。其劲皆发于心，内入于骨缝，外达于肌肤。是一股，非有几股。劲，即气之发于心者，得其中正则为中气，养之即为浩然之气。

人身缠丝背面图

背面头顶为顶劲，大椎为分路，分路下为膂，正中骨为脊，两肾为腰。足之虚实因乎手，手虚足亦虚，手实足亦实。

太极拳缠丝精论

太极拳缠丝法也，进缠、退缠、左右缠、上下缠、里外缠、大小缠、顺逆缠。而要莫非即引即缠，即进即缠，不能各是各着。若各是各着，非阴阳互为其根也。世人不知，皆目为软手，是以外面视之，皆迹象也。若以神韵论之，交手之际，刚柔并用，适得其中，非久于其道者，不能澈其底蕴。两肩䫜下，两肘沉下，秀若处女见人，肆若猛虎下山。手即权衡，称物而知其轻重。打拳之道，吾心中自有权衡。因他之进退缓急，而以吾素练之精神临之，是无形之权衡也。以无形之权衡，权有形之迹象，宜轻宜重，而以两手斟酌，适得其当，斯为妙手。

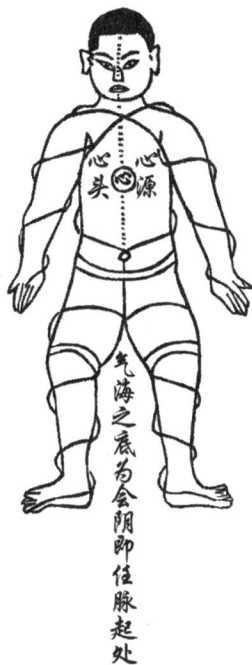

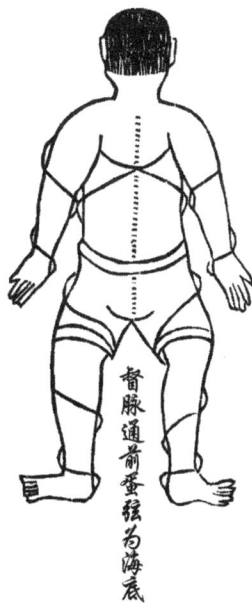

气海之底为会阴即任脉起处

督脉通前蛋弦为海底

太极拳缠丝法诗 四首

七言古

其一

动则生阳静生阴，一动一静互为根。

果然识得环中趣，辗转随意见天真。

其二

阴阳无始又无终，来往屈伸寓化工。

此中消息真参透，圆转随意运鸿蒙。

其三

一阵清来一阵迷，连环阖辟赖撕提；

理经三昧方才亮，灵境一片是玻璃。

五言古

理境原无尽，端由结蚁诚。

三年不窥园，壹志并神凝。

自当从良师，又宜访高朋。

处处循规矩，一线启灵明。

一层深一层，层层意无穷。

一开连一合，开合递相承。

有时引入胜，工欲罢不能。

时习加黾勉，日上自蒸蒸。

一旦无障碍，恍然悟太空。

经穴歌录内经注

手太阴肺经十一穴

中府　云门　天府　夹白　尺泽　孔最
列缺　经渠　太渊　鱼际　少商

歌云

太阴肺兮出中府，云门之下一寸许，

云门璇玑旁六寸，巨骨之下二骨数，

天府胁下三寸安，夹白肘上五寸数，

尺泽肘中约纹论，孔最腕上七寸取，

列缺腕侧一寸半，经渠寸口陷中取，

太渊掌后横纹骨，鱼际节后散脉举，

少商大指端内侧，此穴若针病即愈。

手阳明大肠经二十穴

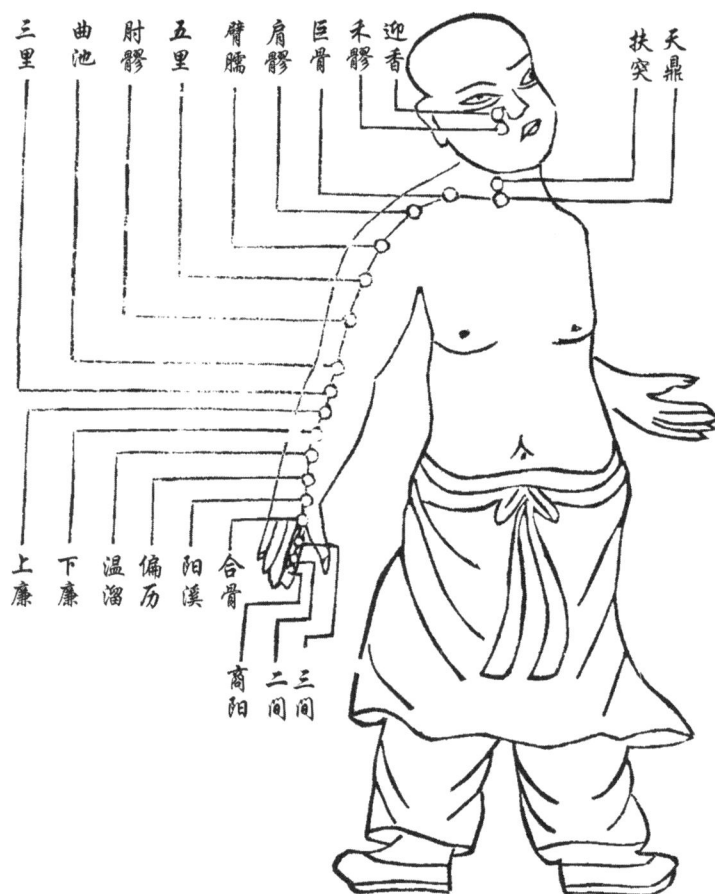

三里　曲池　肘髎　五里　臂臑　肩髎　巨骨　禾髎　迎香　　扶突　天鼎

上廉　下廉　温溜　偏历　阳溪　合骨

商阳　二间　三间

歌云

商阳食指内侧边，二间来寻本节前，

三间节后陷中取，合骨虎口歧骨间，

阳溪上侧腕中是，偏历腕后三寸安，

温溜腕后去五寸，池前五寸下廉看，

池前三寸上廉中，池前二寸三里逢，

曲池曲骨纹头尽，肘髎太骨廉外近，

大筋中央寻五里，肘上三寸行向里，

臂臑肘上七寸量，肩髎肩端举臂取，

巨骨肩央端上行，天鼎喉旁四寸真，

扶突天鼎旁三寸，禾髎水沟旁五寸，

迎香禾髎上一寸，大肠经穴自分明。

足阳明胃经四十五穴

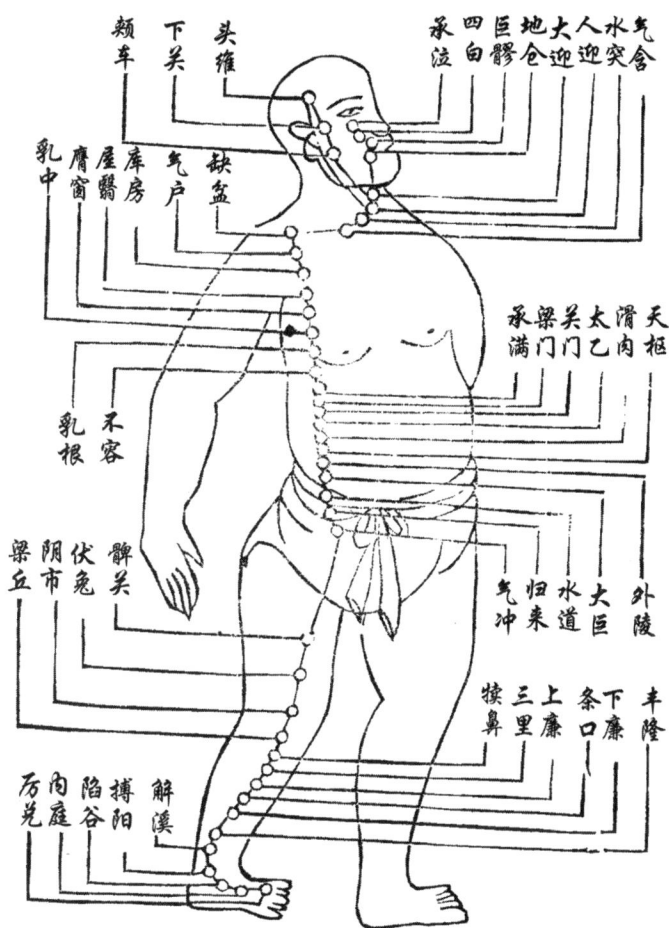

歌云

胃之经兮足阳明，承泣目下七分寻，

四白目下方一寸，巨髎鼻孔旁八分，

地仓夹吻四分迎，大迎颔下寸三中，

颊车耳下八分穴，下关耳前动脉行，

头维神庭旁四五，人迎喉旁寸五中，

水突筋前迎下在，气舍突下穴相寻，

缺盆舍下横骨内，各去中行寸半明，

气户璇玑旁四寸，至乳六寸又四分，

库房屋翳膺窗迎，乳中正在乳头心，

次有乳根出乳下，各一寸六不相侵，

却去中行须四寸，以前穴道与君陈，

不容巨阙旁三寸，却近幽门寸五新，

其下承满与梁门，关门太乙滑肉门，

上下一寸无多少，共去中行三寸中，

天枢脐下二寸间，枢下一寸外陵安，

枢下二寸大巨穴，枢下四寸水道全，

枢上六寸归来是，共去中行二寸边，

气冲鼠鼷上一寸，又去中行四寸专，

髀关膝上有尺二，伏兔膝上六寸是，

阴市膝上方三寸，梁丘膝上二寸记，

膝膑陷中犊鼻存，膝下二寸三里至，

膝下六寸上廉穴，膝下七寸条口味，

膝下八寸下廉看，膝下九寸丰隆系，

却是踝上八寸量，比那下廉外边缀，

解溪去庭六寸半，搏阳庭后五寸换，

陷谷庭后二寸间，内庭次指五间陷，

厉兑大指次指端，去爪如韭胃井判。

足太阴脾经二十二穴

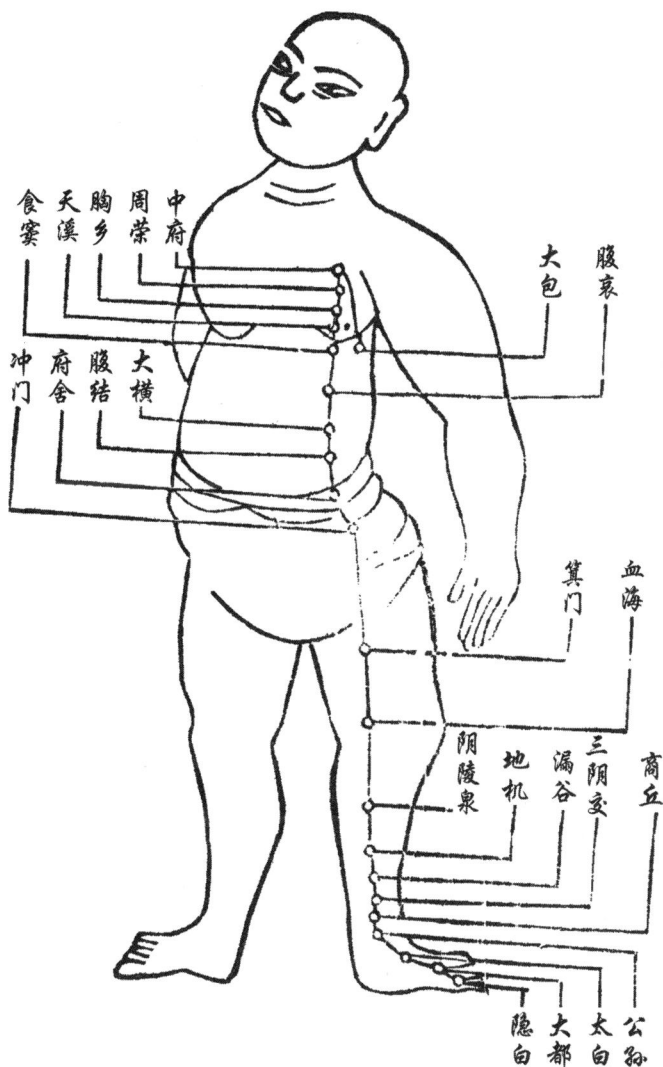

歌云

大趾端内侧隐白，节后陷中求大都，

太白内侧核骨下，节后一寸公孙呼，

商丘内踝微前陷，踝上二寸三阴交，

踝上六寸漏谷是，踝上七寸地机朝，

膝下内侧阴陵泉，血海膝膑上内廉，

箕门穴在鱼腹取，动脉应于越筋间，

冲门期下尺五寸，府舍期下九寸看，

腹结期下六寸八，大横期下五寸半，

腹哀期下方二寸，期门肝经穴道现，

巨阙之旁四寸五，却连脾穴休胡乱，

自此以上食窦穴，天溪胸乡周荣贯，

相去六寸无多寡，又上寸六中府断，

大包腋下有六寸，渊液腋下三寸半渊液，胆经穴。

手少阴心经九穴

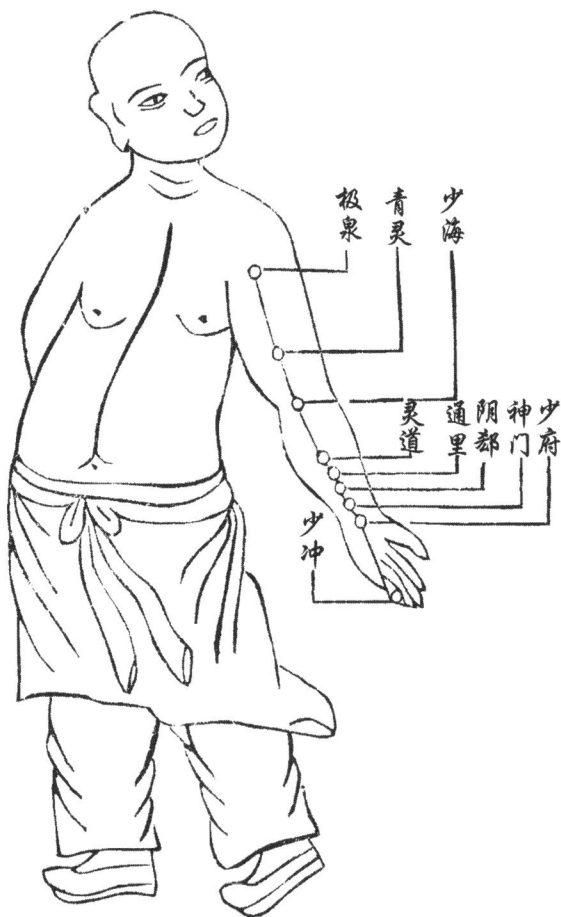

歌云

少阴心起极泉中，腋下筋间脉入胸，

青灵肘上三寸许，少海肘后端五分，

灵道掌后一寸半，通里腕后一寸同，

阴郄腕后方寸半，神门掌后兑骨隆，

少府节后劳宫直，小指内侧取少冲。

劳宫心包络穴在右手节后，与左手少府相对

手太阳小肠经十九穴

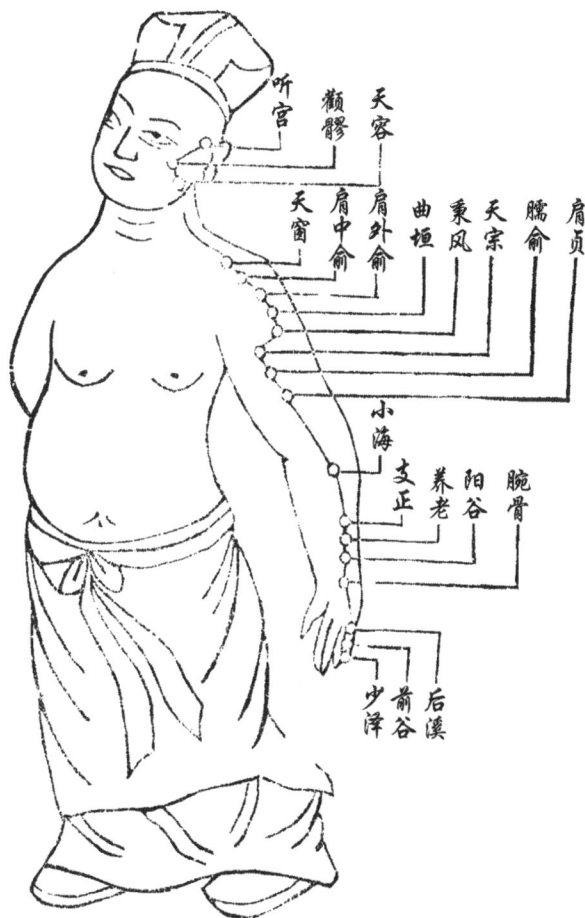

歌云

小指端外为少泽，前谷外侧节前觅，

节后捏拳取后溪，腕骨腕前骨陷侧，

阳谷兑骨下陷计，　腕上一寸名养老，

支正腕后量五寸，　小海肘后五分好，

肩贞胛下两骨解，　臑俞大骨下陷保，

天宗秉风后骨陷，　秉风髎外举有空，

曲垣肩中曲胛陷，　外俞胛后一寸从，

肩中三寸大杼旁，　天窗扶突后陷详，

天容耳下曲颊后，　颧髎面頄锐端详，

听宫耳端大如菽，　此为小肠手太阳。

足少阴肾经二十七穴

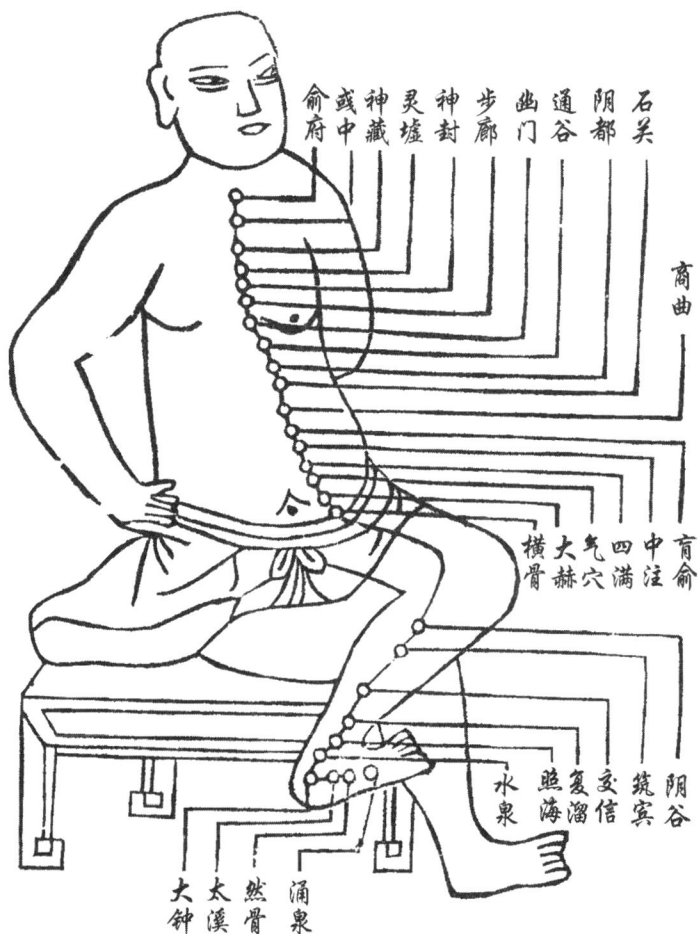

歌云

足掌心中是涌泉，然骨踝下一寸前，

太溪踝后跟骨上，大钟跟后踵中边，

水泉溪上一寸觅，照海踝下四分安，

复溜踝上前二寸，交信踝上二寸联，

二穴止隔筋前后，太阳之后少阴前，

筑宾内踝上腨分，阴谷膝下屈膝间，

横骨大赫并气穴，四满中注亦相连，

各开中行止半寸，上下相去一寸便，

上隔肓俞亦一寸，肓俞脐旁半寸边，

肓俞商曲石关来，阴都通谷幽门开，

各开中行五分挟，六穴上下一寸裁，

步廊神封灵墟存，神藏或中俞府尊，

各开中行计二寸，上下六寸六穴同，

俞府璇玑旁二寸，取之得法自成功。

足太阳膀胱经六十三穴

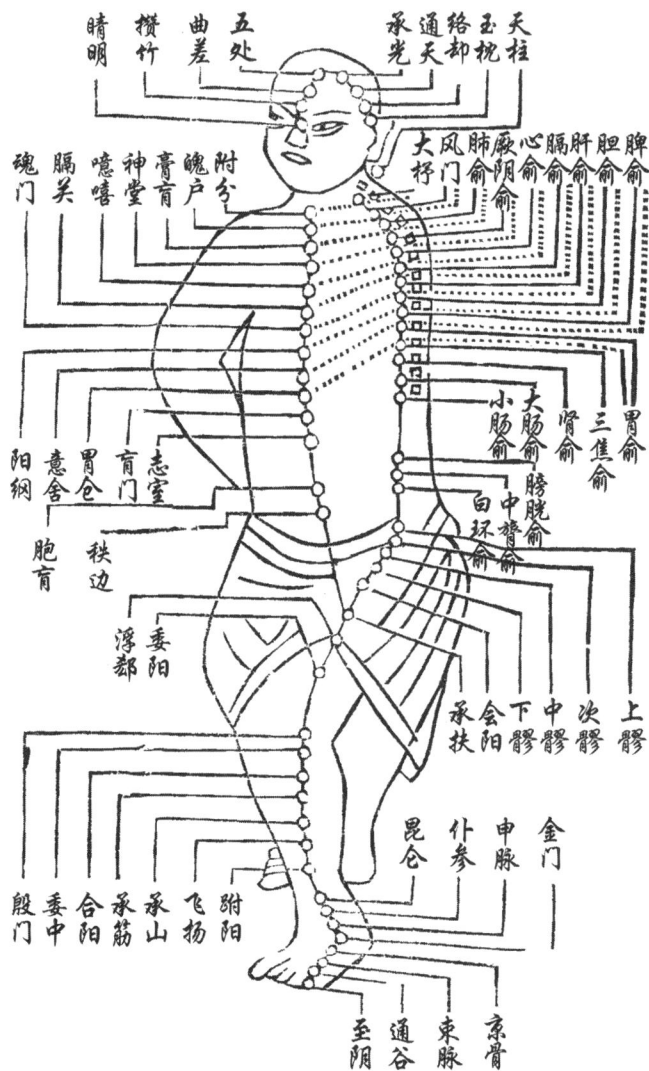

睛明 攒竹 曲差 五处 承光 通天 络却 玉枕 天柱

魂门 膈关 噫嘻 神堂 膏肓 魄户 附分 大杼 风门 肺俞 厥阴俞 心俞 膈俞 肝俞 胆俞 脾俞

阳纲 意舍 胃仓 肓门 志室 胃俞 三焦俞 肾俞 大肠俞 小肠俞 膀胱俞 中膂俞 白环俞

胞肓 秩边

浮郄 委阳 承扶 会阳 下髎 中髎 次髎 上髎

昆仑 仆参 申脉 金门

殷门 委中 合阳 承筋 承山 飞扬 跗阳

至阴 通谷 束脉 京骨

歌云

足太阳兮膀胱经，目内眦角始睛明，

眉头陷中攒竹取，曲差发际上五分，

五处发上一寸是，承光发上二寸半，

通天络却玉枕穴，相去寸五调匀看，

玉枕夹脑一寸三，入发二寸枕骨现，

天柱项后发际中，大筋外廉陷中献，
自此夹脊开寸五，第一大杼二风门，
三椎肺俞厥阴四，心俞五椎之下论，
膈七肝九十胆俞，十一脾俞十二胃，
十三三焦十四肾，大肠十六之下推，
小肠十八膀十九，中膂内俞二十椎，
白环二十一椎下，以上诸穴可排之，
更有上次中下髎，一二三四腰空好，
会阳阴尾尻骨旁，背部二行诸穴了，
又从脊上开三寸，第二椎下为附分，
三椎魄户四膏肓，第五椎下神堂尊，
第六噫嘻膈关七，第九魂门阳纲十，
十一意舍之穴存，十二胃仓穴已分，
十三肓门端正在，十四志室不须论，
十九胞肓廿秩边，背部三行诸穴匀，
又从臀下阴纹取，承扶居于陷中主，
浮郄扶下方六分，委阳扶下寸六数，
殷门扶下六寸长，腘中内廉两筋乡，
委中膝腘约纹里，此下三寸寻合阳，
承筋根脚上七寸，穴在腨肠之中央，
承山腨下分肉间，外踝七寸上飞扬，
跗阳外踝上三寸，昆仑后跟陷中央，
仆参亦在踝骨下，申脉踝下五分张，
金门申脉下一寸，京骨外侧骨际量，
束脉本节后陷中，通谷节前陷中强，
至阴却在小指侧，太阳之穴始周详。

按：五脏相对论

如：魄户对肺俞，神堂对心俞，魂门对肝俞，意舍对脾俞，志室对肾俞，是为五神。

盖五神藏于五脏之中，所以与五脏相对。

试以五神所藏论其实：肺藏魄，心藏神，肝藏魂，脾藏意，肾藏志，是为五藏。

白环俞即腰俞。

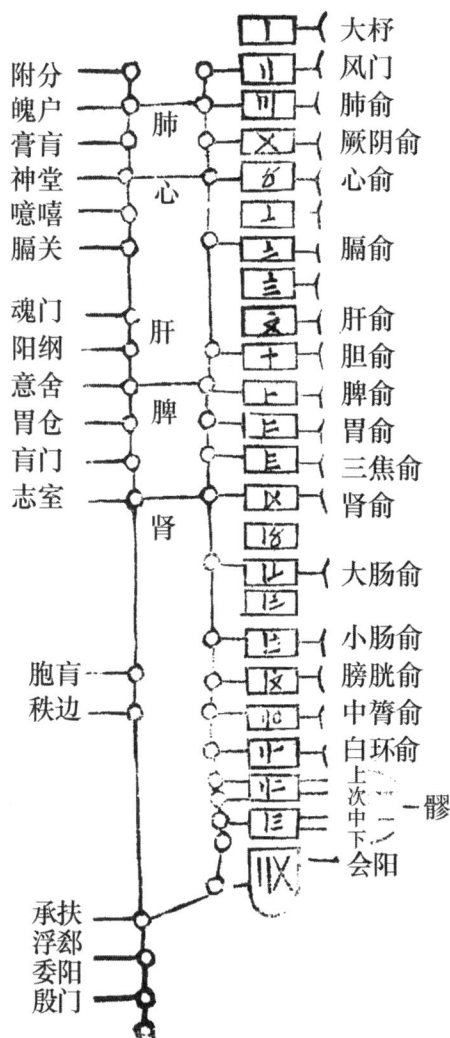

手厥阴包络经九穴

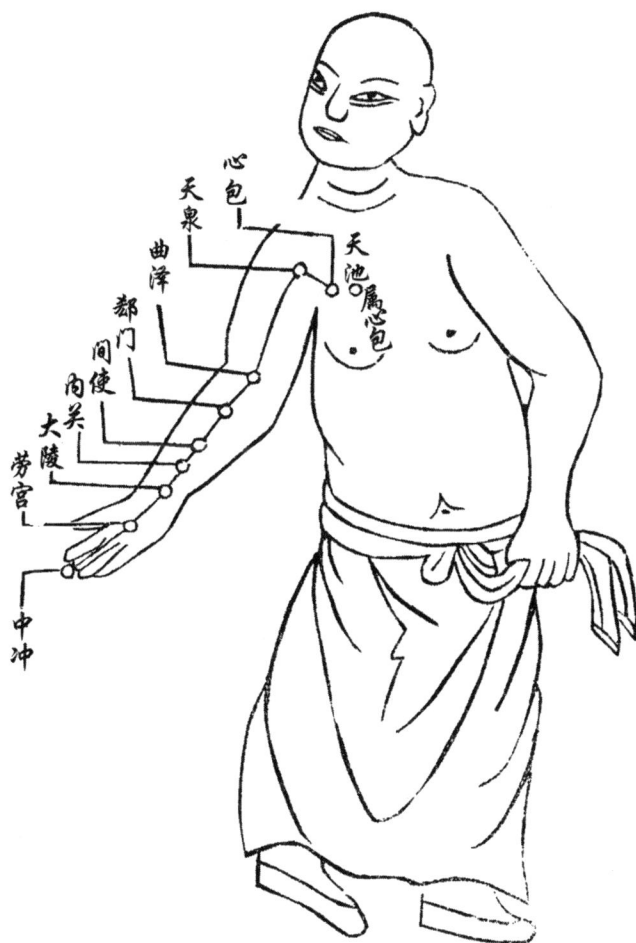

歌云

心包起自天池间，乳后腋下一寸三，

天泉曲腋下二寸，曲泽屈肘陷中央，

郄门去腕方五寸，间使腕后五寸量，

内关去腕止二寸，大陵掌后两筋间，

劳宫屈中名指取，中指之末中冲良。

手少阳三焦经二十四穴

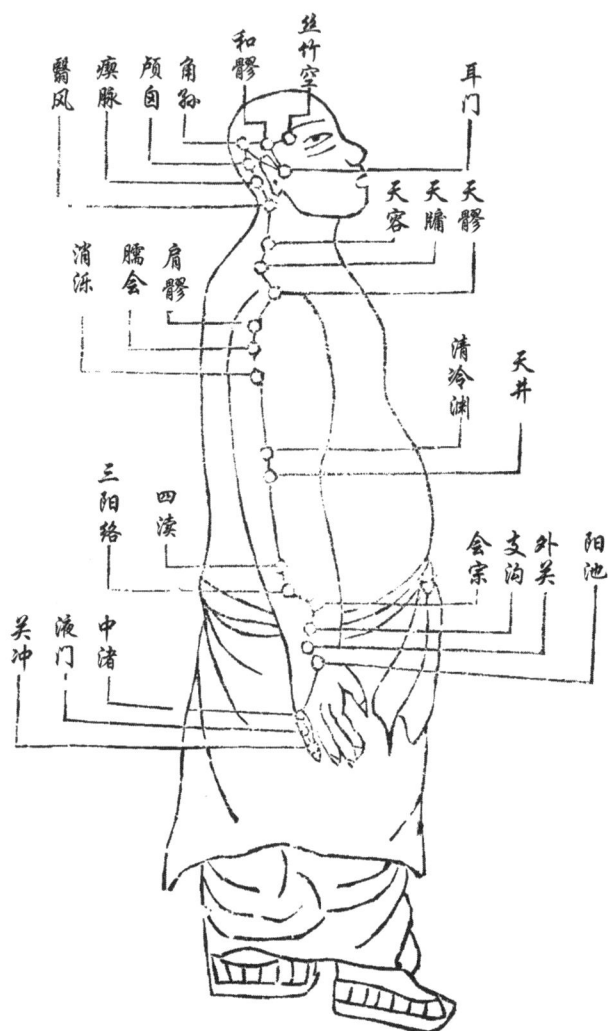

医风　瘈脉　颅囟　角孙　和髎　丝竹空　　　　　耳门

天容　天牖　天髎

淯泺　臑会　肩髎

清冷渊　天井

三阳络　四渎　　　　　　　　会宗　支沟　外关　阳池

关冲　液门　中渚

歌云

无名指外端关冲，液门小指次陷中，

中渚液上去一寸，阳池腕上之陷中，

外关腕后方二寸，腕后三寸开支沟，

腕后三寸内会宗，空外有穴细心求，

腕后四寸三阳络，四渎肘前五寸看，

天井肘外大骨后，骨罅中间一寸摸，

肘后二寸清冷渊，消泺对液臂外看，

臑会肩前三寸中，肩髎臑上陷中央，

天髎缺盆陷处上，天牖天容之后有，

翳风耳后尖角陷，瘈脉耳后青脉现，

颅囟亦在青络脉，角孙耳廓中间上，

耳门耳前起肉中，和髎耳后动脉张，

欲知丝竹空何在，眉后陷中仔细详。

足少阳胆经四十五穴

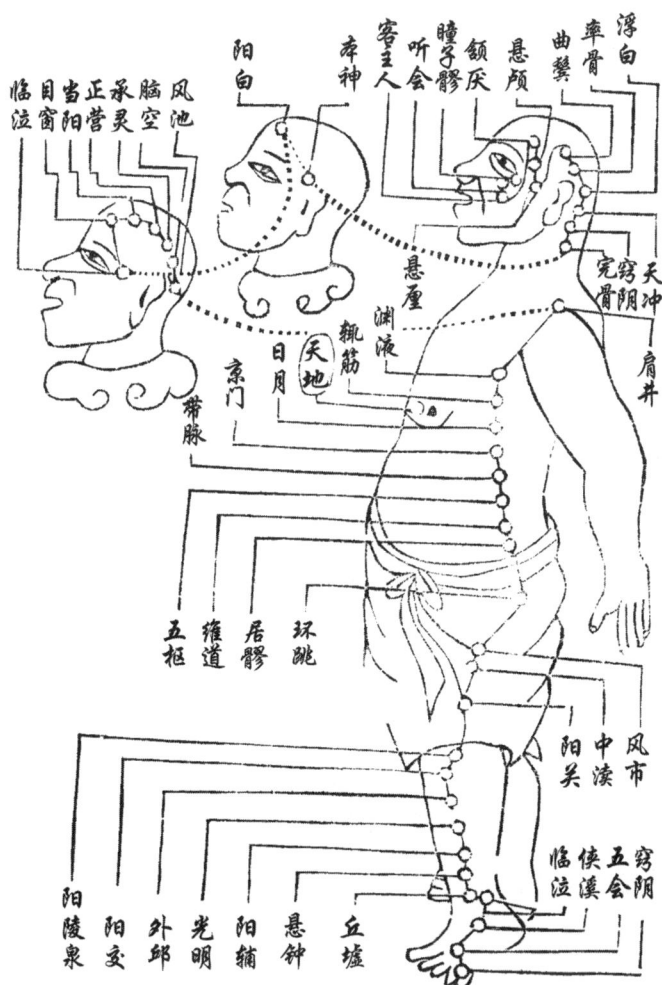

歌云

足少阳兮四十五，头上廿穴分三折，

起自瞳子至风池，积数陈之依次第，

瞳子髎近眦五分，耳前陷中寻听会，

客主人名上关同，耳前起骨开口空，

颔厌悬颅之二穴，脑空上廉曲角下，

悬厘之穴异于兹，脑空下廉曲角上，

曲鬓耳上发际隅，率骨耳上寸半安，

天冲耳后入发二，浮白入发一寸间，

窍阴即是枕骨穴，完骨之上有空连，

完骨耳后入发际，量得四分须用记，

本神神庭旁三寸，入发一寸耳上系，

阳白眉上方一寸，发上五分临泣用，

发上一寸当阳穴，发上半寸目窗贡，

正营发上二寸半，承灵发上二寸摊，

脑空发上五寸半，风池耳后发陷中，

肩井肩上陷中求，大骨之前一寸半，

渊液腋下方三寸，辄筋期下五分判，

期门却是肝之穴，相去巨阙四寸半，

日月期门下五分，京门监骨下腰绊，

带脉章门下寸八，五枢章下寸八贯，

维道章下五寸三，居髎章下八寸三，

章门亦是肝经穴，下脘之旁九寸含，

环跳髀枢宛宛中，屈上伸下取穴同，

风市垂手中指尽，膝上五寸中渎论，

阳关阳陵上三寸，阳陵膝下一寸从，

阳交外踝上七寸，踝上六寸外邱用，

踝上五寸光明穴，踝上四寸阳辅分，

踝上三寸悬钟在，丘墟踝前之陷中，

此去侠溪四寸五，却是胆经原穴功，

临泣侠溪四寸半，五会窍阴二穴同。

按：头上二十穴次第共分三折。

第一折

一瞳子髎二听会，三主人兮颔厌四，

五悬颅兮六悬厘，第七数分曲鬓随，

八率骨兮九天冲，十浮白兮之穴从，

十一窍阴亦相继，十二完骨一折终。

第二折

又自十三本神始，十四阳白二折随。

第三折

十五临泣目下穴，十六目窗之穴宜，

十七正营十八灵，十九脑空廿风池，

依次细心量取之，胆经头上穴堪知。

足厥阴肝经十五穴

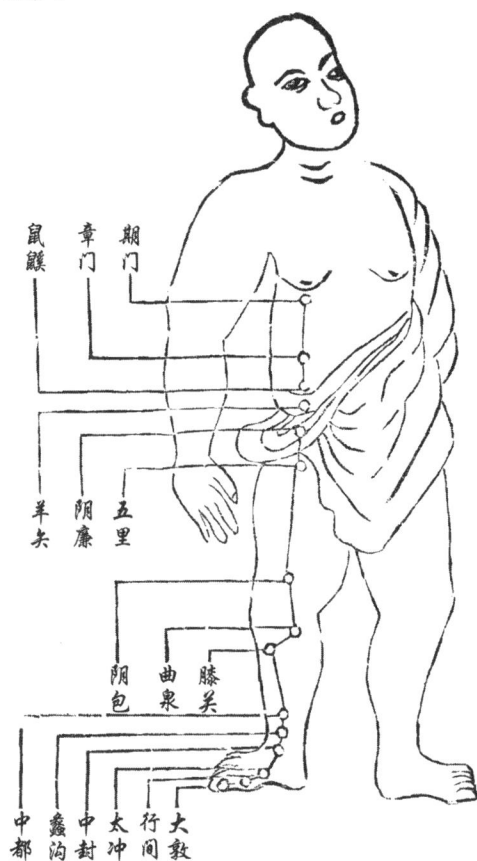

鼠鼷　章门　期门

羊矢　阴廉　五里

阴包　曲泉　膝关

中都　蠡沟　中封　太冲　行间　大敦

歌云

足大指端名大敦，行间大指缝中存，

太冲本节后二寸，踝前一寸号中封，

蠡沟踝上五寸是，中都踝上七寸中，

膝关犊鼻下二寸，曲泉三膝尽横纹，

阴包膝上方四寸，气冲三寸下五里，

阴廉冲下有二寸，羊矢冲下一寸许，

气冲却是胃经穴，鼠鼷之上一寸主，

鼠鼷横骨端尽处，相去中行四寸主，

章门下脘旁九寸，肘小尽处侧卧取，

期门又在巨阙旁，四寸五分无差矣。

督脉图二十八穴

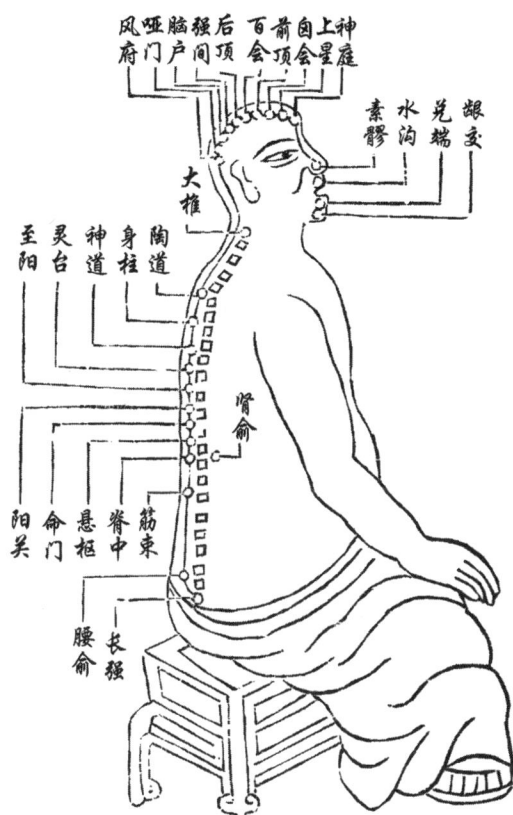

风府 哑门 脑户 强间 后顶 百会 前顶 囟会 上星 神庭

素髎 水沟 兑端 龈交

大椎

至阳 灵台 神道 身柱 陶道

肾俞

阳关 命门 悬枢 脊中 筋束

腰俞 长强

歌云

督脉龈交唇内乡，兑端正在唇端央，

水沟鼻下沟中索，素髎宜向鼻端详，

头形北高南面下，先以发际前后量，

分为一尺有二寸，发上五分神庭当，

发上一寸上星位，发上二寸囟会长，

发上前顶三寸半，发上百会五寸央，

会后寸半即后顶，会后三寸强间明，

会后脑户四寸半，后发八寸风府行，

发上五分哑门在，神庭至此十穴真，

自此顶骨下脊骶，分为二十有四椎，

大椎上有顶骨在，约有三椎莫算之，

尾有长强亦不算，中间廿一可推排，

大椎大骨为第一，二椎节内陶道知，

等三椎间身柱在，第五神道不须疑，

第六灵台至阳七，第九身内筋束思，

十一脊中之穴在，十二悬枢之穴奇，

十四命门肾俞并，十六阳关自可知，

二十一椎即腰俞，脊尾骨端长强随。

任脉图二十四穴

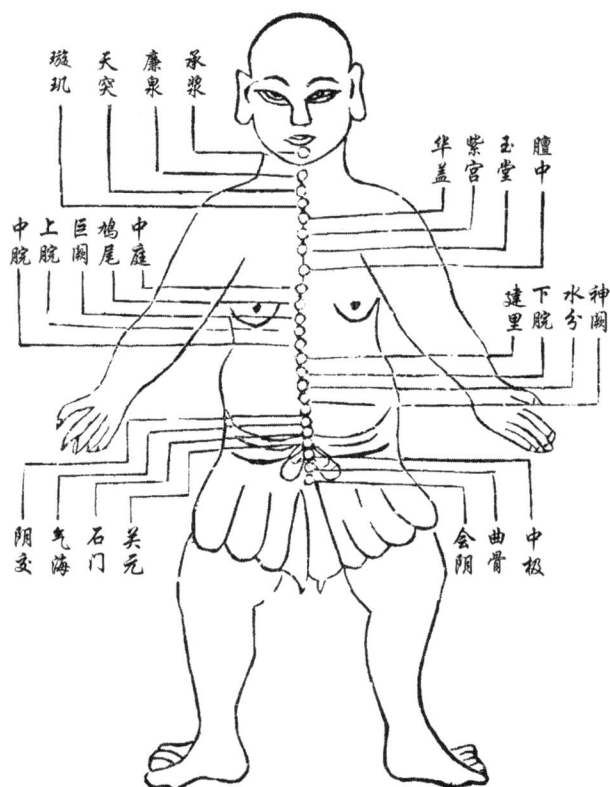

歌云

任脉会阴两阴间，曲骨毛际陷中安，

中极脐下四寸取，关元脐下三寸连，

脐下二寸名石门，脐下寸半气海全，

脐下一寸阴交穴，脐之中央即神阙，

脐上一寸为水分，脐上二寸下脘列，

脐上三寸名建里，脐上四寸中脘许，

脐上五寸上脘在，巨阙脐上六寸五，

鸠尾蔽骨下五分，中庭膻下寸六取，

膻中却在两乳间，膻上六寸玉堂主，

膻上紫宫二寸二，膻上华盖四八举，

承浆颐前唇棱下，任脉中央行腹里。

冲脉十一穴

幽门、通谷、阴郄、石关、商曲、肓俞幽门侠巨阙旁半寸、中注、髓府、胞门、阴关、下极中注在肓俞下。

带脉束腰中无穴

十二经绘图

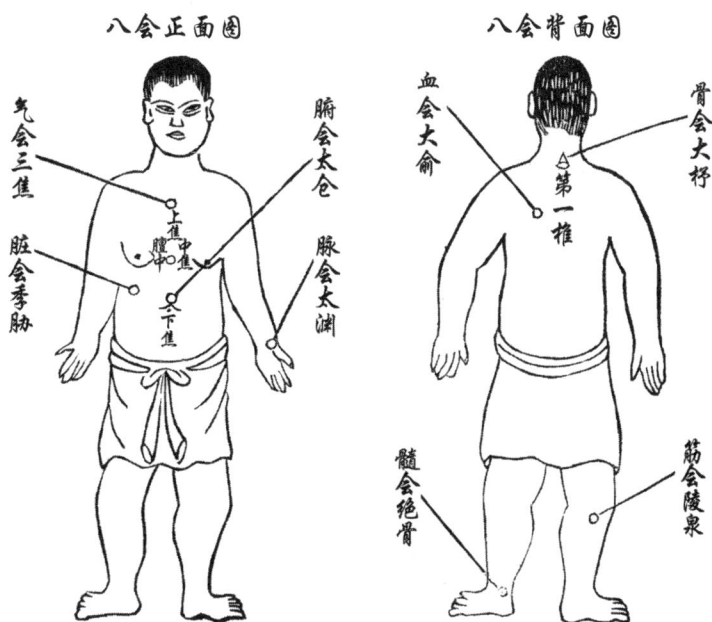

八会正面图　　八会背面图

气会三焦　脐会太仓　上焦中焦　膻中　天下焦　脉会太渊　脏会季胁

血会大俞　第一椎　骨会大杼　筋会陵泉　髓会绝骨

七冲门图

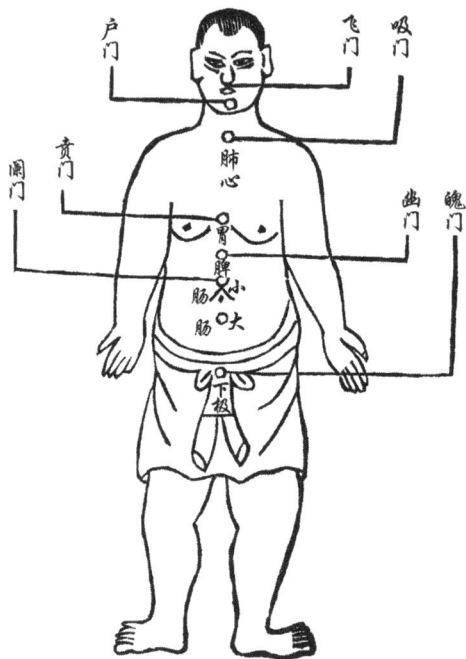

卫气论

《灵枢·卫气行篇》曰：卫气之行，一日一夜五十周于身。昼日行于阳二十五周，夜行于阴二十五周。平旦阴尽，阳气出于目。目张则气上行于头循睛明，下足太阳膀胱经、手太阳小肠经、足少阳胆经、手少阳三焦经、足阳明胃经、手阳明大肠经，所谓一日而主外者如此。夜则行足少阴肾经，注于手少阴心经，手太阴肺经、足厥阴肝经、足太阴脾经，亦如阳行之二十五度而复合于目。所谓平旦人气生者，即上行于头，复合于目者是也。打拳每一势，阳气一动一周身；至于静，一静一周身。即心之一念动，阳气即一周于身；一念静，阴气即周于一身。十二时中，逐日无间，随时所在，不可不知。针着人神即死，击之不死即伤。

歌曰

子髁丑腰寅在目，卯面辰期巳手执，

午胸未腹申在心，酉背戌期亥股续。

又歌

子髁丑顶寅耳边，卯面辰项巳乳间，

午肋未复申心处，酉膝戌腰亥股端。

脏腑配地支图

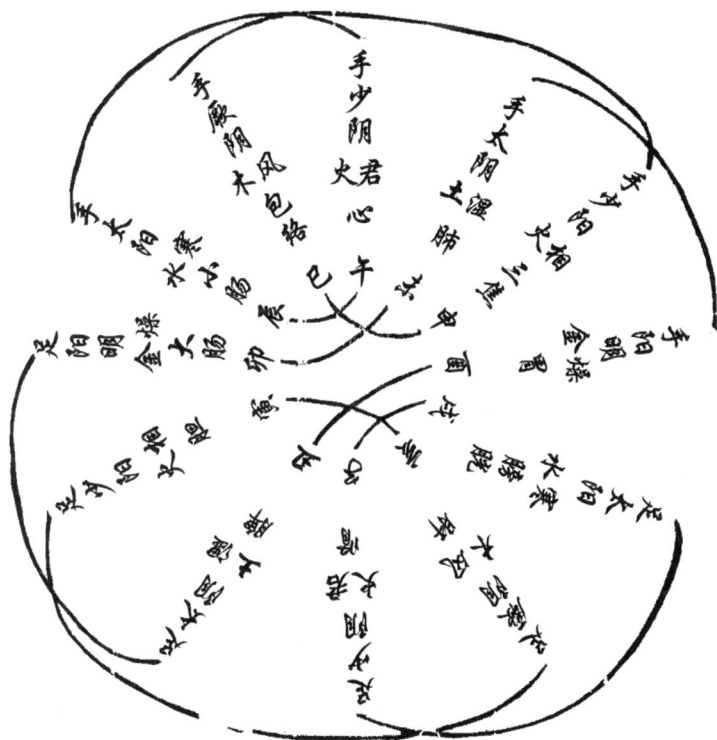

脏腑配地支歌

子肾午心少阴君，丑脾未肺太阴根，

寅胆申焦少阴枢，卯大酉胃阳明分，

辰小戌膀太阳本，巳包亥肝终厥阴，

五运六气司变化，武术得之自通神。

六气主岁图

六气主岁歌

厥阴风木司初春，二气少阳火为君，

三气司天太阴土，四气相火五气金，

克里生出燥金体，六气在泉终藏真。

阴阳脏腑歌

太阳小肠足膀胱，阳明大肠足胃当，

少阳三焦足胆配，厥阴包络足肝方，

少阴心经足为肾，太阴手肺足脾乡。

脏腑表里歌

心与小肠肺大肠，包络三焦足膀胱，

脾与胃兮肝与胆，脏腑表里辨阴阳。

营血周行十二时歌

寅手太阴肺手，卯手阳明太阴。

辰足阳明胃脏，巳足太阴脾手。

午手少阴心阳，未手太阳小肠。

申足太阳膀头，酉足少阴肾足。

戌手厥阴包阴，亥手少阳焦足。

子足少阳胆腑，丑足厥阴肝阳。

续头、足。

营血周行十二时表

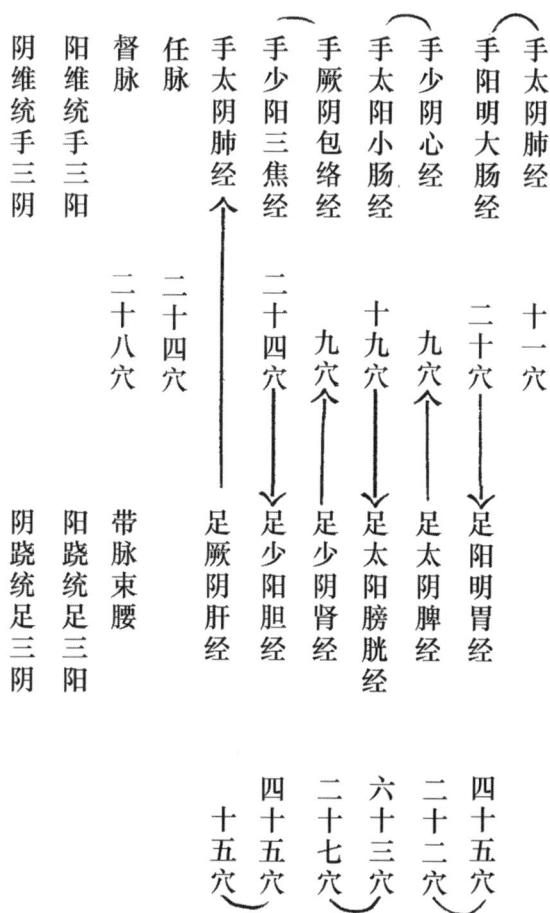

手太阴肺经　十一穴

手阳明大肠经　二十穴 → 足阳明胃经　四十五穴

手少阴心经　九穴 → 足太阴脾经　二十二穴

手太阳小肠经　十九穴 → 足太阳膀胱经　六十三穴

手厥阴包络经　九穴 → 足少阴肾经　二十七穴

手少阳三焦经　二十四穴 → 足少阳胆经　四十五穴

手太阴肺经 ↑ → 足厥阴肝经　十五穴

任脉　二十四穴

督脉　二十八穴　带脉束腰

阳维统手三阳　阳跷统足三阳

阴维统手三阴　阴跷统足三阴

十二经合任、督两脉，共三百六十一穴。与三百六十一度相符合。①

任脉、督脉论

任脉起于会阴，上行循腹里，至天突、廉泉止。督脉亦由会阴起，过长强，顺脊逆行而上，至百会，下降至人中止。

人身之有任督，犹天地之有子午也。人身任督以腹背言，天地任督以南北言，皆位乎中，可以分，可以合也。分之以见阴阳之不离，合之以见浑沦之无间。一而二，二而一也。盖人能明任督以运气保身，犹明爱民以安国。民毙国亡，任衰身谢。是以上人行导引之术，以为修仙之根本。

打拳以调养血气，呼吸顺其自然，扫除妄念，卸净浊气。先定根基，收视返听，含光默默，调息绵绵，操固内守，注意玄关。功久则顷刻水中火发，雪里花开，两肾如汤热，膀胱似火烧，真气自足。任督犹车轮，四肢若山石，妄念之发，天机自动。每打一势，轻轻运行，默默停止，惟以意思运行，则水火自然混融。久之，水火升降如桔槔之吸水，稻花之凝露，忽然一粒大如黍米，落于黄庭之中，此采铅家投汞之真秘。

打拳行到此地，注意不可散，功不可停。一散一停，丹不成矣。在昔紫阳真人曰："真汞生于离，其用却在坎；姹女过南园，手持玉橄榄。"正此谓也。

日日行之，无差无间。炼之一刻，则一刻周天；炼之一时，则一时周天；炼之一日，则一日周天；炼之一年，则一年周天；炼之终身，则终身周天。炼过十年以后，周身混沌，极其虚灵，不知身之为我，我之

陈氏太极拳图说

卷首

---

① 原版本为："十二经合冲、任、督三脉，共三百五十一穴，与三百六十度不真符合，待考。"据陈氏十九世孙陈东山考证，足阳明胃经穴位图为四十五穴，营血周行十二时表误为二十五穴，纯属笔误所致。现将冲脉十一穴删去。特此更正。

为身，亦不知神由气生，气自有神。周中规，折中矩，不思而得，不勉而中。水不求而自生，火不求而自出。虚室生白，黑地引针，不知所以然而然，亦不知任之为督，督之为任，中气之所以为中气也。时措咸宜，自然合拍，此言任督之升降顺逆，佐中气以成功。气，动由肾而生，静仍归宿于肾。一呼一吸，真气之出入皆在于此。

中极穴，一名气原，在关元下一寸，脐下四寸，膀胱之募，足三阴、任脉之会。气海，一名脖胦，一名下肓。脐下一寸宛宛中，男子生气之海。人言气归丹田，亦非无本。总之，任说千言万语，举莫若清心寡欲，培其本原，以养元气。身本强壮，打拳自胜人一筹。

重要穴目

后顶：在百会后一寸。

风府：在顶后发际上一寸。

头维：在额角入发际本神旁一寸五分。

听宫：在耳中珠子，大如赤小豆，击之令人耳聋。

脑空：在灵承后一寸。

水沟：在鼻柱下沟中央。

心俞：在五椎下两旁各二寸。

肝俞：在九椎下两旁各二寸。

胆俞：在十椎下两旁各二寸。

脾俞：在十一椎下两旁各二寸。

胃俞：在十二椎下两旁各二寸。

三焦俞：在十三椎下两旁各二寸。

肾俞：在十四椎下两旁各二寸。

膀胱俞：在十九椎下两旁各二寸。

腰俞：在二十一椎下宛宛中，自大椎至此折三尺。

长强：在骶骨下三分。

以上属督脉。

乳根：在乳头下一寸六分。

期门：在乳旁一寸半。

章门：在脐上二寸，两旁各六寸，其穴在胸前两乳间横折八寸，内之六寸。

膻中：在两乳间折中取之。

气海：在脐下一寸半。

石门：在脐下二寸。

关元：在脐下三寸。

中极：在关元下一寸。

会阴：在两阴间。

以上属任脉。

太阳：在日月角边，打碎脑出而死。

分水：在困门下，饮食分路处。重打饮食不下，日久则死。

肝门：此二穴。

耳门：即耳。轻打则迷，重打则死。

斗门：在乳盘上。被打吸气作痛，凶不可言，不致死。

肺门：轻则生，重则死。

玉关：在脑后，打破三日则死。

肺底：在背心，与前心对。被打则笑，咳嗽吐血，三年而死。

肾茎：左右被打，笑而死。

困门：喉腕打破，一时即死。

命门：在背脊之中，两肾之间。

前后心穴、正位穴：在胸骨之中，打伤则死。

上海：在肘下生毛处，重打则死。

下海：即腔之大肉，被打日久发黄而死。

前气眼：在斗口下，打之不死见凶。

后气眼：在肺俞之下，与前气眼照。

打人必识穴道，不识穴道恐打伤人。如膻中、上腕，诸一被捶打，心气一提，心血一聚，随时能令人昏迷，且甚而至于死。故将针灸面背图，任、督脉图绘之于前，以备学者观览关紧穴，熟读记之。

歌曰

身似弓身劲似弦，穴如的兮手如箭；

按时癸兮须忖正，千万莫要与穴偏。

太极拳经谱

太极两仪，天地阴阳。阖辟动静，柔之与刚。屈伸往来，进退存亡。一开一合，有变有常。虚实兼到，忽见忽藏。健顺参半，引进精详。或收或放，忽弛忽张。错综变化，欲抑先扬。必先有事，勿助勿忘。

真积力久，质而弥光。盈虚有象，出入无方。神以知来，智以藏往。宾主分明，中道皇皇。

经权互用，补短截长。神龙变化，畴测汪洋。沿路缠绵，静运无慌。肌肤骨节，处处开张。不先不后，迎送相当。前后左右，上下四旁，转接灵敏，缓急相将。高擎低取，如愿相偿。

不滞于迹，不涉于虚。至诚即太极之理气运动，擒纵由余。天机活泼，浩气流行。佯输诈败，制胜权衡。顺来逆往，令彼莫测。因时制宜，中藏妙诀。上行下打，断不可偏。声东击西，左右威宣。

寒往暑来，谁识其端。千古一日，至理循环。上下相随，不可空谈。循序渐进，仔细研究。人能受苦，终跻浑然。至疾至迅，缠绕回旋。离形得似，何非月圆。精练已极，极小亦圈。

091

陈氏太极拳图说

卷首

日中则昃，月满则亏。敌如诈诱，不可紧追；若逾界限，势难转回。况一失势，虽悔何追。我守我疆，不卑不亢。九折羊肠，不可稍让。如让他人，人立我跌。急与争锋，能上莫下。多占一分，我据形胜。一夫当关，万人失勇。沾连黏随，会神聚精。运我虚灵，弥加整重。细腻熨帖，中权后劲。虚笼诈诱①，只为一转。来脉得势，转关何难。实中有虚，人己相参；虚中有实，孰测机关。不遮不架，不顶不延迟也，不软不硬，不脱不沾，突如其来，人莫知其所以然，只觉如风，摧倒跌翻。绝妙灵境，难以言传。

试一形容：手中有权，宜轻则轻，斟酌无偏；宜重则重，如虎下山。引视彼来，进由我去。来宜听真，去贵神速。一窥其势，一觇其隙。有隙可乘，不敢不入。失此机会，恐难再得。一点灵境，为君指出。

至于身法，原无一定。无定虽说无定有定自有一定，在人自用。横竖颠倒，立坐卧挺；前俯后仰，奇正相生。回旋倚侧，攒跃皆中皆有中气放收，宰乎其中。千变万化，难绘其形。

气不离理，一言可罄。开合虚实，即为拳经。用力日久，豁然贯通。日新不已，自臻神圣。浑然无迹，妙手空空。若有鬼神，助我虚灵。岂知我心，只守一敬。

太极拳权谱

中气即太和之元气，不偏不倚，无过无不及贯足，精神百倍十年用功，十年养气。临阵交战，切忌先进。如不得已，浅尝带引。静以待动，坚我壁垒。

堂堂之阵，整整之旗。有备无患，让彼偷营。一引一进，奇正相

---

① 原版本为"虚笼诈透"，显系编排疏误，此处将"透"更正为"诱"。

生。佯输诈败，反败为功。

一引即进，转转者，从引而忽转之进如风。进至七分，疾速停顿。兵行诡计，严防后侵前后皆是敌人。前后左右，俱要留心。进步莫迟，不直不遂。足随手运，圆转如神。忽上手足向上忽下手足向下，或顺用顺缠法，其精顺或逆用倒转法，其精逆。日光普照，不落边际以上是敌侵我。

我进击人，令其不防。彼若能防，必非妙方四句是我侵人。

大将临敌，无处不慎。任他围绕，一齐并进。斩将搴旗，霸王之真。

太极至理，一言难尽。阴阳变化，存乎其人。稍涉虚伪学思并用，须下实在功夫，妙理难寻。

太极拳经论

自古混沌之后，一画初开，一阴阳而已。天地此阴阳，万物亦此阴阳。惟圣人能葆此阴阳，以理御气，以气行理，施之于人伦、日用之间。以至仰不愧天，俯不怍人，而为天地之至人。耍手亦是以理为主，以气行之。其用功与圣贤同。

但圣贤所行者全体，此不过全体中之一端耳，乌足贵。虽然，由一端以恒其功，亦未始不可以即一端以窥其全体。所以，平素要得以敬为主，临场更得恭敬。平素要先养气，临场更要顺气而行。勿使有惰气参，勿使有逆气横。至于用力之久而一旦机趣横生，妙理悉现，万殊一本，豁然贯通焉。不亦快哉！

今之学者，未用功而先期效，稍用力而即期成。其如孔子所谓"先难后获"，何问工夫何以用？必如孟子所谓"必有事焉，而勿正，心勿忘，勿助长也"，而后可。理不明，延明师；路不清，访良友。理明路清而犹未能，再加终日乾乾之功，进而不止，日久自到。

问得几时，小成则三年，大成则九年。至九年之候，可以观矣。抑至九年之后，自然欲罢不能，蒸蒸日上，终身无驻足之地矣。神手复起，不易吾言矣。躁心者易勉诸。

太极拳权论

天地一大运动也。星辰日月垂象于天，雷雨风云施泽于地，以及春夏秋冬，递运不已。一昼一夜，循环无穷者，此天地之大运动也。圣人一大运动也，区划井田以养民生，兴立学校以全民性，以及水旱盗贼治理有方，鳏寡孤独补助有法，此圣人之大运动也。

至于人之一身，独无运动乎？秉天地元气以生，万物皆备于我，得圣人教化以立，人人各保其天，因而以阴阳五行得于有生之初者，为一身运动之本。于是苦心志，劳筋骨，使动静相生，阖辟互见，以至进退存亡，极穷其变，此吾身自有之运动也。

向使海内同胞，人人简练揣摩，不惰躬修，万象森列，显呈法象；又能平心静气，涵养功夫，令太极本体心领神会，豁然贯通。将见理明法备，受益无穷。在我，则精神强健，可久天年；在国，则盗寇荡除，可守疆域。内外实用，两不蹈空；熙熙皞皞，永庆升平，岂不快哉！

运动之为用大矣哉。虽然犹有进，盖有形之运动，未若无形运动之为愈；而无形之运动，尤不若不运动自运动者之为神。运动至此，亦神乎运动矣。则其运动之功，既与圣人同体，又与天地合德；浑浑穆穆，全泯迹象，亦以吾身还吾心之太极焉已耳；亦即以吾心之太极，还太极之太极焉已耳。岂复别有作用哉？

妙矣哉，太极之为太极也！神矣哉，太极之为太极也！愚妄以臆见，聊书数语，以冠其端，殊令方家之一笑云。

太极拳名义说

拳以太极名，古人必有以深明乎太极之理，而后于全体之上下、左右、前后，以手足旋转运动，发明太极之蕴。立其名以定为成宪，义至精也，法至严也。后之人事，不师古，不流于狂妄，即涉于偏倚，而求一不刚不柔至。当却好者，以与太极之理相吻合，盖亦戛戛乎其难矣。

然吾思古之神圣能发明太极之理者，莫如包羲氏、夏后氏，《河图》《洛书》有明证也。惜乎予学识浅，未能窥其蕴奥。且其书最精深，又不易阐发。于《河图》《洛书》，未能道破一语，而特于羲经所著阴阳错综、六爻变化与神禹所传之五行相生相克者，窃取万分之一焉。

然所取者，或以卦名，或以爻辞，或以水火木金土生克之文，因其近似者引之以为佐证，其泛滥肤浅亦不过古人之糟粕已耳。杂乱无章，随意采择，于《图》《书》生生大数之序毫不相似，况其内之精华者乎？

虽然，亦不必泥古人，笔墨原非为拳而设，其包括宏富，亦若为拳而设，随意拾取，无不相宜。此亦足见太极之理精妙活泼，而令万事万物各适其宜，用之者无不各如其意，以偿之事虽纤细，理无或遗。任天下纷纭繁颐，万殊皆归于一本，妙何如也。

后之人苟能于古人之糟粕，即其委而求其源，未始无补于身心。命名之学，虽曰拳为小道，而太极之大道存焉。况其为用最广，运动者宜留心焉。深玩细思，久之自有得也。拳之益人，岂浅鲜哉！

太极拳推原解

斯人父天母地，莫非太极阴阳之气_{言气而理在其中}酝酿而生。天地固此理_{言理而气在其中}，三教归一亦此理，即宇宙_{太极是体，阴阳是体中之气。四方上下曰宇，古今往来曰宙}之万事万物，又何莫非此理。况拳之一艺，焉能外此理而另有一理？此拳之所以以太极名也。

拳者，权也，所以权物而知其轻重者也。然其理实根乎太极，而其用不遗乎两拳。且人之一身，浑身上下都是太极，即浑身上下都是拳。不得以一拳目拳也。其枢纽在一心。心主乎敬，又主乎静。能敬而静，自葆虚灵。天君有宰，百骸听命。动则生阳，静则生阴。一动一静，互为其根。清气上升，浊气下降。百会中极，一体管键。

初学用功，先求伏应。来脉转关，一气相生。手眼为活，不可妄动。其为气也，至大至刚，直养无害，充塞天地。配义与道，端由集义，浑灏流行，自然一气。轻如杨花，坚如金石，虎威比猛，鹰扬比疾。行同乎水流，止侔乎山立。进为人所不及知，退亦人所莫名速。理精法密，条理缕析。放之则弥六合，卷之则退藏于密。其大无外，其小无内。中和元气，随意所之。意之所向，全神贯注。变化犹龙，人莫能测。

运用在心，此是真诀。不偏不倚，无过不及。内以修身，外以制敌。临时制宜，只因素裕。不即不离，不沾不脱。接骨斗榫[①]，细心揣摩。真积力久，升堂入室。

太极拳著解[②]

人之一身，心为主，而宰乎肉。心者，谓之道心，即理心也。然理中能运动者，谓之气，其气即阴阳五行也。然气非理无以宰，而理非气无以行。故，理与气不相离而相附，此太极根无极者然也。

天之生人，即以此理此气生于心。待其稍有知识，而理气在人心者，浑然无迹象，然心之中或由内发，或由外感，而意思生也。当其未生，浑浑混混，一无所有。及其将生，其意微乎其微，而阴阳之理存乎其中。顺其自然之机，即心构形，仍在人心之中，即《中庸》所谓未发也。及其将发，而心中所构之形呈之于外，或上或下，或左或右，或前

---

① 原版为"笋"，正确写法应为"榫"，后文径改，不再出注。

② 陈鑫在《太极拳图画讲义》中将身、心、理、气、意、志、情、景、神称"太极拳规矩"，特别注明"自身至神九则皆品三作"。而该书"编辑者"陈椿元除对上述九则的内容进行修订、补遗之外，还增加了对恒、着、附中气辨、化的论述。其内容与"自身至神九则"两相对照，意思虽大同小异，但语言风格、论述角度不同。

或后，或偏或正，全体身法无不俱备。

当其未发构形之时，看其意像什么形，即以什么命名。亦随意拾取，初无成心，是时即形命名之谓着。而每着之中，五官百骸顺其自然之势，而阴阳五行之气运乎其中。所谓动则生阳，静则生阴，一动一静，互为其根。是所谓阳中有阴，阴中有阳，此即太极拳之本然。

如以每着之中，必指其何者为阳，何者为阴，何者为阳中之阴，何者为阴中之阳，此言太滞，言之不胜其言。即能言，亦不无遗漏，是在学者细心揣摩，日久自悟。前贤云："能与人规矩，不能使人巧。"举一反三在学之者，不可执泥，亦不可偏狃。

七言俚语

其一

掤撅挤捺须认真，引进落空任人侵，
周身相随敌难近，四两化动八千斤。

其二

上打咽喉下打阴，中间两肋并当心，
下部两臁合两膝，脑后一掌要真魂。

论身心意志恒着理气（附中气辨，中气与浩然之气、血气辨）情景神化

身

拳之一艺，虽是小道，然未尝不可即小以见大。故上场之时，不可视为儿戏。而此身必以端正为本。身一端正，则做事无不端正矣。大体不可跛倚倒塌。况此艺全是以心运手，以手领肘，以肘领身。手虽领身，而身自有身之本位。论体，则身领乎手；论耍手，则以手领身。

身虽有时歪斜，而歪斜之中自寓中正。不可执泥。能循规蹈矩，不妄生枝节，自然合拍。合拍则庶乎近矣。

心

天地间，人为万物之灵。而心又为五官百骸之灵，故心为一身之主，心一动而五官百骸皆听命焉。官骸不循规矩者，非官骸之过，实心之过也。

孟子曰"出入无时，莫知其乡"者，惟心之谓。又"一人虽听之，一心以为有鸿鹄将至"，可见人之有心，但视其操与不操耳。能操，则心神内敛，故足重手恭，头直目肃，凡一切行为无不皆在个中；不操，则心外驰，故视不见，听不闻，食亦不知其味，凡一切行为，无不皆在个外。况打拳一道，由来口授居多，著述甚少。盖由义理，则经史备载，子集流传，不必再赘。

但打拳之势，人皆不知皆由太极而发。其外面之形迹与里面之精意，往往视为拳势是拳势，理路是理路，不能合到一处，是皆不知由理而发之于势，故也。不知运势者，气也；而所以运势者，理也。其开合擒纵，无可加损，无可移易，动合自然。是皆天理之应然而然也。苟细揣摩，如行远自迩，登高自卑，则由浅入深，不躐等而进，不中道而止。以我之智力，穷道之旨归。壹志凝神，精进不已，层累曲折，胥致其极。虽高远难至之境，莫非眼前中庸之境？是在操心。

意

意者，吾心之意思也。心之所发谓之意。其一念之发，如作文写字下笔带意之意。意于何见？于手见之。此言意之发于外也。意发于心，传于手，极有意致，极有神情。

心之所发者正，则手之所形者亦正；心之所发者偏，则手之所形者亦偏。如人平心静气，则手法、身法自然端正；如人，或急切慌张，或怠慢舒缓，则手之所形莫不侧倚。必也矜平躁释，而后官骸所形自然中规中矩。实理贯注于其间，自无冗杂间架。即有时身法偏斜，是亦中正之偏，偏中有正，具有真意。有真意，其一片缠绵意致，非同生硬挺霸流于硬派。

此其意，一则由理而发，一则由气而练。若硬手纯是练气，气练成亦能打死人，但较之于理，究竟低耳。故吾之意可知，而彼之意可想。学者所当留心体会，以审其意之所发。

志

心之所之，谓之志。凡人贵立志，不立志则一事办不成，终身居人下矣。如能立志，则所有条理，自始至终，层层折折，悉究底蕴。不敢懈惰，由勉然以造于浑然，所谓有志者事竟成。不然者，败矣。人顾可不立志哉？

恒

天地之道，一恒而已。惟其恒也，日月得天而能久照；四时变化而能久成；圣人久于其道而天下化成，何况一艺？苟独殷殷勤勤，始终无懈，何至苗而不秀，秀而不实乎？《书》曰："学贵有恒。"孔子曰："人而无恒，不可以作巫医。"可见人之用功，惟恒最贵。

志为功之始基，恒为功之究竟。能恒则成，不恒则败。"志""恒"二字，乃做事之要诀，学者不可不知，尤当猛醒。尝见人之用功，或作或辍，不植将落，反怨师不教人。抑何不返躬自问，其功何如哉？

着

自古圣人有文事者，必有武备。但文事皆有成书，经史子集无所不

099

陈氏太极拳图说

卷首

备。至于武备，则略而不言。自黄帝尧舜，以至唐宋元明，总戎机者，虽各著有兵书，然不过步法止齐耳，至打拳皆未之及。

拳之一艺，不知始自何时，俱未见有成书。历唐、宋、元、明、大清，即间有书，亦不过画图已耳，皆未详言其理，以示阶级可升。且尝习此艺者，往往失之于硬，盖由尚血气不尚义理。义理不明势不至，流于放僻邪侈而不止。

我陈氏自山西迁温，带有此艺，虽传有谱，亦第图画，义理亦未之及。愚无学识，工夫极浅，不敢妄议注谱。但为引蒙，不得不聊举大意，以示学者下手工夫。

每一着必思手从何处起，何处过，至何处止；外面是何形象，里边是何劲气，要从心坎中细细过去；此着之下与下着之上，夹缝中如何承上，如何启下，必使血脉贯通，不至上下两着看成两橛。始而一着自成一着，继而一气贯通，千百着如一着矣。

如揽擦衣[①]，右手从左腋前起端，手背朝上，手指从下斜行而上，先绕一小圈，中间手从神庭前过去，徐徐落下。胳膊只许展九分，手与肩平停止，手背似朝上微向前合。其手自始至终行走大势，为弓弯之意。上面如此运行，底下右足亦照此意，与手一齐运行。手行到地头，然后足趾亦放得稳当。手中内劲由心发起，过右乳，越中府，逾青灵穴，冲少海，经灵道，渡列缺，至中冲、少冲、少商诸穴止。足是先落仆参，过涌泉，至大敦、隐白诸穴上。且其内劲必由于骨之中，以充于肌肤之上，运至五指上，而后止。顶劲提起，腰劲搽下，长强以下翻起来，裆劲落下，右手与左手合住，膝与裆、与胸、与小腹诸处无不合住。合也者，神气积聚而不使之散漫，非徒以空架闲着，苟且了事。惟恭敬将事，则神气处处皆到，方不蹈空。下着单鞭，大概与此着同。

① 原版本将“揽擦衣”误排为“懒插衣”，特此更正。

大凡手动为阳，手静为阴；背则为阳，胸则为阴。亦有阴中之阳，阳中之阴。某手当令，某手为阳；某手不当令，某手为阴。亦有一着也，先阳而后阴；一手也，外阴而内阳。一阴一阳，要必以中峰劲运之。

中峰者，不偏不倚，即吾心之中气，所谓浩然之气也，理宰于中，而气行于外是也。浊气下降，合住裆劲。下盘稳当，上盘亦灵动。千言万语，难形其妙。当场一演，人人可见可晓。落于纸笔，皆成糟粕。形于手足，亦成迹象，而更非迹象，无以显精神，犹之非糟粕无以写义理，是在善学者。孟子曰："能与人规矩，不能使人巧。"其斯之谓欤。

理

理者，天地之节文，人事之仪则也。顺其性之自然，行其事之当然，合乎人心之同然，而究乎天理之所以然。一开一合绝无勉然，一动一静恰合天然。此即吾道之粹然。

气

何谓气？即"天行健"一个"行"字，天体至健而所以行。此健者，气也。不滞不息，不乖不离，不偏不倚，即是中气。加以直养无害工夫，即是乾坤之正气，亦即孟子所谓浩然之气。一拂气之自然，参以横气则生硬横中，势难圆转自如，一遇灵敏手段，自觉束手无策，欲进不能，欲退不敢，但听他人发落而已，钝何如也？所以，不敢徒恃血气，而并参之以横气。

附中气辨

中气者，中是中，气是气。中是不偏不倚，无过不及之名。以理言气，是天以阴阳五行之气化生万物。有是形即有是气，是人所秉受于天本来之元气也。气不离乎理，理不离乎气。气非理无以立，理非气无以行。气与理两相需者也。理有其偏，气亦有其偏。理之偏，私以参焉；气之偏，横以行焉。惟两得其中，合而言之，曰中气。

窃谓不可以言语形容者，中气耳。中气，即孟子所谓浩然之气，即《易》所谓保合太和之元气也。气不离乎理，言气而理自在其中。打拳以运气为主，然其中自有理以宰之。理之得中者，更不易言，故但以气之附丽于形者，大略言之。

气之在体，无不充周，而其统率在心。心气一发，能先听命者，肾中之志。心机一动，志则顺其心之所向，而五官百骸皆随之而往焉。且各有各体之精，而随各体所往之地位而止也，此是一齐俱到。有分先后，有不分先后。所谓小德川流，大德敦化，道并行而不悖也。

如单鞭一势，起初心欲先合，两手即用倒转精合住，左足即收到右足边，而与右足合住；心欲展开，左手即用顺转精，右手即用倒转精；两大腿用精，左则顺，右则倒，顶精即领，胸即含住，腰精即下，裆开足。之后有心无心之间，说合上下一齐合住。

且官体之精，各随各经络运行，无纤悉之或差。心即大体，官骸即小体，德即大体、小体中当然之理也。心机一动，百骸听命，非所谓小德川流，大德敦化，道并行而不悖乎？此所谓中气流行，一气贯通者，如此。

中气与浩然之气、血气辨

中气与浩然之气稍异，与血气大不相同。

中气者，太和之元气，即《中庸》所谓"不偏不倚"。而平常之理，宰乎不刚不柔、至当却好之正气。能用此气以行于手言手，而全体皆在其中，天下未有穷之者。如或有人穷之，非功夫未到十分火候，即涉于偏倚不中故也。涉于偏倚，非人能穷我，我自穷之也。此气之贵得乎中，

名之曰中气，非气之行于官骸之中之谓也_{官骸之中，是当中之中。中气之中，}

_{是不偏不倚，无过不及之理，宰乎刚柔，得中之正气元气。}

　　浩然之气者，大约涉于刚一边多。观于孔子、孟子之气象可知。孔子言语极和平，孟子气象就带廉隅。即其自谓，亦曰："至大至刚。"吾故曰，涉于刚一边居多，然要亦是秉受之元气，特稍涉于严厉。谓之为元气则可，谓之为太和元气似少逊耳，此所以与中气略有不同处。要拳者能以浩然之气行之，技亦过乎大半矣。再加涵养功夫，则几乎中气矣。

　　至于血气，乃血脉中流通之气，即拳家所谓横气也。全仗年轻力气勇猛，而以不情不理凌压敌人，失败者多。即间获胜，力气过大偶然胜之。一遇行手，气虽大而亦败。苟能稍遵规矩_{谓打拳成法}，亦能打人，但能屈敌人之身，而不能服敌人之心。至于中气，能令敌人进不敢进，退不敢退，浑身无力，极其危难。足下如在圆石上站着，不敢乱_{平声}动，几乎足不动即欲跌倒。此时虽不打敌，敌自心服。

　　以上所辨，未知是否，以俟高明者指正。

情

　　理与气发于外者为情。人之交接往来则曰人情，文之抑扬顿挫则曰文情。打拳之欲抑先扬，欲扬先抑，其间天机活泼，极有情致。拳无情致，如木偶人一般，死蛇塌地，有何景致？又安能见其生龙活虎，令观者眼欲快睹，口中乐道，心中愿学？此拳之不可无情致也。

　　至于与人交手，断不可看人情。一看人情，则人以无情加我矣。乌乎可？

景

　　一片神行之谓景。其开合收放，委婉曲折，种种如画，是之谓景。

景不离情，犹情之不离乎理，相连故也。

心无妙趣，打拳亦打不出好景致。问何以打出景致？始则遵乎规矩，继则化乎规矩，终则神乎规矩。在我打得天花乱坠，在人自然拍案惊奇。里面有情，外面有景，直如天朗气清，惠风和畅，阳春烟景，大块文章，处处则柳弹花娇，着着则山明水秀。游人触目兴怀，诗家心怡神畅，真好景致。拳景至此，可以观矣。

神

神者，精气发生于外，而无难涩之弊之灵气也。天地间无论何物，精神足，则神情自足。在人虽存乎官骸之中，实溢乎官骸之外。大约心、手、眼俱到则有神，无神则死煞不活，不足动人。

神之在人，不止于眼，而要于眼则易见。故打拳之时，眼不可斜视，必随手往还。如打揽擦衣，眼随右手中指而行，揽擦衣手到头，眼亦到头，注于中指角上，不可他视。眼注于此，则满身精神皆注于此。如此，则揽擦衣全着俱有精神，神聚故也。打单鞭，眼注于左手发端处，随住左手徐徐而行。至单鞭打完，眼即注于中指尖上，不可妄动。打披身捶，眼注于后脚尖。打肘底看拳及小擒拿，眼注于肘底拳上。打斜行拗步，右手在前，眼着于右手。打抱头推山，两手虽俱在前，而以右手为主，眼虽并注，而注于右手居多。打指裆捶，眼注于下。打下步跨虎，眼注于上。打演手捶，眼注于前。打回首捶，眼注于后。大抵上下四旁，某处当令，则眼神注于某处，此是大规矩。亦有神注于此，而意反在于彼者。此正所谓大将军八面威风，必眼光四射而后威风八面，处处有神也。

打拳之道，本无此势，而创成此势，此即自无而有，何其神也。而况神乎其神，何莫非太极阴阳之所发而运者乎？拳至此，已入室矣。动静缓急，运转随心，何患滞涩而无神情乎！

化

化也者，化乎规矩者也。化之境有二：有造化，有神化。造言其始，化言其终。神化者，夫子七十，从心所欲不逾矩是也。打拳熟而又熟，无形迹可拟，如神龙变化，捉摸不住，随意举动，自成法度，莫可测度。技至此，真神品矣。

太极之理，发于无端，成于无迹，无始无终，活盘托出。噫，观止矣！拳虽小道，所谓即小以见大者，盖以此。拳岂易言哉！

太极拳用说

五行生克，无处不有，无时不然。如两人交手，敌以柔来者，属阴，阴当以阳克之，属水，水当以火克之，此当然之理。势也，人所易知者也。独至于拳则不然，运用纯是经中寓权，权不离经。何言乎尔？彼以柔来者，是先以柔精听我如何答应，而后乘机击我。我以刚应，是我正中其谋，愚莫甚也。问该如何应答？彼以柔法听我_{以胳膊听我，非以耳听也}，我以柔法听彼；拳各有界，彼引我进，我只可至吾界边，不可再进，再进则失势。

如曰"不入虎穴，焉得虎子"，是以天生大勇者论之，非为常人说法也。即为大勇，亦为涉险。问该如何处置？如彼引吾前进，未出吾界即变为刚，是彼惧我而变柔为刚，是不如我者也，我当以柔克之。半途之中，生此变态，我仍是以柔道之引进落空者击之。如彼引我已至吾界，是时正宜窥彼之机势，视彼之形色，度彼之魄力。如有机可乘，吾即以柔者忽变而为刚击之。此之谓以刚克柔，以火克水。如彼中途未变其柔，交界之际强为支架，亦宜击之。

如彼引我至界，无隙可乘，彼之柔精如故，是劲敌也，对手也，不可与之相持。吾当退守看吾门户。先时我以柔进听之者，至此吾仍柔道听之，渐转而退，仍以柔道引之使进。彼若不进，是智者也。彼若因吾引而遽进，误以我怯，冒冒然或以柔来，或中途忽以柔变为刚来，我但稍低其手，徐徐引之使进，且令其不得不进。至不得势之时，彼之力尽矣，彼之智穷矣，彼之生机更迫促矣。是时，我之柔者，忽变而为刚，并不费多力，一转即克之矣。

是时，彼岂不知孤军深入，难以取胜？然当是时，悔之不及。进不敢进，进亦败；退不敢退，退亦败；即不进不退，亦至于败。盖如士卒疲敝，辎重皆空，惟束手受缚，降服而已矣，何能为哉！

击人之妙，全在于此。此之谓以柔克刚，以火克水，仍是五行生克之道也。

天一生水。水外阴而内阳，外柔而内刚，属肾。其以柔进，如水之波流旋绕，不先尚其力，用其智也。地二生火。火外阳而内阴，外刚而内柔，在人属心。水火有形而无质。天三生木，地四生金，则有形有质矣。天五生土，水火势均者不相下。

言以火胜水者，以火之多于水者言之耳。彼以柔进，忽变而为刚者，是水之所生之木也。木，阳质也，即水中之阳性，因滋以成质者也。水与木本自一串，故柔变刚最易。以其形与质皆属阳也。

上言以火克水，盖以火能生土，土能生金。火外明而内暗，阴性也。金，阴所成之质也。木在人属肝，金在人属肺。天下能克木者惟金，金与火皆阴类也。所言以刚克柔者，是以火克水，以金克木也，是以其外者言之。火性激烈，金质坚硬，心火一起，脾气动也。怒气发泄于外，有声可听，金为之也。脾气动，则我之肝与肾无不与之俱动。虽曰以刚克柔，其原实是以柔克刚。盖彼先柔而后刚，我是柔中寓刚，内文明而外柔顺，故克之。

若彼先以刚来，则制之又觉易。易何言之？如人来击我，其势甚猛，我则不与之硬顶，将肱与身与步一顺，身卸下步，手落彼之旁面，让过彼之风头。彼之锐气直往前冲，不顾左右，且彼向前之气力陡然转之左右，甚不容易，我则从旁击之。以我之顺力击彼之横而无力，易乎不易？吾故曰："克刚易，克柔难。"

界限

何谓界限？凡分茅胙土，设官分职，以及动静语默，莫不各有界限。一逾分，一失言，即过界，过界即与人有干涉矣。凡事如此，况拳乎？如人之行步，尽足可开二尺五寸，此勉强为之，非天然也。天然者，随便行步，约不过尺一二寸。上体之手与下体之足趾齐，此即是界限。大约胳膊只展四五分，内精只用一半，足步只开尺余。如此，则一身之上下左右，循环周转，无不如意。盖动不越界，如将士在本界内，山川地理，人情风俗，一一了亮于心，故进攻退守，绰有余地。一入他人界里，处处更得小心防护，稍有不密，即萌失败之机。此君子所以"思不出其位"也。

打拳原为保身之计，故打拳之时，如对敌人，长进愈快。然又恐启人争斗之心，故前半套多言规矩，不言其用。至后半套，方始痛快言之，以示其用之之法。然第可知之，不可轻试。如不得已，为保性命计，用之可也。

大约此拳，是个人自耍之势。徒手空运，非有敌人在其前后左右也。自己下功夫，遍数愈多愈好。根未固而枝叶荣，况卫生保命之道，莫善于此。学者但先难可也。至于后获，则当置之度外，不可以毫发望效之，念中分吾专心致志之功。金针已渡，学者勉旃。

争走要诀

两人手交，各怀争胜之心，彼此挤到十分九厘地位，只余一厘。分胜负全在此一厘地位。彼先占据，我即失败；我先占据，彼亦失败。盖得势不得势，全系于此。此两人俱到山穷水尽也。

当此际者，该如之何？曰：必先据上游。问如何据上游？顶精领住中气，手略提高，居于敌手之上，身略前侵，逼迫彼不得势。力贵迅发，机贵神速，一迟即失败，一迅疾即得势。势得则手一前送，破竹不难矣。如两人对弈，棋到局残，胜负在此一步；又如逐鹿，惟高才捷足者先得之；又如两国兴兵，先夺其辎重粮草。此皆据上游鏖脑之法也。

故平素打拳，全在一起一转。所谓得势争来脉，出奇在转关。本势手将起之时，必先使手如何承住上势，不令割断神气血脉。既承接之后，必思手如何得机得势。来脉真机势得，转关自然灵动。能如此，他日与人交手，自能身先立于不败之地，指挥如意。来脉转关顾可忽乎哉？

卷一

陈氏太极拳图说

学拳须知[①]

一、学太极拳，不可不敬。不敬则外慢师友，内慢身体，心不敛束，如何能学艺？

二、学太极拳，不可狂，狂则生事。不但手不可狂，即言亦不可狂。外面形迹必带儒雅风气，不然狂于外必失于中。

三、学太极拳，不可满，满则招损。俗语云：天外还有天。能谦则虚心受教，人谁不乐告之以？善哉！积众善以为善，善斯大矣。

四、学太极拳，着着当细心揣摩。一着不揣摩，则此势机致情理终于茫昧。即承上启下处，尤当留心，此处不留心则来脉不真，转关亦不灵动。一着自为一着，不能自始至终一气贯通矣。不能一气贯通，则于太和元气终难问津。

五、学太极拳，先学读书，书理明白学拳自然容易。

六、学太极拳，学阴阳开合而已。吾身中自有本然之阴阳开合，非教者所能增损也。复其本然，教者即止 _{教者教以规矩，即大中至正之理。}

七、太极拳虽无大用处，然当今之世，列强争雄，若无武艺，何以保存？惟取是书演而习之，于陆军步伐止齐之法，不无小补。我国苟人人演习，或遇交手仗，敌虽强盛，其奈我何？是亦保存国体之一道也。有心者，勿以刍荛之言弃之。

八、学太极拳，不可借以为盗窃抢夺之资，奸情采花之用。如借以抢夺、采花，是天夺之魄，鬼神弗佑，而况人乎，天下孰能容之？

九、学太极拳，不可凌厉欺压人。一凌厉欺压即犯众怒，罪之魁也。

陈氏太极拳图说

卷一

---

① "学拳须知"是由该书"编辑者"陈椿元等人依据"原著者"陈鑫存留的草稿进行整理、修订而成，其内容与"凡例"基本相同。

十三势分节

第一势：金刚捣碓，只一势，言太极阴阳之理皆具。

第二势：揽擦衣、单鞭、金刚捣碓，共三势，太极生两仪也。继以金刚捣碓，旨不离宗。

第三势：白鹅亮翅、搂膝拗步，共二势，两仪生四象也。白鹅以起其势，搂膝拗步象乾、坤、坎、离四卦之位。

第四势：初收、斜行拗步，共二势。四象生八卦，斜行象兑、震、巽、艮四隅之卦。

第五势：再收、前堂拗步、演手捶、金刚捣碓，共四势。本其蓄精，以至出精，终于复归太极原象。

第六势：披身捶、背折靠、肘底看拳、倒卷肱、白鹅亮翅、搂膝拗步，共六势。其中倒身法、背身法、屈身法、退行法，此皆势中变格，无不具。

第七势：闪通背、演手捶、揽擦衣、单鞭，共四势。是倒转身法，以归平垣身法。

第八势：左右云手、高探马、左右擦脚[①]、中单鞭、下演手、二起脚、兽头势、踢一脚、蹬一跟、演手捶、小擒拿、抱头推山、单鞭，共十三势。云手，横行法；左右擦脚、踢、蹬，皆言足法；下演手，伏身法；二起脚，飞身法；抱头推山，合身法；中单鞭，手足齐用法；踢、蹬，二大转身法；小擒拿，偷步法；兽头势，护头护心护膝法。以上十三小势，是与群敌交手，大战一气，承接不能割断，无间可停，故共合为一势。

---

① 原版的拳理论述中有"插脚"和"擦脚"两种写法，依据"左右擦脚合咏长短句"和"左、右擦脚四言俚语"的论述，本次改版将"插脚"统一为"擦脚"。

第九势：前昭^①、后昭、野马分鬃、单鞭、玉女穿梭、揽擦衣、单鞭，共七势。前后昭，是前后相顾手法与眼法；野马分鬃，分披身法、速进步法；玉女穿梭，右转身法、平纵身法；单鞭，气归丹田，平心静气法。以上七势亦是交手法。

第十势：第二左右云手、摆脚、一堂蛇、金鸡独立、朝天蹬、倒卷帘、白鹅亮翅、搂膝拗步、闪通背、演手捶、揽擦衣、单鞭，共十二势。摆脚，是横脚打法；跌岔，是低身法；金鸡独立、朝天蹬，是高身法、用膝法。以下七势皆重出，不必再赘。共十二小势，亦是一气相连，不可割断，故合为一势。

第十一势：左右云手、高探马、十字脚、指裆^②捶、青龙出水、单鞭，共六势。十字脚，即十字靠也；指裆捶者，制命法也；青龙出水，跳跃进身法，不必转身，亦是纵法。

第十二势：铺地锦、上步七星、下步跨虎，共三势。铺地锦，屈右腿坐地身法；上步七星，前进上步法；下步跨虎，上下相顾身法。以上三小势为一势。

第十三势：摆脚、当头炮，共二势。摆脚，是倒转身法、上掤下打法；当头炮，是护脸护心法。

以上合之，共十三势，始以文象起，末以武象终。

---

① 原版中既有"招"字，也有"昭"字，依据前昭、后昭引蒙讲义及"何为前昭""何为后昭"的拳理论述，将"招"字统一改为"昭"字。

② 原版本"指裆捶"的"裆"字和"裆要开圆"的"裆"字，多为"膳"字，也有以"当"字代为"裆"字，本次改版统一更正为"裆"字。

无极象图

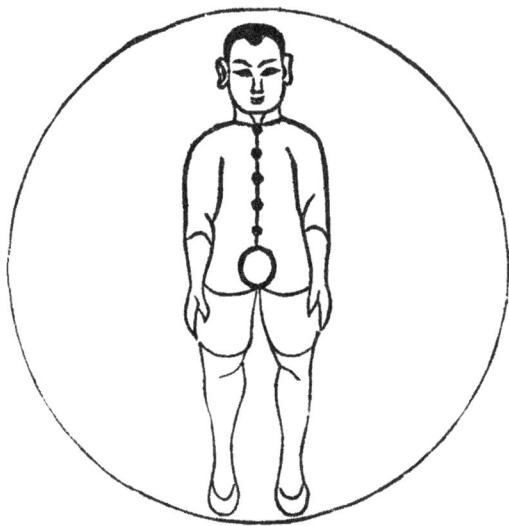

无极者，一物未有也。太初以上，浑浑穆穆，混混沌沌，所谓大混沌者，即此时也。学者上场打拳，端然恭立，合目息气，两手下垂，身桩端正，两足并齐，心中一物无所着，一念无所思，穆穆皇皇，浑然如大混沌无极景象。故其形无可名，名之曰"无极象形"也。

太极象图

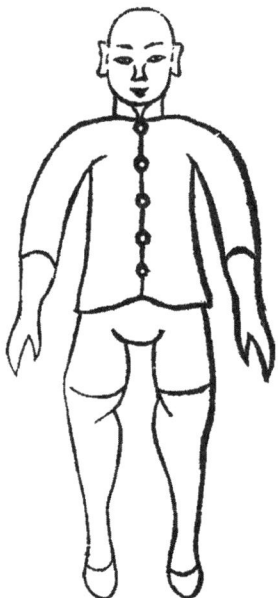

太极者，生于无极也。谓太极已有形声乎？曰：未有也。未有不曰"无极"而曰"太极"，何也？然太极虽无形声，而几朕已兆，如硕果之仁，生机将动未动，特生机未足，而未出乎核之外耳。不然，天地何自而生乎？是大混沌后，阴阳虽未分，而分之机已动，一至于分，则清气上升而为天，浊气下降而为地。但此时清气犹未上升，浊气犹未下降耳，故谓之为太极。是前人上推阴阳五行之机，未生天地，无可名称，名之曰"太极"，而要阴阳五行已俱备矣。打拳上场后，手足虽未运动，而端然恭正之中，其阴阳开合之机、消息盈虚之数已俱寓于心腹之内。此

时一志凝神，专主于敬，而阴阳开合，消息盈虚特未之形耳。时无可名，亦名之曰"太极"。言此以示学者，初上场时，先洗心涤虑，去其妄念，平心静气，以待其动，如此而后可以学拳。

第一势　金刚捣碓一名护心拳

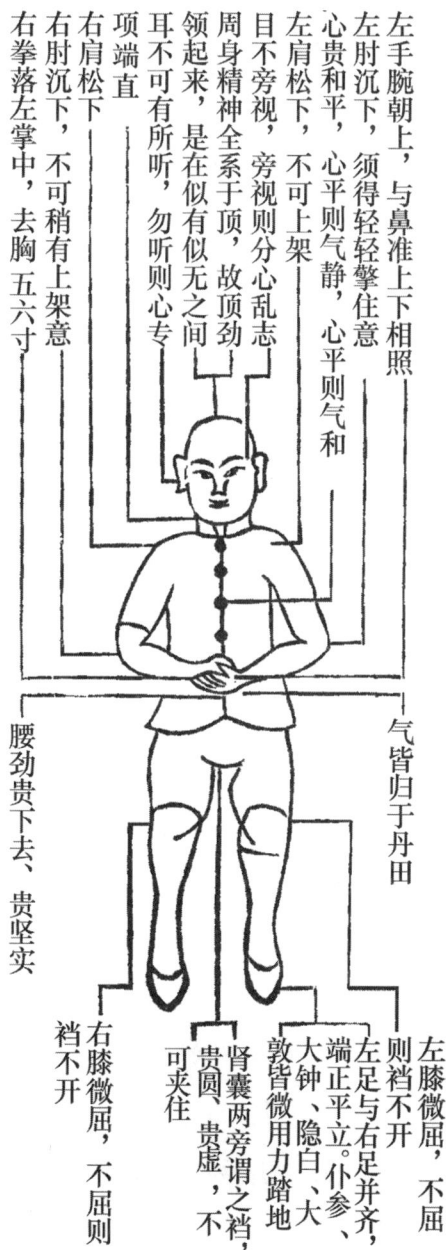

左手腕朝上，与鼻准上下相照

左肘沉下，须得轻轻擎住意

心贵和平，心平则气静，心平则气和

左肩松下，不可上架

目不旁视，旁视则分心乱志

周身精神全系于顶，故顶劲

领起来，是在似有似无之间

耳不可有所听，勿听则心专

项端直

右肩松下

右肘沉下，不可稍有上架意

右拳落左掌中，去胸五六寸

气皆归于丹田

腰劲贵下去、贵坚实

左膝微屈，不屈则裆不开

左足与右足并齐端正平立。仆参、大钟、隐白、大敦皆微用力踏地

肾囊两旁谓之裆，贵圆、贵虚，不可夹住

右膝微屈，不屈则裆不开

平素打拳，因地就势，不必拘定方向而守一定之位置。但北辰、北斗皆在北方，学者宜心向之，仰承天机，人之中气乃有真宰。故画图以面北背南、右东左西定为准绳，以示规矩。

立天之道曰阴与阳，立地之道曰柔与刚，立人之道曰仁与义。足容重，手容恭，头容直，目容肃，坐如尸，立如斋。

孔子曰："非礼勿视，非礼勿听，非礼勿言，非礼勿动。"打拳时，执事敬，自然周中规，折中矩，而视听言动，皆在规矩中矣。

未打拳时，心平气和，浑然一太极气象。将打拳时，神恬气静至手足，动时方能躁释矜平，运我太极拳中自然之天机而从容中礼_{拳皆有天理自然之节文}。

礼曰：惰慢之气不可涉于身体，一涉惰慢，动作必溢规矩之外，百病丛生矣。

礼主于敬，乐主于和，能敬能和，然后能学打太极拳。

或曰：太极拳，一艺也。如子之言，立规太严，虽圣贤，用功不过如是。一艺之末，奚必然哉？余曰：不然。打拳，亦所以修身正、卫性命之学也。孟子曰："不以规矩，不能成方圆。"

打拳之道，自始至终不外一个"敬"字。能敬则专心致志，自无鸿鹄之射绕乱胸中。至于拳中法律，一一皆详如下。

左阳右阴图

此第一势手足运转图。左手属阳，内圈，左手与左足所运之圈；右手属阴，外圈，右手与右足所运之圈，非更迭转实，一齐运动。左手略先，右手略后；左手在内，右手在外。机之动，阳先阴后；运之势，阳内阴外。

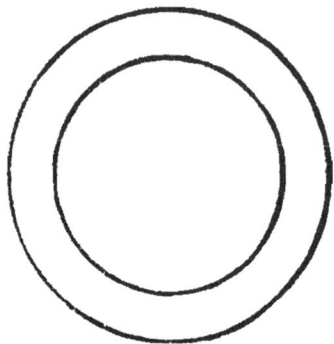

此图如万物阴阳交合之意，阴阳一端之用。

运动气机图

孟子曰，志者，气之帅；气者，体之充。心如将军，气如兵，将军一出令，则士卒皆听命。清气上升行于手，浊气下降行于足，气皆行到指头乃止。气之上行、下行似两橛，其实一气贯通也。

手足缠丝劲图

气机行于肱内，皆缠丝劲，言手而足在其中。

（1）此形内劲由肩臂而行于指甲。

（2）此形内劲由指肚而收于腋肩臂。第一图是出劲，第二图是入劲。

（1）胳膊劲由心发，行于肩，过肘至指，此是顺缠法。由骨至肌肤，由肩至指，出精也。

（2）由指至肩，倒缠法。所谓入精者，引之而来，使敌近于我也。

两腿之劲皆由足趾领起，上缠过踝、过膝，至大腿根。两腿根间谓之裆，即会阴穴也。运动足后跟踏地，渐至趾通谷、大钟、外腓以及隐白、大敦、厉兑，实实在在踏于地上。

何谓金刚捣碓？金刚，神名。钢如精金百炼，坚而又坚，其手所持者，降魔杵也。捣碓

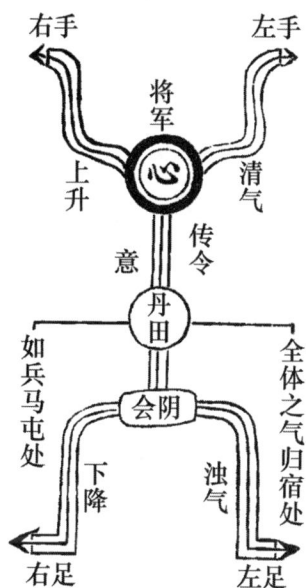

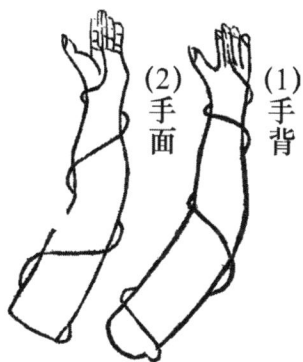

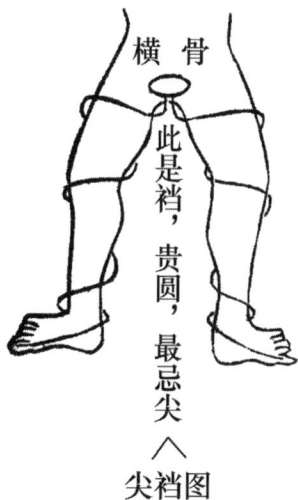

右手　　左手

将军
心

上升　　清气

意　　传令

丹田

会阴

如兵马屯处　　全体之气归宿处

下降　　浊气

右足　　左足

（2）手面　　（1）手背

横骨

此是裆，贵圆，最忌尖

尖裆图

者，如谷之在臼，以杵捣之。右手将捶如降魔杵，左手微屈如碓臼，既取其坚刚沉重，又取两手收在一处，以护其心，故名。

打拳以鼻为中界，左手管左半身，右手管右半身，各足随各手动之。心身不可使气，轻轻运动，以手领肘，以肘领臂，手中之气仅仅领起手与臂而已，不可过，过则失于硬。上体手如何运动下体亦随之，上下相随，中间自然皆随，此为一气贯通。上场立必端正，两手垂下，两足并齐，两膝微屈，裆劲要开、要虚，裆开然后心气发动。先以左手领起左足，往前进半步；遂以右手领起右足，右手自下由左手外绕一圈上去，两手套住如转环转一圈，右手落在左手掌中，手与心齐，一齐停住。右手与右足皆虚虚拢住，左手与左足皆实实在在踏于地上，如土委地。百会穴领其全身，要使清气上升，浊气下降。清气如何上升？非平心静气不可。浊气必下降至足。一势既完，上体清气皆使归于丹田，盖心气一下，则全体之气无不俱下。太极拳自始至终独此一势是正身法，端而肃，实而虚，柔而刚，上下四旁，任人所感，皆足以应之，此所以领袖群着而为之首。理实气空，圆转自如，浑浩流行，绝无滞机，每一势完，仍归到浑然一太极气象，绝无迹象可寻，端绪可指。外似停止而内无间断，此太极之所以为太极也。

两大腿根要开，裆开不在大小，即一丝之微亦算得开。盖心意一开，裆即开矣。不会开裆者，腿虽岔三尺宽，不开仍然不开，是在学者细心参之。

打拳之道，不外一圈。圈有正有斜，有左有右，有缓有急，有阴有阳，有有形，有无形，皆因现在所运之势而循环不已。盖人得阴阳之气以生，是吾之身，即太极之身也。以无形之太极，宰有形之太极，人皆知之。至以有形之太极，行吾无形之太极，而反矫揉造作，不因其自然而然。何也？是徒知炼气，而不知自然行止也。又如人之目，昼则开，夜则合，一开一合，皆太极自然开合也。拳中一起一落、一阖一辟，何莫非从太极来乎？人但习而不察耳。

打拳何尝不用气？不用气则全体何由运动？但本其至大至刚之气，以直养无害焉已耳，世人不知，皆以为柔术。殊不知自用功以来，千锤百炼，刚而归之于柔，柔而造至于刚，刚柔无迹可见。但就其外而观之，有似乎柔，故以柔名之耳，而岂其然哉！且柔者对乎刚而言之耳。是艺也，不可谓之柔，亦不可谓之刚，第可名之为太极。太极者，刚柔兼至而浑于无迹之谓也。其为功也多，故其成也难。人但必有事焉而勿正，心勿忘，勿助长也，则得矣。

自初势至末势，所图者皆有形之拳。惟自有形，造至于无形而心机入妙，终归于无心，而后可以言拳。可见拳在我心，我心中天机流动，活泼泼地触处皆拳，非世之以拳为拳者比也。此是终身不尽之艺，非知之艰，行之惟艰。所图之势，皆太极中自然之机。气也，理也，气非理无以载；理也，气也，理非气无以行。气不离乎理，理不离乎气，理与气，一而二，二而一者也，千变万化，错综无穷，故终身行之不能尽，学者勉之。

心为一身之主，肾为性命之原，必清心寡欲，培其根本之地，无使伤损。根本固而后枝叶荣，万事可做，斯为至要。

总论

纯阴无阳是软手，纯阳无阴是硬手。一阴九阳根头棍，二阴八阳是散手。三阴七阳犹觉硬，四阴六阳显好手。惟有五阴并五阳，阴阳无偏称妙手。妙手一着一太极，空空迹化归乌有。

每一势拳，往往数千言不能罄其妙，一经现身说法，甚觉容易。所难者工夫，所尤难者长久工夫。谚有曰：拳打万遍，神理自现。信然！

取象

金刚捣碓一势，阴阳合德，其胸中一团太和元气，充周四体，至柔至刚，实备乾健坤顺之德。当其静也，阴阳所存，无迹可寻；及其动也，看似至柔，其实至刚，看似至刚，其实至柔。刚柔皆具，是谓阴阳合德，故取诸乾坤。

金刚捣碓

其一

金刚捣碓敛精神_{已伏寂然不动，浑然全体意}，上下四旁寓屈伸。

变化无方当未发_{言开合、擒纵}，浑然太极备无身。

其二

一生无事养太和，锦绣花团簇簇多_{喻拳之机趣横生}。

天上金刚携玉杵，善降人世大妖魔。

其三

不是金刚降魔杵，妖妖怪怪谁敢阻？

大开大合归无迹，美大圣神方可许。

其四

外保君王内保身，全凭太极真精神。

此中甘苦都阅遍，不愧当今绝妙人。

其五

先左后右不为奇，一动一静是围棋。

围到山穷水尽处，突然一势判雄雌。

百会_{在头顶}、隐白_{在足大趾}、大敦_{在足大趾}、厉兑_{在足二趾}、窍阴_{在足四趾}、至阴_{在足小趾}、通谷、大钟_{皆在足后跟}，八者皆穴名。

周身一齐合住劲，且周身骨节各处与各处自相呼应而合，如此势，右手与右足是主，左手与左足是宾，一主以敬，方能得乎中道，运劲咸宜。用心太过，失之拘束；不用心，失之懈怠。是在有心无心之间，一主以敬，方能得乎中道，运劲咸宜，失之拘束；不用心，失之懈怠。

臀骨翻起，前裆合住，后臀自然翻起

腰为上下体枢纽转关处，不可软，折其中方得

后肘外方内圆，肘尖与左肘微向前合住劲，不可相背，不可上翻

肩压下，不可硬

项竖直，不可硬

顶劲上领，意思如上顶破天，不可用气太过

神情合方得

眼看住前手中指，中指的也，故一身运用全在一心，此势右手是主，左手是宾，眼随右手而行，眼必注于右手食处，至右手停止，眼必视之。五指肚要用力，指甲要用力。此时运动，手似停止而其中运动之灵气实不停止，一停止则其气息矣。此即天地阴阳运转不息，故吾身独可息乎哉？惟息不息，故气越运越实，至运到十分满，阴阳极则下一势即发起。此即阴极阳生之意，极足阳生之意

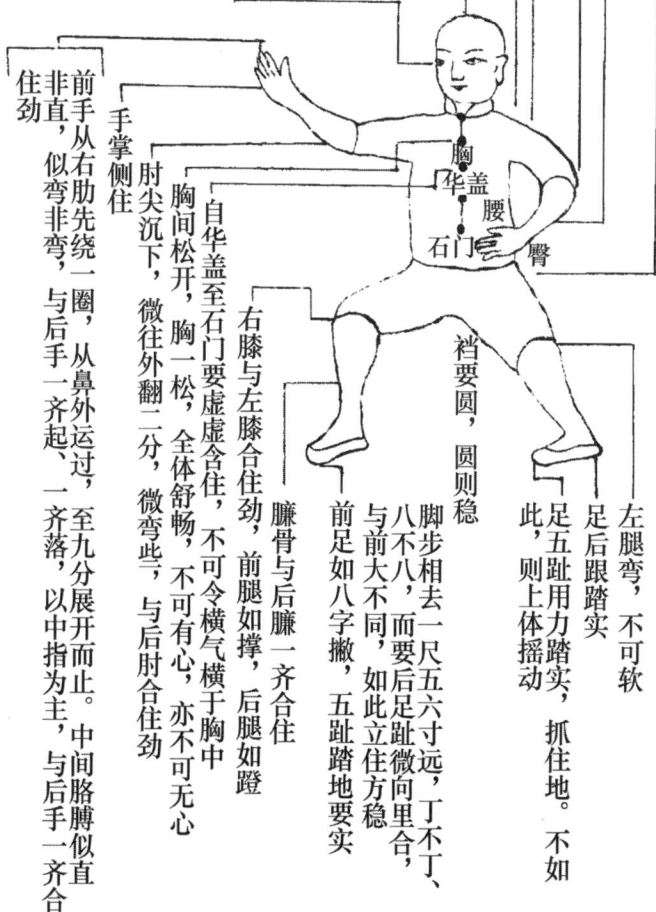

必视此，不可旁视，令散涣无着。此势凝神注视，故眼凝神注视，而传神全在于目，人之一身运用全在一心，而传神焕全在于目

胸　华盖　腰
石门　臀

裆要圆，圆则稳

左腿弯，不可软

足后跟踏实

此，足五趾用力踏实，抓住地。不如此，则上体摇动

前足如八字撇，五趾踏地要实

与前大不同，而要后足微向里合，如此立住方稳

八不八，丁不丁，

臁骨与后臁一齐合住

前腿如撑，后腿如蹬

膝步相去一尺五六寸远，

右膝与左膝合住劲，不可令横气横于胸中

自华盖至石门要虚虚合住，不可令横气横于胸中

胸间松开，胸一松，全体舒畅，不可有心，亦不可无心

肘尖沉下，微往外翻二分，微弯此二，与后肘合住劲

前手从右肋先绕一圈，从鼻外运过，至九分展开而止。中间胳膊似直非直，似弯非弯，与后手一齐起，一齐落，以中指为主，与后手一齐合

手掌侧住

住劲，非直，似弯非弯，与后手一齐起，一齐落，以中指为主

内劲运行图

到此向前运行即东方

肩　转

右手向下

上行　左手自下往上运行　左手发端

腰　此叉住　左手至住腰

转

揽擦衣自发端至终止中间沿路运行内劲图

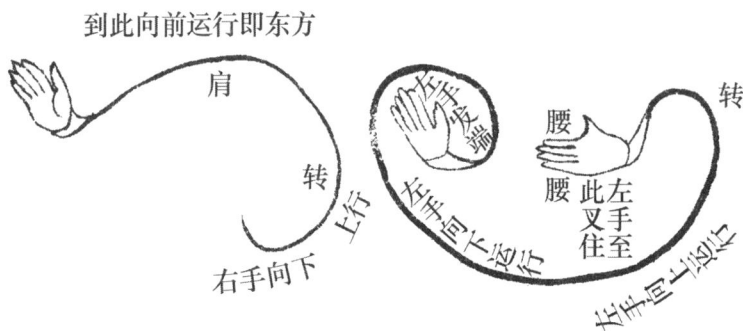

此图以面向北论

左手在西，右手初运，左手亦随之。先转一大圈，涉下至左肋，然后自下而上又住腰。凡人自幼用右手居多，用左手少，故左手较右手稍笨。打拳凡于左手，虽不当令，亦宜格外留神，必使左右手一齐运动、转圈，气力方能匀停

中间似弯，如新月形，用螺丝劲缠于骨之外、肌肤之间，右足运法同，右手、右足、左手三处运动，独左足不动

肩沉下，肘尖后往前合，大指在肋后，四指在肋前

右足发端　右足止处

右足随住右手运动，右足趾亦先画一小圈

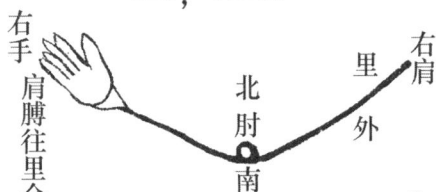

此右手已成之势内劲图

右手肩膊往里合住劲

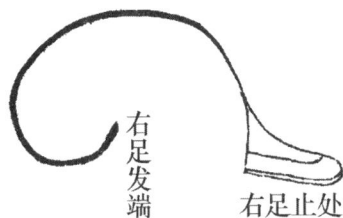

右手　北　肘　南　里　外　右肩

右手以中指为主，五指相依，勿令散开。肘尖向南，胳膊微弯，弯向北，内劲似停不停，中指领住右手，四指往右肩为呼应，近与右肩为合住劲，远则与左手为呼应

何谓揽擦衣？揽者，如手揽物；擦者，如手挨着；衣者，上衣。形如以左手揽物，挨着衣服。言左手叉住腰，肘微向前合，大指与后四指叉开，手从上腕斜下，其意似往下按，手掌向后叉住腰。左手属阳，肘屈似阴，是谓阴中藏阳。右手从上腕自上往右、向下而左绕一圈，再往

上，然后向右徐徐而发，越慢越好，高不过鼻，低不过肩，手走到九分而止。内劲不前不后，由中而行，后则挈，前则合，皆不得中。劲以中指为主，中指劲到，余指劲皆到，皆由心中发起，越乳过腋，入肩膊内骨中，由骨髓充肌肤，徐徐运行。迨其劲行到指头肚，然后手与手合，肘与肘合，肩与肩合，膝与膝合，足与足合，说合则两半个身上下一齐合住，当中裆劲开开，又要合住，是合劲寓于开劲之中，非开是开、合是合，开与合看成两股劲。右手动，右足绕一圈，随着右手一齐运动，一齐行止。右手将停，右足踵先落地，由腓及五足趾依次落地，放成八字势。以两足论，右足在前，是主，是宾中之主；左足在后，是宾，是主中之宾。以右足是左足留守不动故也。右脚虚，左脚实，是为前虚后实。以一足论，亦是前虚后实。脚趾脚掌要抠住地，涌泉要虚，不虚则趾不着地，用不上力，是为前后实、中间虚。腿劲由足蹈趾上行，外踝向里缠，斜行而上，过三里，越膝，逾血海，至大腿根。左腿内劲缠法亦然，两腿劲同往上缠绕至会阴^{穴名}两阴卵中间中弦而止。盖两劲对头是其结穴，此处是腿劲归宿。腰劲稍往下降，降至两腿根，撑开裆，劲自圆。腰中要虚，一虚则上下皆灵。

胳膊大腿皆用螺丝缠劲，断不可直来直去，一直则无缠绵曲折之意。无缠绵意，不惟屈伸无势，即与人交手，亦不能随机应变，妙于转旋。转关不灵，在我先觉输人一筹，何以制胜？即令硬气可以胜人，人自心中不服。

右图上已图之，言之最详，但学者不用功则已，一用功，心即忘之。故不惮再图，烦言以晓之，欲令其默识^{去声，记也}心通，念念不忘也。由肩外缠至中指甲，是进行劲；由中指过手背外往里缠，退行至肩，是引劲，由远而引之于近。初发用进行劲，里收用退行劲。下体腿劲自足趾至腿根，进行、退行皆由足上行。与胳膊异者，是自

己用功，确不可移。如此，至于与敌交手，敌来侵我，先引后进，亦是确不可移。须记，右手运到九分时方停，神气更贯十分满足，此处最难形容。由起至止，须慢慢运行，能慢尽管慢，慢到十分功夫，即能灵得十分。惟能灵到十分火候，斯敌人跟不上我，反以我术为奇异，是以人之恒情也。殊不知是先难之功之效也。又全体先斜后正，外斜内正。斜者，其形正者，其精以心中之中气运乎四肢之中，是人所不见、己我独知之地，须时时神而会之，久而自明。手指运动，要束而不散，束则神聚而凝，散则神涣而气惰。总之，官骸皆听命于心，心一敬谨，手足自然如法而行。肩要压下，肘要沉下，右手领住，左手叉住腰，胳膊屈住，是乃此着最要形势。眼神随右手运，如此着，右手当令，眼神只随住右手，右手运到地位，眼神即注在右指甲上，此中指即眼视之标准。肩膊头骨缝要开，始则不开，不可使之强开，功夫未到，自开时心说已开，究竟未开，必功夫日久，自然能开，方算得开。此处一开，则全胳膊之往来屈伸如风吹杨柳，天机动荡，活泼泼地毫无滞机，皆系于此。此肱之枢纽灵动所关，不可不知。右手与肩平，不可太低，亦不可太高。低则中气运之难，恐运不到；高则揭膀胳膊无力，总以得中为贵。

顶精领起来_{顶精，心之中气领如提起。}顶精何在？在百会穴，其意些须领住_{领是领其全体精神，令其不偏不倚}就算，不可太过，过则下绷上悬，立不稳当。此是一身关键，中气之所通者，不可不知。中气上通百会，下通二十椎。此处一通，则上下皆通，全体之气脉胥通，自无倒倾之弊。脑后二股筋是佐中气之物，二筋之间其无筋处，乃中气上下流通之路。下行脊骨之中，至二十一椎止，即前后任督二脉，亦皆是辅吾之中气。中气最难名，即中气所行之路处，亦最难名。无形无声，非用工夫久不能知也。所以不偏不倚，非形迹之谓，乃神自然得中之谓也。即四肢中所运之中气，亦即此中气之旁流，非另有一中气。此处不偏，而后四肢之中气皆不偏。虽四体形迹呈多偏势，而中气之流于肢体中者，自是不偏。此意第可神而明之。项要端正竖起，如中流砥柱，不前不后，不左不右，不至倒塌，方得此势。

右手运行，以右为主，为其向右应敌也。右手属阴，其运行者，阴中之阳，而其所以运之者，有宰之者也。左手拳屈，左足不动，转于右手，为宾，而其实为宾中之主，为其留守全体之根基也。左手属阳，其运行之势似阳中之阴，而其所以为阳中之阴者，有主之者也。以理论之，阴阳互为其根，不可分为两橛。即以右肱论之，右半身皆属阴，其内劲由肩外缠至于指甲，由指甲外往里缠。阴阳似属两劲，其实一时并起并落，足见阴阳互根之妙。何以见之？如对敌时，敌以手来，我以手引，即引即打，非既引之后而后击之于此，足证阴阳互为其根之实。

拳之一道，进退不已，神气贯串，绝不间断。尝见人之耍拳，上着未完，即欲停止。一停止，其气断，其神散矣。即不然，此着未完，即欲打彼着，及打彼着，仍然未完，而更欲打下着之下一着，如此躁心，何能细心揣摩，而知其内劲之起落、精神之充足乎？欲速者恒犯此病，故终无成功。打拳不惟着中情理，当潜心默会。即上着之终，下着之始，其接骨斗榫处是为过脉，于过脉处当思如何血脉贯通，不令间断。盖上着之终，必待神气十分满足而后方结得住。当结上着时，上势已足，余神流于界外，是下着之机已动于上着之末，而后下着接住上着而起，是为构。构者，下着之榫与上着之榫相接而合者也。非但合之以势，宜先合之以神，神气与上着无间，方为善于起始。所谓得势争来脉，来脉得势以下，势如破竹，无不得势。此是最关紧处。以上所言，往往重三叠四、絮语不休者，恐人未详其故，故如此。

特标左手倒转

左手运行转圈，如揽擦衣、搂膝拗步、初收、再收、披身捶、肘底看拳、指裆捶、下步跨虎，皆是倒转圈法。然初收、再收与肘底看拳，左手近上，转圈稍易；揽擦衣左手居中，与鸠尾平在左肋中间，其转圈颇难；指裆捶转圈甚微；下步跨虎，左手转圈与揽擦衣同。以上所言，皆用缠丝精行之，且是倒转圈，故难犹是手也；右手倒转甚易，故于左手倒时标之。至于左手右转，自觉容易，不必再赘，细玩前数画图自明。

取象

如揽擦衣一势，阳左阴右，阳屈阴伸，有内阳而外阴、内健而外顺意，故取诸泰，此右手之象。至于左手，先画一小圈，然后左手自上而下、而左，上行而右、而下至腰盘，屈如圈，外方内圆，手叉住腰，有潜龙勿用之象。据左手本位成象论之，是个静象。静极必动，自然之理。故左手已伏七日来复之机，右足随右手运行，左足不动，以固根本。

四言俚语

一阴一阳，法象昭彰。屈者为阴，伸者为阳。

阴阳互用，天道所藏。动静无偏，乃尔之强。

七言俚语

世人不识揽擦衣，左屈右伸抖虎威。

伸中寓屈何人晓，屈内寓伸识者稀。

裆中分峙如剑阁_{取其圆意}，头上中峰似璇玑_{喻中气也}。

千变万化由我运，下体两足定根基。

第三势　单鞭

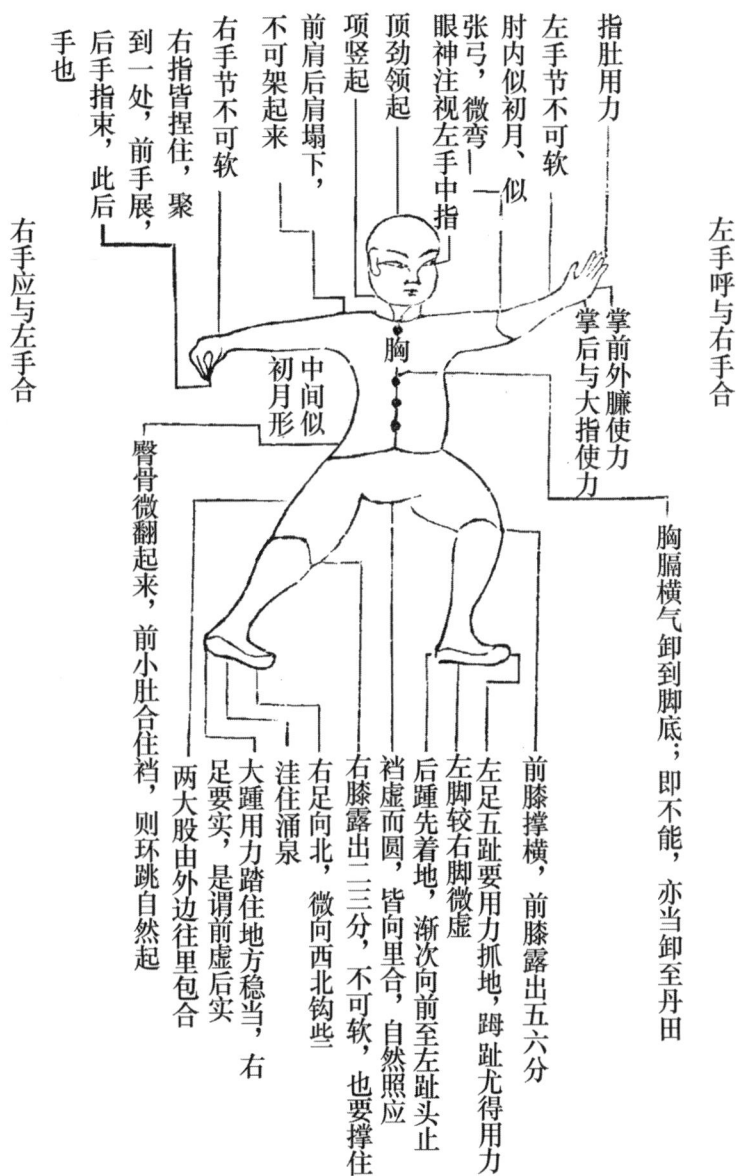

指肚用力

左手节不可软

肘内似初月，似张弓，微弯，

眼神注视左手中指

顶劲领起

项竖起

前肩后肩塌下，不可架起来

右手节不可软

右指皆捏住，聚到一处，前手展，后手指束，此后手也

右手应与左手合

掌前外臁使力

掌后与大指使力

左手呼与右手合

胸膈横气卸到脚底；即不能，亦当卸至丹田

胸

中间似初月形

臀骨微翻起来，前小肚合住裆，则环跳自然起

前膝撑横，前膝露出五六分

左足五趾要用力抓地，蹈趾尤得用力

后脚较右脚微虚

左脚先着地，渐次向前至左趾头止

裆虚而圆，皆向里合，自然照应

右膝露出二三分，不可软，也要撑住

右足向北，微向西北钩些

洼住涌泉

大踵用力踏住地方稳当，右足要实，是谓前虚后实

两大股由外边往里包合

顶劲中气是股正气，心中意思领起，即行到头顶上，中气自然领起来，非有物以提之，是意思如此。

打拳心是主，脊骨是左右身之关键，腰是上下体之关键。腰以上气往上行，腰以下气往下行，似上下两夺之势，其实一气贯通，并行不悖。

以左手领左足，以右手领右足，上面手如何运，下体足如何运，起则并起，落则同落，上下相随，自然合拍。

要手全在手掌，手指领起周身运动，足随手尤其紧要。中气必由胳膊中徐徐运行，不可慌张忽略，顺其当然之，则运其自然。勿令偏倚，而以心气行于两肱之中，是为中气。左手背一二分向北，右手背四五分向北，中气行到指，十分满足，一齐合住。

平素打拳，不必拘定方向，而画一定之准，北斗在北方，司天造化，宜以向北为主。故图画皆以面向北为准，右东、左西、面北、背南，以定方向。

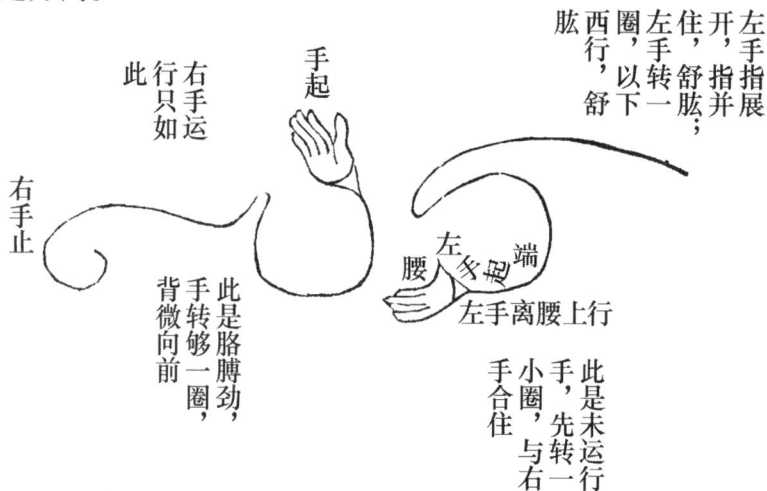

右手运行只如此

手起

左手指舒并展，开，住，左手转舒肱，圈，以下一西行，肱行

右手止

此是胳膊劲，手转够一圈，背微向前

腰　左　多　起　端
左手离腰上行

此是未运行手，先转一小圈，与右手合住

此图就上图面向北图之，以右手为主，此为左右相合，是上势之下、下势之上两势间过脉。

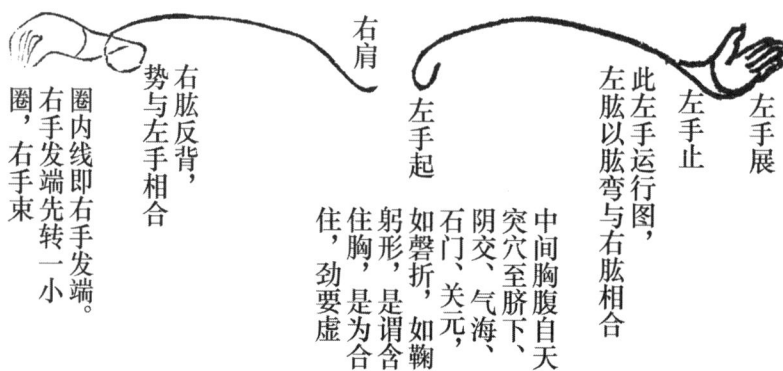

右肱反背，势与左手相合
圈内线即右手发端
右手发端先转一小圈，右手束

右肩

左手起

此左手运行图，左肱以肱弯与右肱相合

左手止

左手展

中间胸腹自天突穴至脐下、阴交、气海、石门、关元，如磬折，躬形，是谓合住胸，如鞠住，劲要虚

此图仍以面向北图之，故左右与上同。

足缠丝劲图

大股自足缠至大股根，其劲由外往
里缠，缠到腿根，两腿劲对头瓤住，不
用硬气，两膝向里一合，足五趾皆向里
合，腿上下自然合住，裆口自圆。

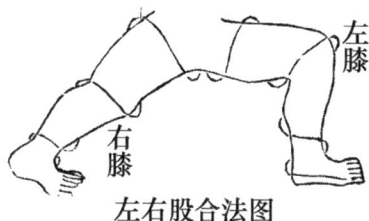

左右股合法图

足之动作法

左足自先至右足边点住趾，然后再往西迈开，两足相去尺五六寸。

足后跟拧法

如单鞭，左足先收到右足边，足趾点地，再往西发行，不必再赘。
至于右足，揽擦衣足五趾本向东北踏地，至左足向西开步，落时足趾向
西北。将落未落时，右足不离地，足趾向东北者，足踵依地一拧微向
北、西北、西者，偏于北方之西，故云。右足趾与左足趾一齐落下，踏
住地。左足亦是踵先着地，渐次至趾，与右足合住劲，方不散涣。

问：何谓单鞭？曰：两手不在胸之前后，而在胁之左右，左右肱展
开，其势似单弱，其势如鞭之毒，两肱展开又如一条鞭，故名。此势以
左手为主，左手上行与脐平，外往里转一小圈；右手从后往前亦转一小
圈，左右一齐合住，神气呼应如两人照脸说话。然后左手从合处领起，
左半身自下而上转向西，渐渐西行，至八九分时方止。当手未展、手未
停时，眼神随住左手，至左手停时，眼神注于左手中指，不斜视。至于
中气缠法与揽擦衣右手右肱同裆合之时，左脚在左者先收到右脚边，脚
趾点住地，预为下脚运行设势。及运动时，左脚随住左手一齐西运，上

面左手将停，左足踵先着地，循序渐进，运到左足大踇，与左手一齐停止形似停而神不停。此左半身上下相随，左足伸展，各因其人之大小，约不过二尺以内。至于右手合时，右手先转一圈，左手起发向西运行，右手腕在后，右手从后向前再转转，上声一圈，胳膊徐徐作反背势。与左手顺势展开不同，右手不惟胳膊劲反背且微向东行，手背又得往前合，右手东行，左手西行，似有两分之势，其实寓两合之神。右手所以反背者，为下着伏脉也。至于右手五指束住不展开者，恐人在后突然捋住指头，背折其节，眼在前视，不顾照后，束之以防其患。胳膊缠劲，由后前缠到右指头止。右脚虽不动，视右手运行以为拧转在前，足趾向东北者。今则右手一动，右足踵着地，拧转趾向北西落住言北西者，偏北者多，偏西者少，此右半身上下相随。为人说法，不得不条分缕析，而要不得视为五分四裂说，合则周身一齐扣合住方佳。至于周身骨节，如左右肘、左右肩、上下各处，名目相同者各自一切照脸合住，不必再言。不明者，视图自喻后，仿此身法，总归端正，不可偏倚。骨节松开，胳膊如在肩上挂着一般，运动似柔而实刚，精神内藏而不露，此为上乘。

　　拳家以躬行为主，但先难而已，不可预期后获。妄念横胸，拳艺不能长进。至成时敌人怎来怎应，不待思想，自然有法。未交手时，谁知敌人从何而来！谁知敌人击我何处！但依着何处，即以何处此是本地风光，最难最难引而击之，时措咸宜，莫名其妙，真不思而得，不免而中也。然而未成者不能也。问：要到何时算成？曰：此中层级终身阅不尽，但以目前粗疏者言之，大成则九年，小成则七年。至于精妙，亦终身不尽之学。学者或学一二年，或学三四年，浅尝辄止，终是门外汉，旨味未之尝耳！存先获心者，吾知无所问津，盖不能循序渐进不已，亦犹不以规矩不能成方圆。学贵有恒，躬行为难。

单鞭七言俚语

单鞭一势最为雄，一字长蛇互西东。

击首尾动精神贯，击尾首动脉络通。

当中一击首尾动，上下四旁扣如弓。

若问此中真消息_{即线索}，须寻脊背骨节中。

长短句俚语

盖世无双一条鞭，打进不忙。敌因我左手在腰肘且屈，乘其不防，来侵西疆，窃逞其刚强。岂知我弓弦一卸，屈而必张，打得他无处躲藏，反受灾殃。非是别有奇方，但凭得周身空灵，一缕中气随势扬。哪怕他_{是我养有素}，求胜反败不自量_{言敌人来击}，洋洋洒洒当地见短长。此所谓阴中藏阳_{肘屈为阴，肱伸为阳}。

单鞭取象

打拳，心中一物无所着，则最明；胸中包含一切，外面空空如也，内文明，外顺柔，有离中虚象。气归丹田，理实气空，上虚下实，有坎中满象。四肢舒开，中气行得十分满足，气势盛足，有泰极象。气足难于转移，变化不易，有否之象。然以成手处之不虑，此大人处否而亨。二爻变而为坎，中气存于中也；五爻变而为离，虚灵含于内也。以虚灵之心养刚中之气，虽否何害？此所谓素患难行乎患难，不贪打人，物来顺应，故有休否之象。具此四德，拳术尽矣！

揽擦衣、单鞭，两仪也。两仪交则四象生矣。自太极生此两仪，以下生生不穷，万象森列莫可形状，全在用功者身体力行，细心揣摩，日久自知。拳名太极，岂虚语哉？实天机自然之运行，阴阳自然之开合也，一丝不假强为。强为者，皆非太极自然之理，不得名为太极拳。

第四势　金刚捣碓

在此则为第二个金刚捣碓，在拳次序则为第四势。

正身法

拳中独此势与单鞭、搂膝拗步、野马分鬃、倒卷肱、上步七星捶，皆是东西南北正身法。

七言绝　俚语

第二金刚面向西，周身辗转_{辗者，转}
之半手足齐。

虚实分明君须记，莫教纷纷乱
马蹄。

左虚右实，为白鹅亮翅设势。

此中意趣，莫割断神气。

神气不断，血脉自然流通。

第一势金刚捣碓面向北，此金刚捣碓面向西。如何面向北者转成面向西？如上势单鞭，左手在西，右手在东，待中气十分行足时，似停不停，左手领住，意似向上，右手亦领住，意似向下，中间两肩往下一松。两肩松时，左脚趾向北。上势足趾向正北，本势足趾向正西，因图画不

易，故专言之，阅者宜知又当谅之。左右足本非八字形势，今则脚趾微起，脚后跟依地不离本位，往西一拧大踵，使左足趾转过来向西。待左足由外收到里边，即时左手向下由外往里转一圈，落到胸前，手扣住，如碓臼，手腕朝上，以待右手。当左足后跟拧_{扭也，搏转也，如船捩舵}时，左手初起向里，右手即一齐发动向下、向身右边过，由下而上将住捶下，落到左手腕中劳宫处。左足趾扭向西时，面与身转向西矣，故面向北者转成面向西。何以再打一金刚捣碓？人穷反本，如第一势金刚捣碓，太极之原象也。势既穷于单鞭，故仍归原势，以便下势变化形体之运动发生，故再以金刚捣碓继之。

七言俚语

前已立过金刚势，今复重行得毋同。

彼则脸面端向北，此则后脊转向东。

上接单鞭非无故_{穷则反本，又是上势下势之过脉着，}

下开白鹅格外雄。

能会此身转移法，神机变化在其中。

第五势　白鹅亮翅

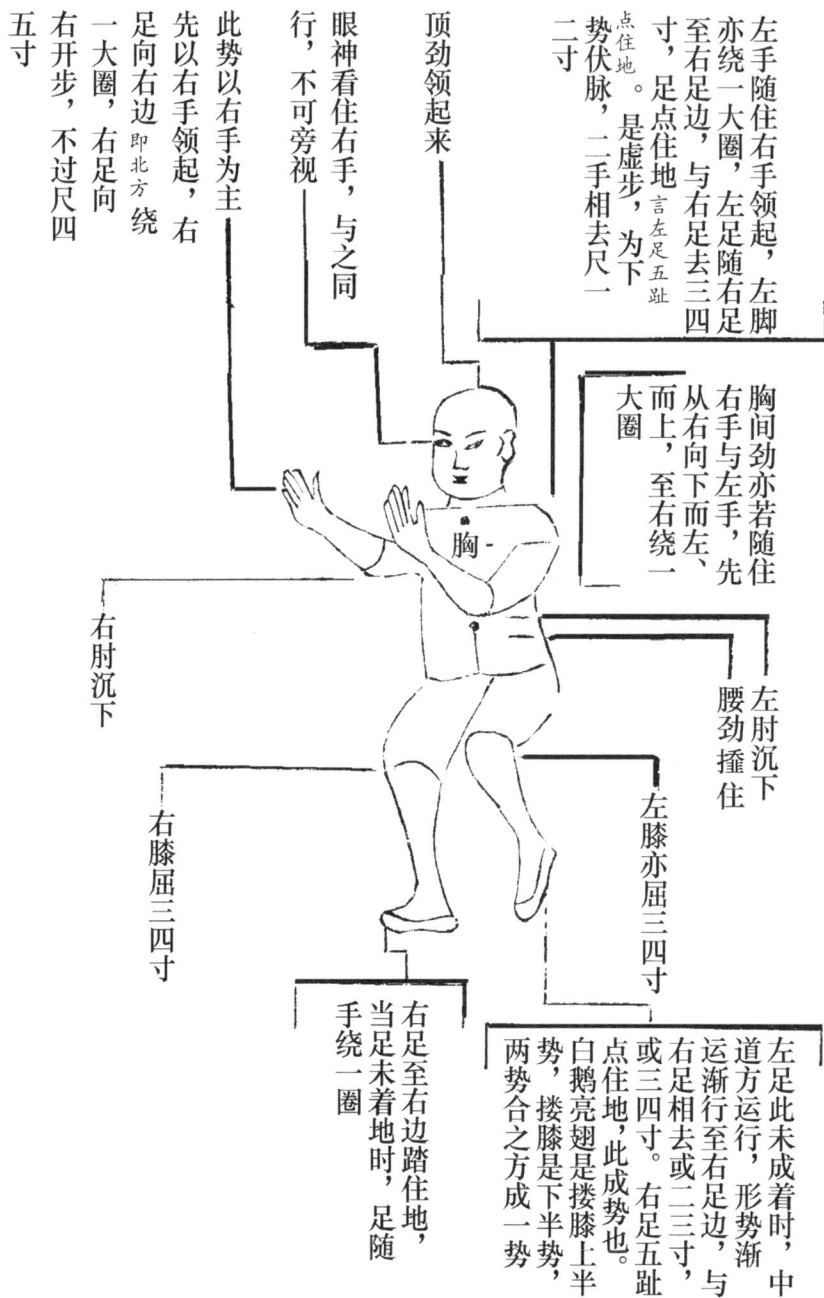

左手随住右手领起，左脚亦绕一大圈，左足随右足至右足边，与右足去三四寸，足点住地。是虚步，为下势伏脉，二手相去尺一二寸

点住地 言左足五趾

胸间劲亦若随住右手与左手，先从右向下而左、而上，至右绕一大圈

顶劲领起来

此势以右手领起，右足向右边 即北方 绕一大圈，右足向右开步，不过尺四五寸

眼神看住右手，与之同行，不可旁视

右肘沉下

右膝屈三四寸

右足至右边踏住地，当足未着地时，足随手绕一圈

胸

左肘沉下

腰劲搛住

左膝亦屈三四寸

左足此未成着时，中道方运行，形势渐运渐行至右足边，与右足相去或二三寸，右足五趾点住地，此成势也。白鹅亮翅是搂膝上半势，搂膝是下半势，两势合之方成一势

此引劲也。

左手随右手起止。右手起，左手亦起；右手绕圈，左手亦绕圈；右手停，左手亦停，如夫唱妇随意。

右手从右乳前，去乳七八寸远，向下、向左上行，由左向右，视右足所开步之大小以为起止。上下一齐运行，故彼此相顾。

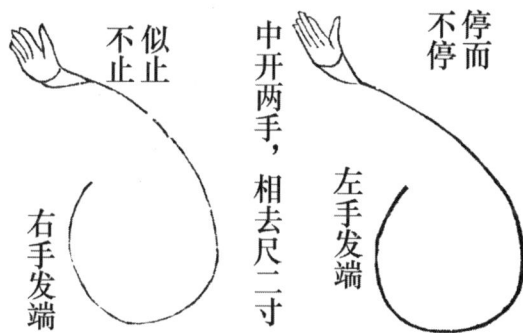

中间一画，阴阳二气合一，即中气也。亦是自右发端，向下而左、而上、而右，至右劲对头方止。其劲视右手之起止以为起止，此即太和元气周流无间。观此图，内劲运行自可默会其意。

足运行图

白鹅亮翅以右手为主，左手为宾，足亦然。左足随左手右运，右足向右立，定住脚步，然后左足绕向右。运行手能并运，足不能并行，并行则仆。左足趾点地虚立。

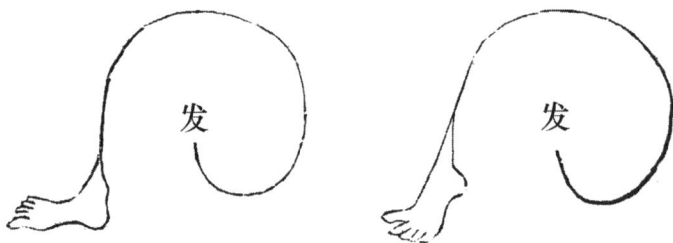

开步向右去，随住右手劲一齐向右运动，右足趾平踏向西北方止。

如以打人论，如敌人制我右肘，即以右肘向左引之，回而击之；制我左手，左手在左，即以左手向右引而击之；制我左右手，即以左右手向右引之，此势但形引劲，未说到击人处。

此与下一势界限分处，此势以引足为止。学者多性躁，未下功夫先好打人，不知侵到何处即以何处引击，不拘定格，聊举一二以示之。不轻言，恐起学者躁心，不下功夫，故不轻言。前图宜用意默会，切勿淡漠视之耳。

何谓白鹅亮翅？如白鹅之鸟舒展羽翼，象形也。以右手领住左手，先下降至左胁前，去胁七八寸许，先绕一圈毕，再以左手领住右手，斜势由下逆行而上，向右边去，只绕大半个圈，如鹅展翅之形，似停不停；右足向右行，亦绕大半个圈，开步约一尺有余。右足趾向北，平实踏地；左足随右足行到右足边，脚趾点立于地，亦伏下势开步之易。左足虚、右足实，中间胸向北西_{解见前}。胸中内劲如太和元气旋转，先自右向下、向左逆行而上，从左而右转够一圈，与手足一齐停止。右手过首在右，距右耳尺许；左手随右手运行至鼻前，左手斜朝上，去脸七八寸许。左手与右手相去一尺余，眼看住两中指，顶领项直，沉肘压肩，胸含住，屈膝开裆，左足虚倒立，右足平踏地。此势虽名为一势，实半势为其钝，是引进落空_{去声}意，且尽是开意，无合意，必与下势合成一势，大局方得停住。

取象

此势有比之意。左手随右手运行，胸亦随右手转圈，比之自内柔顺中正。左足随右足运行，合观之，有外比之象，有显比之吉。此势以左随右，上下皆然。但引而不击，得下卦坤之柔、上卦坎之刚中意，故取诸比。上下相随，刚来而下柔，动而说随，故又取诸随。君子以向晦入宴息，但引而不击，可也。

七言俚语

其一

闲来无事看白鹅，右翅舒展又一波。

两手引来捵峰势，奚殊秋水出太阿。

其二

元气何从识太和，右辗辗者，转之半两手弄秋螺。

北方引进神机足，亮翅由来有白鹅人之涵养元气，如鹅伏而不动，以养精神。

前题五言绝，不是蛾眉月，摩来肖逼真两肘弯曲，胸如鞠躬，弓弯何不发，一发倍精神。

第六势　搂膝拗步

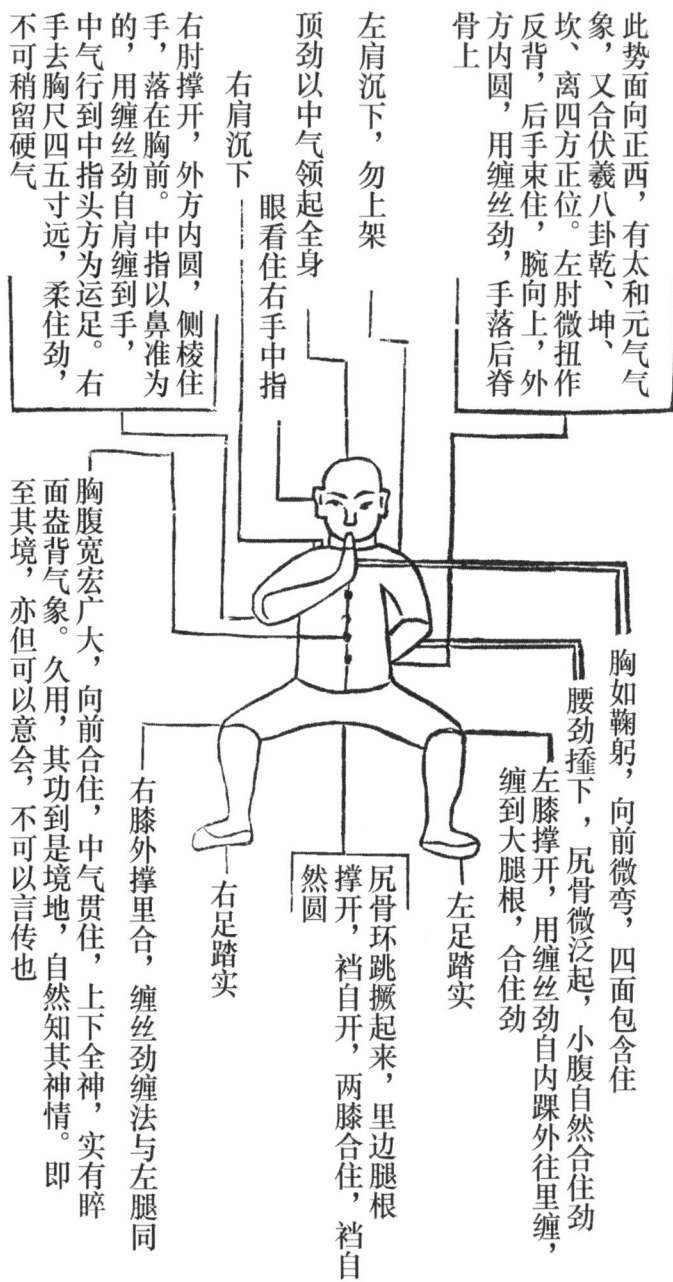

此势面向正西，有太和元气气象，又合伏羲八卦乾、坤、坎、离四方正位。左肘微扭作反背，后手束住，腕向上，外方内圆，用缠丝劲，手落后脊骨上

左肩沉下，勿上架

顶劲以中气领起全身

右肩沉下

眼看住右手中指

右肘撑开，外方内圆，侧棱住手，落在胸前。中指以鼻准为的，用缠丝劲自肩缠到手，中气行到中指头方足。右手去胸尺四五寸远方为运足，柔住劲，不可稍留硬气

胸腹宽宏广大，向前合住，中气贯住，上下全神，实有晬面盎背气象。久用，其功到是境地，自然知其神情。即至其境，亦但可以意会，不可以言传也

胸如鞠躬，向前微弯，四面包含住

腰劲捶下，尻骨微泛起，用缠丝劲自内踝外往里缠，

左膝撑开，缠到大腿根，合住劲

左足踏实

尻骨环跳撅起来，里边腿根撑开，裆自开，两膝合住，裆自然圆

右膝外撑里合，缠丝劲缠法与左腿同

右足踏实

左手恐阅者不见沿路所运之形与所倒转之圈，故亦图在前令人见，其实左手在背后腰间，不可误在前。

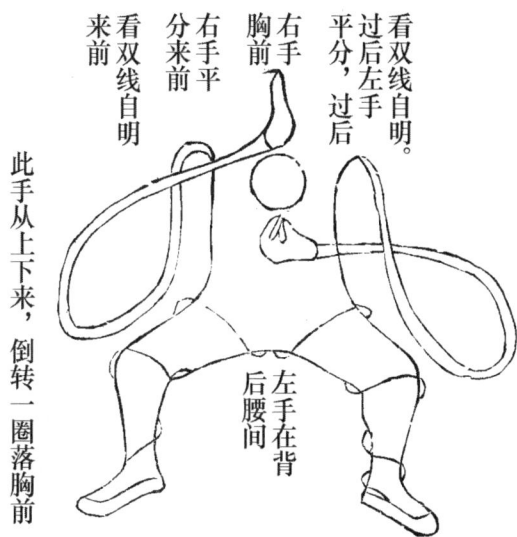

此手从上下来，倒转一圈落胸前

看双线自明
来前

右手平
分来前

右手
胸前

平分，过后
过后左手

看双线自明。

左手在背
后腰间

《灵枢·卫气行篇》曰："卫气之行，一日一夜，五十周于身。昼日行于阳廿五周，夜行于阴廿五周。"平旦阴尽，阳气出于目，目张则气上行于头_{循睛明}，下足太阳膀胱经、手太阳小肠经、足少阳胆经、手少阳三焦经、足阳明胃经、手阳明大肠经，所谓一日而主外者如此。夜则行足少阴肾经，注于手少阴心经、手太阴肺经、足厥阴肝经、足太阴脾经，亦如阳行之廿五度而复合于目。所平旦人气生者，即上行于头，复合于目者是也。打拳每一势，阳气一动一周身，至于静，一静一周身。即心之一念动，阳气即一周于身；一念静，阴气即周于一身，无间断时。以全体论，背后为阳，胸前为阴；胳膊、手背为阳，手弯、肘弯为阴；面为阳，脑后为阴；上半体为阳，下半体为阴；膝为阳，腿肚为阴；左手、左足为阳，右手、右足为阴；足面为阳，足底为阴；气为阳，血为阴；六腑为阳，五脏为阴。此官骸阴阳之辨。

以中气之运于内者言之，引劲为阴，出劲为阳，屈为阴，伸为阳，开步为阳，收步为阴，足点趾为阴中之阳，足平踏为阳中之阴。又如胳胳背面本属阳，揽擦衣之劲由右手指引而至肩，形阳者，劲反为阴；胳膊肚本属阴，其用劲由心运到指头，形阴者，劲反为阳，且一齐并运，此所谓阴中藏阳，阳中藏阴，一而二，二而一。即胳膊之引劲为阴，一转即为阳劲，此所谓阳根于阴；胳膊肚向外运行之劲，忽然收缩，阴根于阳，阳藏阴中，阴藏阳中，此所谓互为其根。又半引半进、带引带进、即引即进、以引为进，阴阳一齐并用，此所谓道并行而不悖，非阴阳合德不能。心机一动手即到，快莫快于此。

至于中气归丹田之说，不必执泥，但使气降于脐下小腹而已。若细研之，丹田非气之源，何以独言归此？此不过略言大意而已。若究其源，周身元气皆出肾，肾水足则气自壮。养于胃，胃得其养则气亦壮；藏于肝，肝气一动，逆气横生，气不得其平；涵泳于心，心无妄念则心平者气自和；肺主声，实鸣之以心，心机何往，不必声，出诸口而心先喻也；壮于胆，胆则无前气亦随之运于脾，是经多气少血，闻声则动，动则运化不已，心一动脾即动矣。佐以大肠，大肠多气少血，且为传导之官；又辅以小肠，小肠在前脐上，后辅脊，滓秽不存，浊气去而清气来矣。以上经络皆有益于拳，故及之。若专言肾，肾者，作强之官，技巧出焉。是经少血多气，藏精于志，精神之舍，性命之根。肾有两枚，枚各两系，一系于心，一上通于脑，气之所生，实始于此，归宿必归到此。至于命门，实两肾之间气所出入之门，故曰命门。拳之言肾，言其出入之原，故不必再说命门。

上势白鹅亮翅，两手举而在上。待内劲行到十分充足，两手即平分而下，右脚扭正向西，左足往左开一大步，二尺有余，足趾亦向正西方踏实。当平分下降时，右手从右膝搂过去，由下向右上行，转向左，转一大圈落在胸前，手侧棱住，手腕朝左，手背向右，手指并住，斜而向上与鼻照。左手从左膝搂过去，往下由左上行，复转下向后倒转一圈，是反背劲，手落在后脊中，与腰平，停住；右手亦是倒转一圈，右手与左手一齐运行，一齐停止。虽右手落在胸前，左手落在身后，中间腹背如隔一架山，而右手一呼，左手一应，前后神情自然贯合。右手在西，西坎之正位，人之血气流行，如坎水周流无间；右手在前，顾住前面，上下人不敢侵犯；左手在东，顾住背后，人亦不敢从后突然侵犯。所以然者，东方属离，离中虚。打拳者，左手在后，极虚极灵，物有挨着即知，即能随机应之。不惟手，即背面全身尽是虚灵，此左手在后非无着也。左手在后，束住指，恐人执住指背节折之，故束以防患。左肘在南。南，乾之正位。乾，健也，如乾，刚中凛然，不敢冒犯。左肘居南，右手在北。北，坤之正位。坤，顺也，顺理顺势，以应万物。

《易》曰："美在其中，而畅于四肢，发于事业，美之至也。"右肘深得其意矣。北方虽有劲敌，何惧之有？至于头，耳能听敌来之声，眼能视敌发之色，头能前后左右触之，且左右手又能上行助之，此不愧乾为首、为圆之象。至于足，左来则左摆，右来则右摆，踢以御前，蹬以御后。足属震，震为雷，一举足如疾雷不及掩耳。凡敌之侵我下体者，足之为功居多，足之为用大矣哉！谚所谓此势六封四闭，诚然！六封者，上下四旁皆封住，无门可入；四闭者，左右前后严以闭之，无缝能击，任其虚来、实来、偏来言敌以偏形进、正来言敌以正形进，皆无虞也。

上势白鹅亮翅纯是开劲，本势搂膝拗步纯是合劲。上势即下势之前半势，下势即上势之后半势，一开一合，自成一势。

前之白鹅亮翅，动也，其停处，静也，是动中之静；后之搂膝拗步，动也，其停处，静也，合观皆是一动一静。前之静是前半势之末，属宾；后之静是殿全势之终，故为主。上着为下着蓄势，纯是开，故为宾；下着即接住上着，左右绕罢一圈，全体一齐合住，上着下着一气承接，勿令神气间断。上着即开中动静，暂为宾，气尚在四肢；多待下势合住，然后气归丹田。此所谓动则生阳，静则生阴，一动一静，互为其根。

本势取乾、坤、坎、离四卦

方位上已言之，此势得乾坤正气以运周身，外柔而内刚，实与乾健坤顺相合。心属离，肾属坎，心之虚明，如离之中虚，气之充足，如坎之中满，乾坤以中气相交，一变而成坎离，心肾交其气，不相害而相济，盖亦反其本矣乾以中画交坤，得坤之中画成离。坤以中画交乾，得乾之中画成坎，反本仍归乾坤，未交本象。盖自天一生水、地二生火，言之似乎先水后火，然志虽藏于肾而实发之于心，心机一动，是心中先有是意，而后志帅命门之真阳、真阴从之。是志者，心之所之，气之帅也。如此着，阳气该发动，心意一发，志即帅命门之真阳、由肾过气海至心，运于四肢。至于动极静生时，心意一静，志即帅命门之真阴，由肾归气海，是以其用者言之。故离先于坎，离为主，坎为用也。况乾坤未辟，阴阳又在一堆混着，体用皆具，其用宜动则动，宜静则静，不可执滞。此着合上着论，则为合，合则合其四肢之神，不但既成之形也。既成之形，右手在前，左手在后，左足与右足相去几尺，似乎不专谓之合。然合者，其形与神；不合者，其四肢之位置。不如此，则下势之收无来龙矣！且名之为收，不放则何以收？此谓合中有开，合为开中之合也，故下着承接势得此着。若为下着设势，而实非为下着预先设势也。实自白鹅亮翅后，两手平分，或宜前，或宜后，足之宜开则开，步之宜宽则宽。其变化形势、手足位置若似应该如此，实天机自然之作用，非人力所能为，人特顺其自然之机，致以行耳。至合之时，气必归于丹田，亦动极自然该静。太极循环之理不能强为更变，如人到力力用完，该歇则歇，势之所至，不得不然。此所谓一开一合，莫非自然。以下形势，莫非顺其自然之机，一开一合，但开合之形势各有不同耳。虽然打拳不可先考此势如何打人，不知拳中每势四面八方皆能打人，但未至其时不能耳。吾素所谓拳者，权也，所以权物而知其轻重也。至耍成时，吾之一身皆是拳。权其所来之轻重，酌量应之，不拘方面，不拘力之大小，人所来者没有不是的，但问我之素具备与不备功夫，成与不成耳。打拳原是备身法，身法有正有斜，有直有曲，有顺有逆，有偏前有偏后，有偏左有偏右，有偏上有偏下，有在地上坐，有在空中飞，有束住，有散开，种种身法不可枚举。而要以中气行之。虽极倒身法，极歪身法，皆有中气以贯之。此临时以意会之，自知搂膝拗步，正身法也。上一势即偏右身法，但可即现在身法以求其理，则得矣。至于手足运动，不外一圈，绝无直来直去。圈有正有斜，有顺有倒，种种转法亦各不同，当因其势之自然者转之，如上势白鹅亮翅是顺转，搂膝拗步是倒转，举一反三，以示津梁。

长短句俚语

拳势本无方，不必大开大合，与下势斜行拗步一样桩。右手在西北，左手在东南，左足在西南，右足在东北，中间大开裆，肱伸展，拗一步方才停当。我也曾仔细折量，两手平分齐搂膝，右手侧棱落胸膛，左手背后藏，两足整齐向西方，旗飘整整，阵列堂堂。即此势亦见自他，有耀放祥光，何必泥古式遵今式才能称强？曾听说舞剑妙术数孙娘_{谓公孙大娘}，玄妙岂有常？惟善是从皆无妨。此所谓变化无方得中行，是为津梁。

又

出肾入肾是真诀，缠丝劲要得身桩放正，不可摇曳，足踏稳，裆开圆，硬气柔下。一样不缺，元气不脱，若合符节。

七言俚语

其一

两手平分两足开，右前左后护胸怀。

中间只要身法正，何怕周围一齐摧！

平分者，两手自人中平分而下，两足开者，左足开步，右足踵一扭便正身法。正者，身桩端正，无所偏倚，虚灵内含，故不惧他人推倒。此言有备无患。

其二

太和元气运周身，普护两膝前后心。

眼神看住中指甲，四面八方任人侵。

其三

自从白鹅展翅开，扣合周身护官骸。

只有一点真命脉，无妨出入任君裁。

命脉者，肾也，中气之所由来也。动则出，静则入，有定而无定，言不时变易势，故阴阳二气变易亦无定。

其四

一气旋转自无停，乾坤正气运鸿濛。

学到有形归无迹，方知玄妙在天工。

第七势　初收

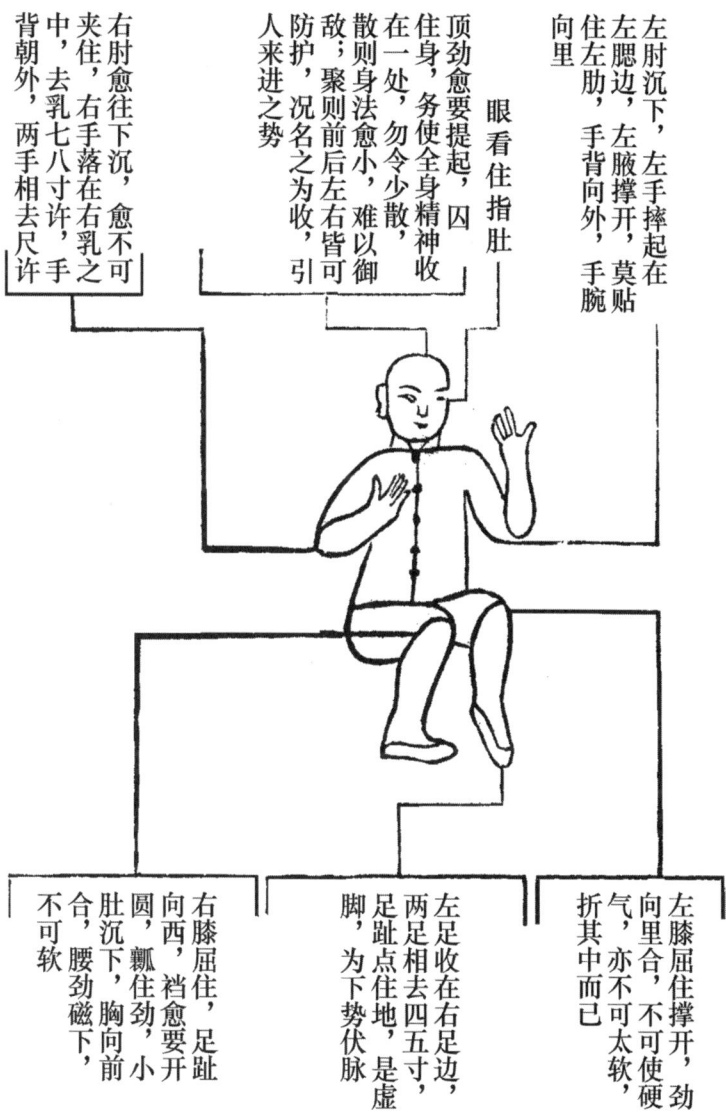

右肘愈往下沉，愈不可夹住，右手落在右乳之中，去乳七八寸许，两手相去尺许手背朝外，

眼看住指肚

顶劲愈要提起，囚住身，务使全身精神收在一处，勿令少散，散则身法愈小，难以御敌；聚则前后左右皆可防护，况名之为收，引人来进之势

左肘沉下，左手摔起在左腮边，左腋撑开，手背向外，手腕住左肋，莫贴向里

右膝屈住，足趾向西，裆愈要开，瓢住劲，圆，小肚沉下，胸向前合，腰劲磁下不可软

左足收在右足边，两足相去四五寸，足趾点住地，是虚脚，为下势伏脉

左膝屈住撑开，劲向里合，不可使硬折气，亦不可太软其中而已

左手在背后，将所束之手展开，密住指，亦向左而前转够一圈，落在左乳前，手背朝外，与右手似对面，但少分上下，左手高，右手低。

右手从胸前往上领，向左，转到右

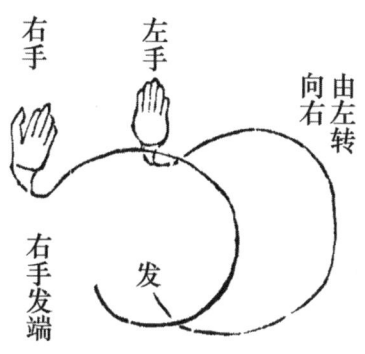

右手　左手　由左转向右　右手发端　发

145

边，肘下沉，手指在右耳边，朝上摔起来，微斜向面，掌去口颊一尺。

左足趾点地，是虚步，为下势起端伏脉。右足平踏地，是实脚。

初收者，别乎第二收之名。上势右手在前，左手在后，散而无纪。此则两手收到胸前，取其形骸聚到一处，精神团聚不散，故名之曰收，亦承上启下之过脉也。右手由下而左上行，由左而右转一圈，落时手向里斜而朝上。此人以肱来侵我，我即以右手迎之，及两手两肱相接，我以右手引人之右手，使之近我身，不如此，则人不前进，我不得击之。右足抬起，往右转一小圈，微向当中挪三四寸，平实踏地。右手初动，左手即随住右手亦动，左手由后向左上行，由左而右转一圈，落在胸前左乳外，去乳七八寸，去右手尺许停住。左手指斜朝右肩，手背亦向外，是以左手随住右手也。是引人之右肱，令其前进来近我身击我，彼视为得势，方肯进步来击。我以两手引进，令其落空，是欲取先予之胜算也。至于左足，收在右边，脚尖点住地，埋伏极好，不惟上踢能击人，亦启下势之承接最为得势。初收形势虽小而胸襟广大，亦如天空地阔不可限量。而况顶劲上领，浊气下降，中气蓄住入于丹田，形虽小样而气宇宏畅，亦人所难测之势。以现在言，是动中有静；以将来言，亦静中有动也，勿以形势猬缩而鄙之。

四言俚语

初收形象，大气盘旋。

如猫扑鼠，敛其毛羽。

如虎咬人，先束其身。

如狮搏象，全体精神。

莫以形小，猬缩如猕。

一心灵妙，心手眼随。

说放就放，难当英锐。

从来屈蠖，未有不伸。

我知其意，难状其神。

待有妙手，曲绘其真。

此图死煞，不足传人。

前题七言俚语

浑身猬缩似纯阴，阴中藏阳任人侵。

徐徐引进人莫晓，渐渐停留意自深。

右实左虚藏戛击，上提下打寓纵擒。

果能识得其中理，妙手空空冠当今。

五言俚语

文章贵蓄势，打拳亦如是。竟欲后胜人，先由败中致。

七言俚语

欲从开后上势是开收本势是收得好，惟有两手圈转小。

一收即见精神聚，陡然一转人不晓。

不收不见放中巧，一收一放何夭矫。

人说此势犹嫌嫩，我谓敛形着最老。

右掌向里指朝天，左手亦收近乳边。

猛虎下山腹中桿，外若空虚智谋高。

半虚半实谁能料？扑鼠君试看灵猫。

灵描扑鼠先束身，一束即聚全精神。

精神团聚周身健，旋乾转坤手内存。

穆穆皇皇学一个，大勇若怯机难寻。

取象

两手在上，如巽之二阳在上，坤为腹，三阴在下，坤之象。坤下巽上，现卦也。观有孚颙，若拳之中气孚于中。《象》曰："大观在上，顺而巽，中正以观天下。"两手收束以畜其势，观敌人如何来击我，静审机以应之。下卦坤，顺也，顺以从目之所向_{巽为多白眼，善观机势}。巽错震，震为长子，长子帅师，心之刚性倡率四肢，二四合坤，亦以下体能顺从上体，相机而动。坤作乾形，虽似弱而刚健实存于中，收束其身法，以畜势，又有大畜之意。盖《易》理最活，取象亦最广、最切。太极拳之取《易》，或取卦名之义，或取象辞，或取爻辞，或取大象，或取小象，或取卦中之一语，或取孔子之《系辞》《说卦》《序卦》中之一句，或取剥、复、否、泰，阴、阳、消、长种种，取意不可枚举，万理毕具，万象备呈，任吾所取，无不各如其意。此太极拳与易道相合，非穿凿附会其说，实本太极发生也。观其全体之一开一合，实阴阳自然之阖辟，不假强为有，莫知其所以然而然者，拳之为艺深矣哉！

七言俚语

手中日日画太极，此道人人皆不识。

阴阳消长自有真，全赖有心手内寻。

所画之圈有正斜，无非一圈一太极。

奇正离合最有情，但看能明不能明。

天机活动妙且深，枢纽辗转在一心。

果能识得拳中趣，三十六宫都是春。

第八势　斜行拗步

初上场面向正北，至第二金刚捣碓，面已转向西方。及第一收，身已向西南。今之斜行拗步，胸向西南，眼看住西北之右手，此为扭一势身法。

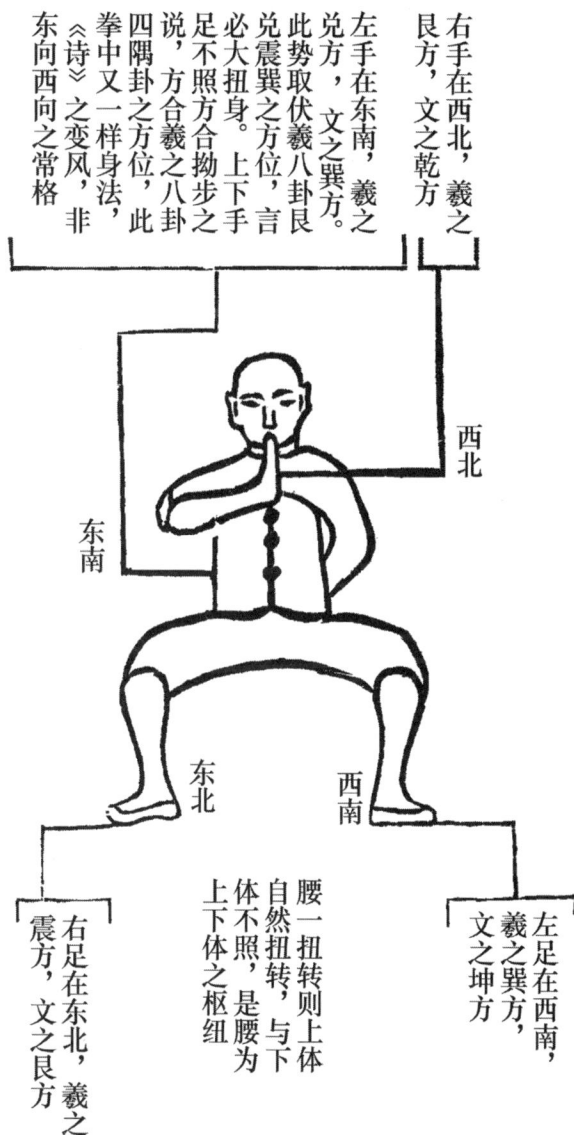

右手在西北，羲之乾方

左手在东南，羲之兑方，文之巽方。

此势取伏羲八卦艮兑震巽之方位，言方合羲之八卦四隅卦之方位，拳中又一样身法，此《诗》之变风，非东向西向之常格

西北

东南

东北

西南

右足在东北，羲之震方，文之艮方

腰一扭转则上体自然扭转，与下体不照，是腰为上下体之枢纽

左足在西南，羲之巽方，文之坤方

149

本势身法虽变，而上下四旁骨节自相照应，与全体之开合，一以中气贯之，自然全体上下一气流通。形体虽变而义理不变，此所谓异而同也。

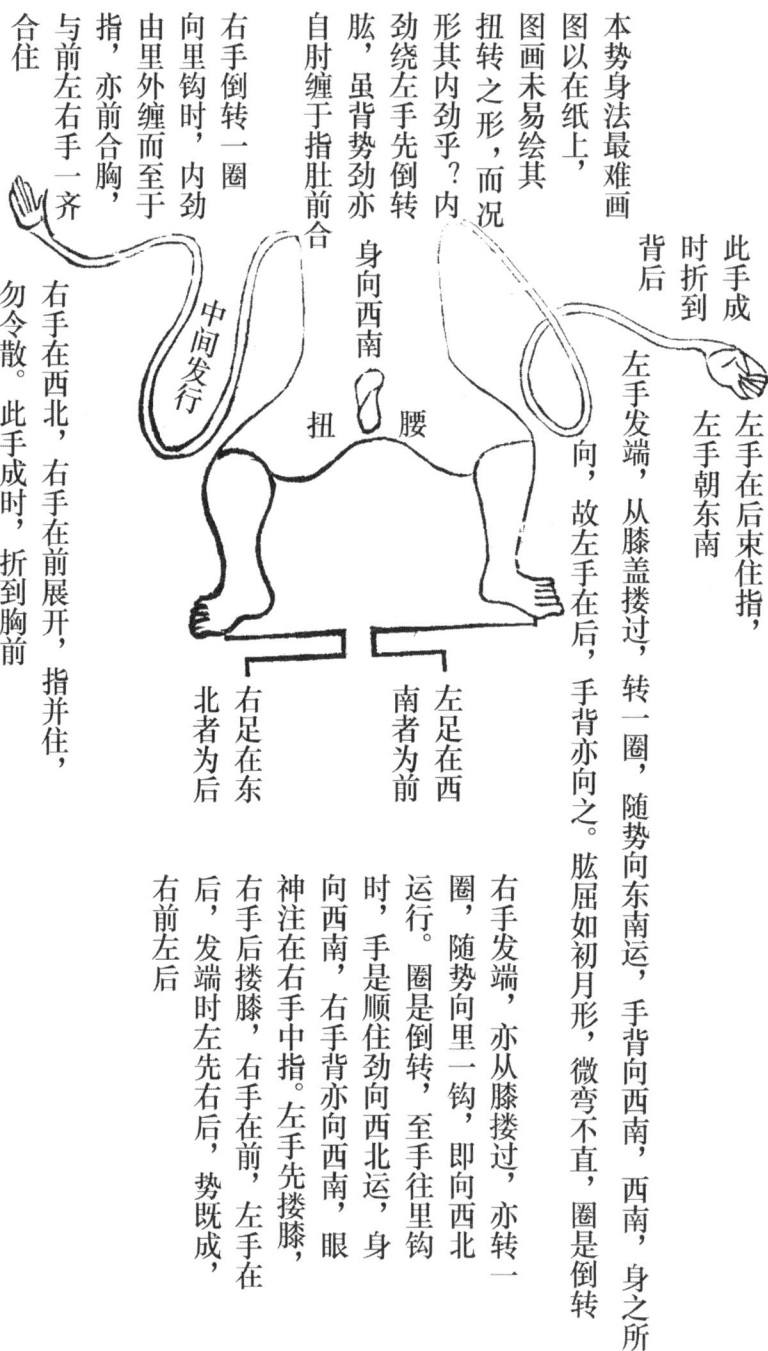

本势身法最难画图以在纸上，扭转之形，而况形其内劲乎？内劲绕左手先倒转肱，虽背势劲亦自肘缠于指肚前合

此手成时折到背后

左手在后束住指，左手朝东南

左手发端，从膝盖搂过，转一圈，随势向东南运，手背向西南，西南，身之所向，故左手在后，手背亦向之。肱屈如初月形，微弯不直，圈是倒转

身向西南

中间发行

扭　腰

右足在西　南者为前

左足在东　北者为后

右手发端，亦从膝搂过，亦转一圈，随势向里一钩，即向西北运行。圈是倒转，至手往里钩时，手是顺住劲向西北运，身向西南，右手背亦向西南，眼神注在右手中指。左手先搂膝，右手后搂膝，右手在前，左手在后，发端时左先右后，势既成，右前左后

右手倒转一圈向里钩时，内劲由里外缠而至于指，亦前合胸，与前左右手一齐合住

右手在西北，右手在前展开，指并住，勿令散。此手成时，折到胸前

斜行拗步

斜行者，东北向西南，左足先开一大步，右足跟一步，放在左足

前。未立定，左足再向西南再开一大步，约二尺余，方才停住脚，不往前开步。左二步，右一步，连三步，斜而行也。拗步者，左足西南，右足东北，右手西北，左手东南，手与足扭一势，左右手足不同方。当初收后，右手领住，左手与左脚微向后领一半寸，然后左手在上，左足在下，向西南方斜开一大步，约二尺许。左手向后倒转，才转少半圈，势如房檐水往下流一般快。当左手倒转搂膝向后时，右手即随势由上而下倒转，并搂膝向后上行，而后、而前；当右手入后时，左手即已到前，右手转够一圈，用顺劲由内向外缠肱而伸之于西北。右手背朝上，微向西南，前合左手。当转够一圈时，劲由腋发，上由外倒缠于内。手领胳膊，背折舒开，手往前合，束住指，指往下钩一点，眼看住右手中指。右手伸开，四指相依，勿令散。

顺劲由内向外翻，顺缠者，劲由里向上、向外，向下至内方够一圈，是为斜缠法

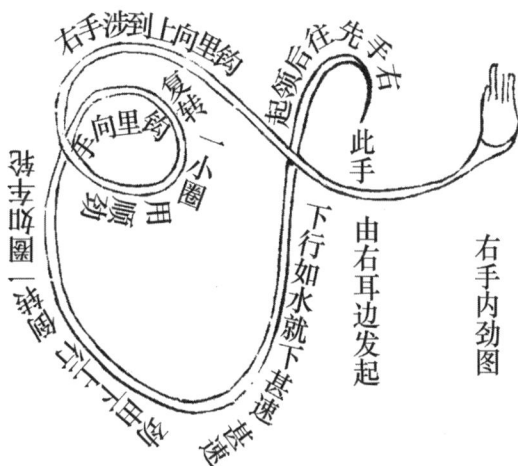

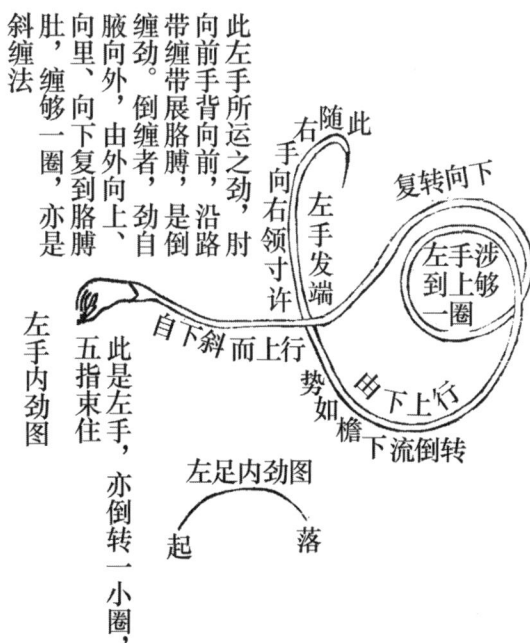

右手涉到上向里钩
复转一小圈
由里向外
手向里转劲
斜行倒转圈十二时开步
起领后往先手右
此手
下行如水就下甚速
由右耳边发起

右手内劲图

此左手所运之劲，肘向前手背向前，沿路带缠带展胳膊，倒缠者，劲自腋向里、向下复到胳膊向外，向下斜缠肚，缠够一圈，亦是斜缠法

复转向下
左手涉到上够一圈
随此
右手向右领寸许
左手发端
自下斜而上行
由下上行
势如檐下流倒转
此是左手，亦倒转一小圈
五指束住

左手内劲图

左足内劲图
起　落

大指势不能依住大指二节，亦与食指微依合，则上下一齐合住。盖两手各做各工，非左手运毕而后右手方起。左手到后，右手即从前起，左手转前，右手亦从后转到前，所到先后甚无几。至于伸肱之时，右手再顺转一圈，而后展开胳膊，左手向后展，亦沿路使手背、胳膊背徐徐转一小圈，背折舒开，顶劲、裆劲、足精皆如前。内劲图列于后。

右手左手皆转两圈，上图未备，故再图之，令人易晓。

斜行拗步，以艮、兑、震、巽取象

艮为手，右手在西北，文卦为乾。乾，健也；艮，止也。以手止物，使敌不能侵我，实以刚中之气为之。左手在东南，兑为少女，为毁折。如少女性躁，能毁折物，敌人不敢干犯，惧伤也。文王卦为巽，为风，手运如风之迅，为工，手妙于应敌，为多白眼，手在后而心则顾之。亦如手之能视物，来即知，不视犹视，非徒以白眼傲物，实应敌有余也。为近利市三倍，人近我身多占便宜，其究为躁。左手在后，动则不得不躁，此处一躁，则全身百骸皆来助之，况一手能以躁御敌乎？左足在西南，巽为进退；左足在前，知进知退。文卦为坤，为致役。左足能顺上体为役使，多则力大。一足如众力之大，以少胜多也。右足在东北，为震。震为雷，击人如疾雷之不及掩耳；为龙，右足如龙之变化不测；为决躁，足不安于静；为作足，言此足恒欲动作；为健，右足之力极健。文卦为艮。艮为山，右足居东北，如山之稳；且为手，为指，能禁止劲敌后追；为黔喙，足之蹬人如鸟嘴啄物，以有骨力也。本势手足位乎四隅，各据一角，吾心以中气运于四肢，各得其宜。譬如用兵，主帅有谋有勇，三军自能得胜。斜行拗步，奇兵也。奇而不离乎正，故能取胜。

斜腕吊踝真难看，此中自然有高见。

妙手空空从何来，太极图中贵善变。

善变神机无滞形，功夫归根在百炼。

百炼真金金有光，金光闪闪如震电。

此是功成最后境，当初谁是真先难。

日日先难难无尽，难尽易来小神仙。

第九势　再收

内劲运行，欲其十分充足，未充足劲犹运行，一足则下势之机动矣。此阴极阳生自然之势、自然之理。眼神看住右手，顶劲领、胸要合，此是拳家要着，上下骨节各自相照。

上势初收面向西南方，足亦向西南，左先右后，斜行三步，胸向西南停住。此势自斜行拗步后再收，面向西北，神却注于西方。拳打一条线，意欲将来下势，必与前搂膝拗步地位相照，方为合法。右手顺转，左手一齐顺转一圈，右指展开，并住，落右耳前，去身七八寸停住。左指束住，落左膝上，去膝五六寸，去身七八寸，与右手一齐停，似停非实停住。

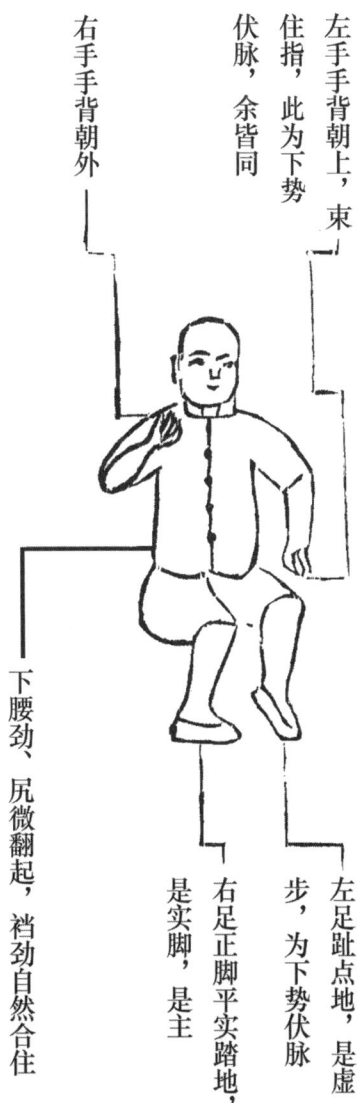

右手手背朝上，束住指，此为下势伏脉，余皆同

左手手背朝上，束住指，此为下势伏脉，余皆同

右手手背朝外

下腰劲、尻微翻起，裆劲自然合住

左足趾点地，是虚步，为下势伏脉

右足正脚平实踏地，是实脚，是主

153

七言俚语

初收转圈自然好，未若此圈十分巧 圈是周身转，不但手足，

而手足在外易见，故以手转言之。

前所转圈犹嫌大，此圈转来愈觉小。

越小小到没圈时，方归太极真神妙。

人言此艺别有诀，往往不肯对人表。

吾谓此艺甚无奇，自幼难以打到老。

打到老年自然悟，豁然一贯神理妙。

回头试想懒惰时，不是先知未说到。

说到未入我心中，我心反觉多烦恼。

天天说来天天忘，有心不用何时晓？

有能一日用力寻，阴阳消长自有真。

每日细玩太极图，一开一合在吾身。

循序渐进工夫长，日久自能闻真香。

只要工久能无间，太极随处见圆光。

此是拳中真正诀，君试平心细思量。

咏再收承上启下俚语

初收原接搂膝后，再收紧与斜行凑。

一转周身向前堂，遂搠捶头演右手。

取象

此势周身全屈，惟右手在上，指犹斜势，肘亦屈，是以群阴害阳，仅存一息。众小人害一君子，势几危殆，犹《易》之剥床。由足至腹，仅存硕果，生机未息，故取诸剥。剥卦中爻二四，为坤错乾；三五，亦为坤错乾，皆有刚中之德存于内。下体皆劲，何患危境？《象》曰："山

附于地，剥。上以厚，下安宅。"言君子不剥其民，以自安其位。

第十势　前堂拗步

前堂拗步（前半势）

前堂者，足向堂之前面去，上势斜行，步位不正，兹则转向正面也。

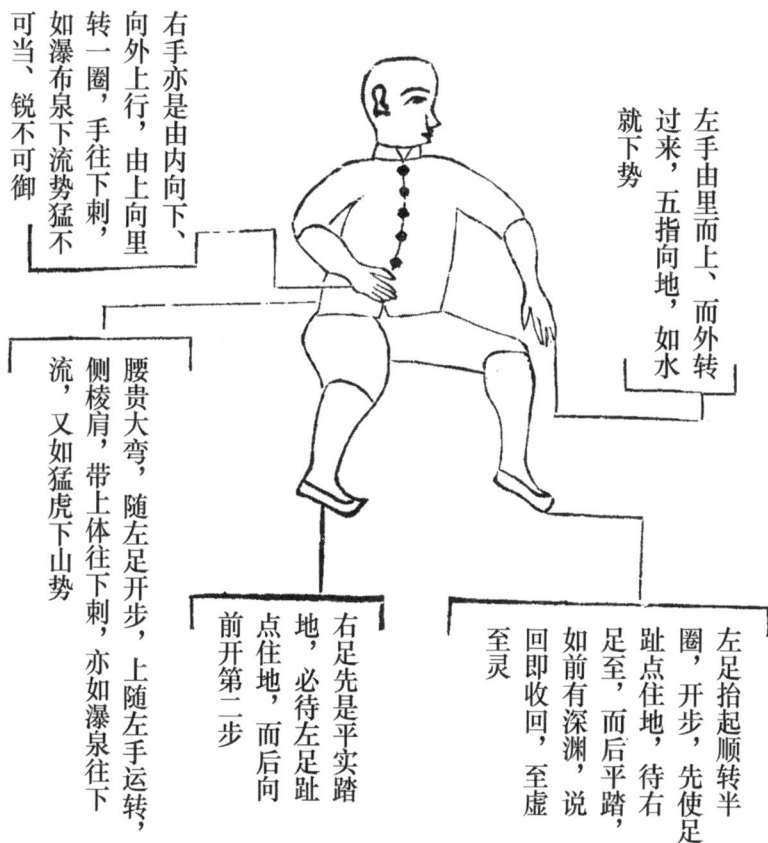

如瀑布泉下流势猛不可当、锐不可御

右手亦是由内向下、向外上行，由上向里转一圈，手往下刺

流，又如猛虎下山势，亦如瀑泉往下

腰贵大弯，随左足开步，侧棱肩，带上体往下刺，上随左手运转

右足先是平实踏地，必待左足趾点住地，而后向前开第二步

左手由里而上、而外转过来，五指向地，如水就下势

左足抬起顺转半圈，开步，先使足趾点住地，待右足至，而后平踏，如前有深渊，说回即收回，至虚至灵

左足随左手向里、向外绕一圈，足往西北开一步，右手随左手亦绕一圈，左足轻轻点住地，两手如猛虎下山势。

上势取剥，此势取复，阴极生阳。盖硕果不存，则阳不生硕果；亡于上，则阳即生于下矣。况剥之中爻皆坤，坤错乾，阳未息也。故前势手在上，如硕果，坤错乾，如中气在中，左手与右手一翻转，则阳生矣，即七日来复之象。此图即阳之初动，有不远复、休复之象，第二步有频复之象。

左足开步，左身随左手大旋转一圈，如车轮然，右手旋转如左手。

内劲图

此左手在前，顺转圈如瀑布水。左脚带开步，手带转圈，即左脚亦随左手转圈，非直前开步。此右手与左手一齐运动，彼下此上，互相上下不停辍，更迭运行。左足开一步，左手搂膝，手转圈；右足跟一步，右手搂膝，手顺转圈。

前堂拗步（后半势）

第三步，由第二步右手搂膝才到下，左手即由后转到前，用背折倒转劲向后展开，倒转一小圈，左足先左手偏西方开一大步，右手在后，搦住捶头。

此着后手未抬起来，是画前堂拗步界也。一抬起即入下势，着里气势到此，欲不抬而不能。

右足在后如蹬

左足在前如撑

此是前堂拗步第二步，与下势演手捶一气运行，绝不停留，有中行独复敦复象。在拳纯是浩气，流转于周身，势不可遏。《象》曰："雷在地中。"左手在前，或展开，或抠住指，皆可。右手在后搦住捶，未演手先有欲演手击人之势，形如雷之伏于地中也。

歌曰

前堂须与金刚照，亦是拳中最紧要。

缠法一切皆如前，观图自然会其妙。

其二

二次收来不须长，提回两足在一方。

上从下行开三步，下接演手在前堂。

前堂拗步类斜行，转向西北立中央。

右下合上精神注，足平踏地似铜墙。

第二步左右搂膝图

右手起　左手起

右手搂膝　左手搂膝

左手搂左膝，向后才顺转半圈，右手领住右足再跟一步，越过左前，右手乃是倒转圈，右手搂右膝，此是第二步。

157

第十一势　演手肱捶

背用中气贯住劲，微扭一势

顶劲领住

前手是左手，展开，即抠住亦可

前胸合住

在后是右手，手背朝上合住劲，用缠丝法

左膝屈住，不可软

撼不动

腰劲要下去，要圆、要虚，下去腰劲，两膝撑开，裆合住，自然下体又虚又灵又稳当，摇

右足蹬住地，如用力蹬重物

右膝微屈，愈不可发软

裆尤要虚，虚则回转皆灵

左足趾向西北，足后踵不掀起，要塌实踏地

斜行拗步与前堂拗步步位之图

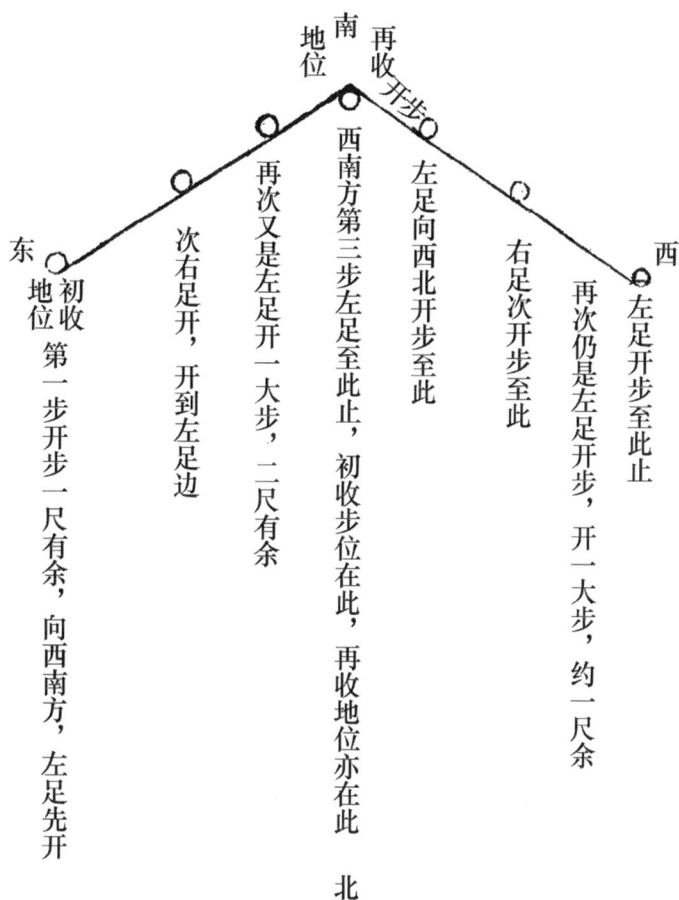

南
地位　再收开步

东
地位　初收

西
左足开步至此止

第一步开步一尺有余，向西南方，左足先开

次右足开，开到左足边

再次又是左足开一大步，二尺有余

西南方第三步左足至此止，初收步位在此，再收地位亦在此

左足向西北开步至此

右足次开步至此

再次仍是左足开步，开一大步，约一尺余

北

左手在前，微抠住手，手腕向西作右手应照势。右手从下涉起，向上、向后，再向前，击入左手腕中。右手背朝上，向下合住打，用力。然右手贪前击打，不若两手俱在左肋外，去肋七八寸远，右手合住劲，用周身全力，用拿劲打，不露精，率方合法度。问：此劲由何发起？曰：右足踏好，劲由脚后跟越腿肚，顺脊上行，串至右肩臂转过，由胳膊背面前运至手背，故合住劲打有力。然虽劲由脚跟起，其用本在心，心机一动，中气即由丹田发出至手，周身全力皆聚于此。至于击人，则视人之

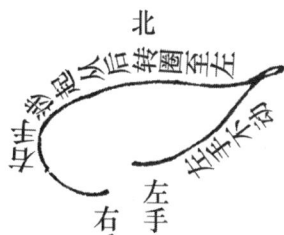

北

左手先涉起从后转圈至左

右手不动

左手

右手

远近。远则展开胳膊可以及人，近则胳膊不能展开，故用屈肘合捶打，极有含蓄，外面全不露形迹，被击者即跌倒，此为上乘。盖远击易，近击难，故得多下功夫才能如是。

取象

上势取复，阳之初生也。此势取震，雷在地中者，终必发泄于外，震上震下，全身皆如雷不可近，而手其最著也。不击则已，一击则震惊百里。一右手进可击，退可守，外可为一身之主劲。曰：震惊百里，惊远而惧迩也。出可以守宗庙、社稷，以为祭主，其演手肱捶之象之谓乎？因是以取。

七言俚语

炼就金刚太极尊，浑身合下力千斤。

劝君智勇休使尽，剩下余力扫千军。

第十二势　金刚捣碓第三

右足先收回，与左足并齐，面向西，再转北，两手循环轮如飞，左虚右实言足也。君须记之：金刚三捣方称奇，顶起昆仑，裆开渊深，端庄只身，临神穆穆貌，皇皇气象，浑沦虚灵具一心，万象藏五蕴，寂然不动若愚人。谁知道阴阳结合在此身？任凭他四面八方人难近。纵有那勇猛过人突然来侵，倾者倾，跌者跌，莫测其神；且更有去难去，进难进，如站在圆石头上立不稳，实在险峻。后悔难免陨，岂有别法门？只要功夫纯，全凭着一开一合，一笔横扫千人军。

第十二势金刚捣碓沿路左右手运行之路图。

左手在胸前，由外往里绕一圈，手微屈，腕朝上。

右捶亦从东方收回到胸，由左手外绕一大圈，右手捶落左手腕中

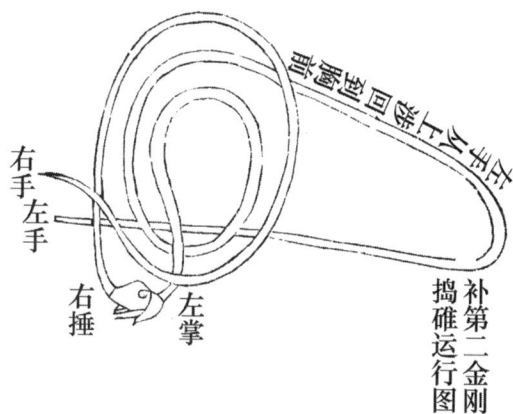

右手由胸间往上绕回来又落

右手
左手
右捶
左掌

补第二金刚捣碓运行图

此第三个金刚捣碓右足运行图。

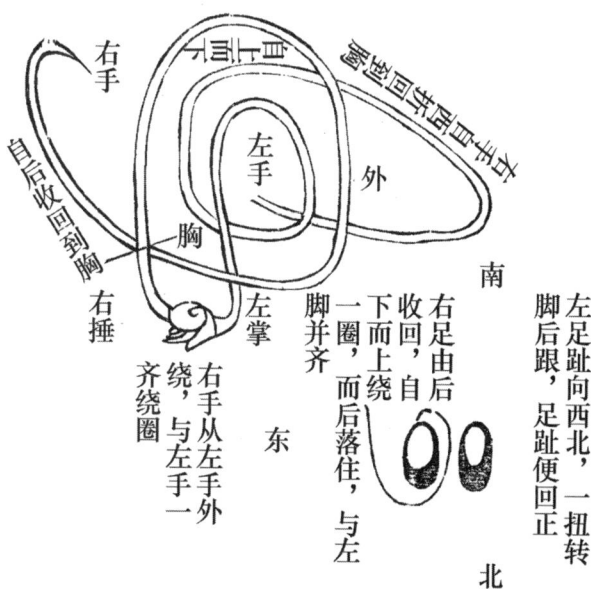

右手
左手
外
胸
自后收回到胸
右捶
左掌
右手从左手外绕，与左手一齐绕圈

右手由胸间往上绕回来又落

脚并齐
右足由后收回，自下而上绕一圈，而后落住，与左
左足趾向西北，一扭转脚后跟，足趾便回正

南

东

北

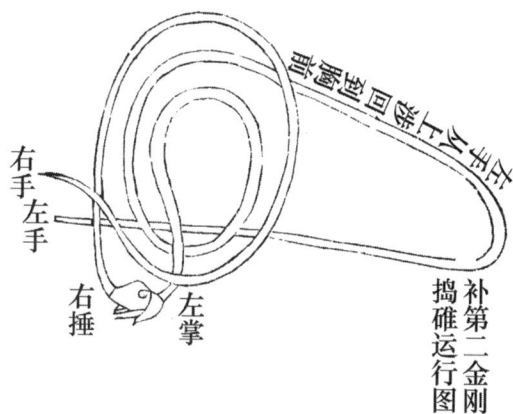

金刚捣碓已有二，何又重之？盖第二金刚上承单鞭，肱则大开，欲

161

由开者合之，莫如金刚捣碓合之最易，故以金刚捣碓收合，亦取物极必反之意。此之金刚捣碓，上承演手捶，神气尽散于外。然脚步虽大开，犹幸两手聚在一处，但左脚后跟微一转移向正北方，则两手由上而下、由里而外复上行，一齐转圈，右捶落在左手腕中，去身四五寸远，右脚亦随上边而转之。脚与手一齐落下，合住精，较前稍易，亦久散必聚，久开必合，实阴阳自然之阖辟也。故又继之以金刚捣碓，一则全神集合，欲变势自觉灵动；一则归其太极原象，以见万殊皆一本所发。至于内劲外法，前皆言之，不赘。

取象

上势震惊百里，物莫能违，畅快极矣！故金刚捣碓取诸豫。人能保合太和，无往而不自得，此由豫之大有得也，而况有"介于石，不终日"。凡事因时顺动，不存躁妄，故能常处其乐。若未至其时，静养天真，此拳之仍归太极之原象也，浑浑穆穆，乐何如之？

第一金刚面向北，第二金刚转向西，第三金刚仍向北，身法端凝莫测，收敛精神，别无他诀，心平气和则得。

陈氏太极拳图说

卷二

第十三势　庇身捶

庇身捶（前半势图）

　　此图是由金刚捣碓精行，即足后先将右足开一大步，约尺四五寸，然后将右肩狠往下下，右肩从右膝盖下过去，方为合式。此所谓七寸靠，甚难，甚难。今则未有能者，即此图亦是。右肩已从膝下过去，泛起来势，非肩正过膝时势。至于手，或有先以右手搂膝，从东面转一大圈，搨捶落在额旁，再以左手搂左膝倒转一大圈，手落在腰，又住腰，此是一格。又有右手、左手一齐分下，右手向前，左手向后，两手之落与上所言同。此又是一格，此图从后格。

　　此图是庇身捶前半势运行身法，势不可停留气机，因有七寸靠打法，故图以示人。

　　上半身在下，顶精中气愈不可失，裆与腰下去，脚要用力踏地，固其根基。身法越近下越好，右肩几欲依着地面，只有七寸高。如敌人在前面搂住吾头，将右足入在敌人裆里面，右肩依着敌人小腹，用肩力往上一挑_{去声}，敌即飞起跌下。

此势名为背折靠，庇身捶后势以足庇身捶余意，非另外一势也。

打拳以北为上，故始终以北为主，此图面向北。

节解

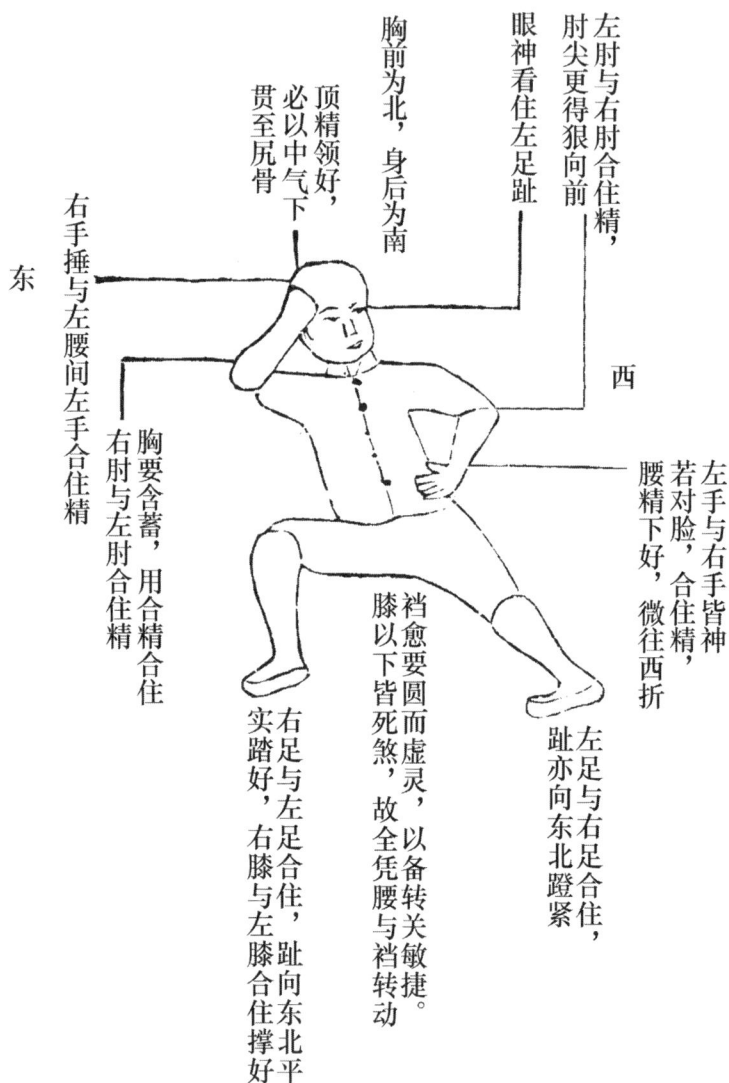

左肘与右肘合住精，肘尖更得狠向前

眼神看住左足趾

胸前为北，身后为南

顶精领好，必以中气下贯至尻骨

东

右手捶与左腰间左手合住精

胸要含蓄，用合精合住

右肘与左肘合住精

西

左手与右手皆神若对脸，合住精

腰精下好，微往西折

左足与右足合住，趾亦向东北蹬紧

裆愈要圆而虚灵，以备转关敏捷，膝以下皆死煞，故全凭腰与裆转动

右足与左足合住，趾向东北平实踏好，右膝与左膝合住撑好

此是正庇身捶成式图。

庇身捶乃回顾之法，身在西，眼在东，头在上，眼在下。

引蒙

前半势已言之矣，不必再赘，此是身法。身往东斜，腰向西折，前面易照顾，肩臂亦不必说。肩臂以下全凭心之灵明顾之。

庇身捶内精图

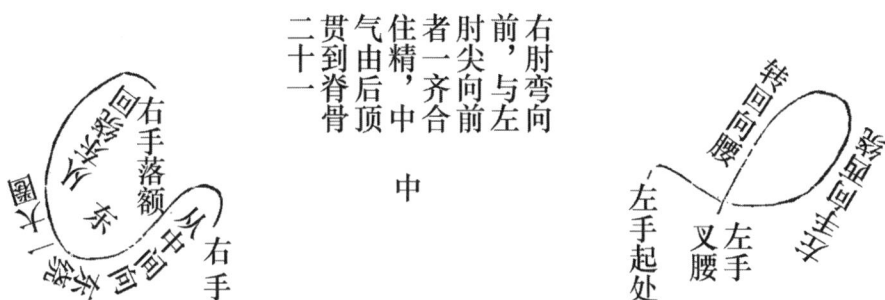

右手落额前，从右向左绕一大圈，向左绕回向上

回住者精一齐向合

二十一

右肘弯向前，与左肘尖向前

气由顶中贯到脊骨

中

转回向腰，随足回主宰

左手起处

左手叉腰

内精图

右肩正落敌胸

此是右肩反折回

此是右肩往外去

肩之起

须用周身力反折，用肩打，非第肩力，而肩其聚精地也。用法：如敌人以两手搂吾胳膊，引近彼身，势几前倾，吾肩膊正近敌胸，吾肩向外反折，回击之。有此一法，故不惮。再以图以发其蕴。

十三势庇身捶（一名披身捶）

何谓庇身捶？以捶护其身。何谓披身捶？以两手从中间平分披下，又名撇身锤撇，上声，折也。何言乎尔？以回折其身名之。此势上承金刚捣碓，以右手领右脚，手向下行，右脚向东开一大步，身即随步涉下泛起来，身撇住即折腰之谓，头回视左脚趾、右乳，向前、向后各一半。身微弯，身虽斜而中气要直。右脚尖向东北，右膝里合，左脚钩住趾，向东北，眼注于此。身法：当右足开步，右肩向下，腰得弯且弯，能弯尽管弯。肩纵不能至膝下，即与膝平亦可，不能去地七寸，不必拘滞。手法：右脚开步时，右手即由上而下转向东，微向后二三分，倒转绕到前头，捋捶落额上，以卫其首。手背朝上，左手亦自上而下，向后倒转一大圈，向前叉住腰无胁肢处，二、三、四、五四指叉腰前，大指在腰后依住腰，以助腰力。屈住肘，肘尖向前与右肘弯合住精，右手与左手合，右肘与左肘合，项往后扭，头往上提，胸含住，腿根不可挟，裆要开圆。膝与膝合，足与足合，周身一齐合到一块儿，神气不散，方能一气流通，卫护周身。

庇身捶是敌在身后制我，我以肩臂胳膊背敌，依我何处，即以何处反折击之。又有人从东方来，将近吾身，身即往后稍退少许，右肩转过精来，右胳膊屈住，右手捋捶向敌人小腹上猛伸胳膊，以捶击之。此庇身捶，以捶卫身，以捶击人，又一格也。

庇身捶后演手捶七言俚语

右肩往后退几分，转过精来又一捶。

此捶专向小腹打，一击中的便伤人。

庇身捶七言俚语歌

庇身捶势最难传，两足舒开三尺宽。

两手分开皆倒转，两腿合精尽斜缠。

右拳落在神庭上上星穴下，在囟门下，左拳叉_{去声}住左腰间。

身似侧卧微嫌扭，眼神戏定左足尖。

顶精领起斜寓正，裆间撑_{膝撑开合精合住}半月圆_{似月半弯之势}。

右肩下打_下，_{往下下七寸靠}，背折一靠更无偏。

右手撤回又一捶，此为太极变中拳。

身背面为阳，胸腹为阴，左右手用倒转精，是由阳而合于阴也。至于用臂折精击人，是右转精，由阴转阳而以阳精击人。庇身捶势既成，合住精，静也；用臂反折回，动也，是由静而之动。总之，由肩而下，右手倒转圈，身亦随之倒转。背折靠，右手顺转圈，身亦随之顺转，是为上下一气。背折靠，右手是顺转圈，左手是由后自下而上至前，是倒转精，不如此，不能与右手一顺运行。此必然之势，亦理之自然该如此，不然，则两手反背不能相助，气亦不顺，故也。至于肩臂后缩，以捶击人，以手背捋捶腕，往下合打人，由阳而合于阴阳精也。未缩肩之前，静也；至捶往东面向下击小腹，动也。是亦由静而之动，既动之后，静复生也，动静循环，岂有间哉！吾所谓一动一静，一开一合，足尽拳中之妙，非心有权度，未易立于不败之地，因敌所来而应，皆取胜。

取象

此势右手在上，左手在腰，右肘尖向东，左肘尖向北，右足在东，左足在西，气海向北，华盖扭向西北，眼在上，视却在下，天庭向西，足趾皆向东北，上下皆有相离之势，故取诸离卦。体外强，中虚有，手足皆劲，而心体虚明，能照全体之象。九二：黄离，元吉。《象》曰："黄离元吉，得中道也。"拳能明乎中正之理，奚往不宜？上九：王用出征，折首，获匪其丑，无咎_{背折靠，即出征之象也}。

第十四势　指裆捶

讲义上已详明，但未绘其形象，故绘图，令人一阅便明。

肩转过来，随右手向下

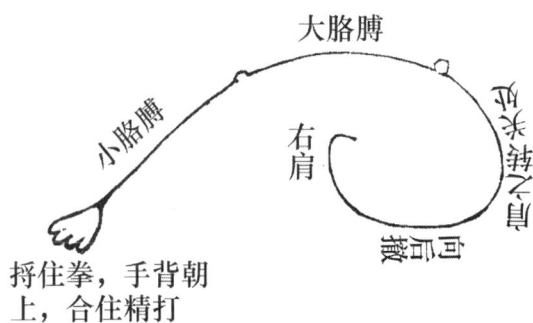

大胳膊

小胳膊

右肩

肩须转之又转

可再藏

捋住拳，手背朝
上，合住精打

第十五势　肘底看拳

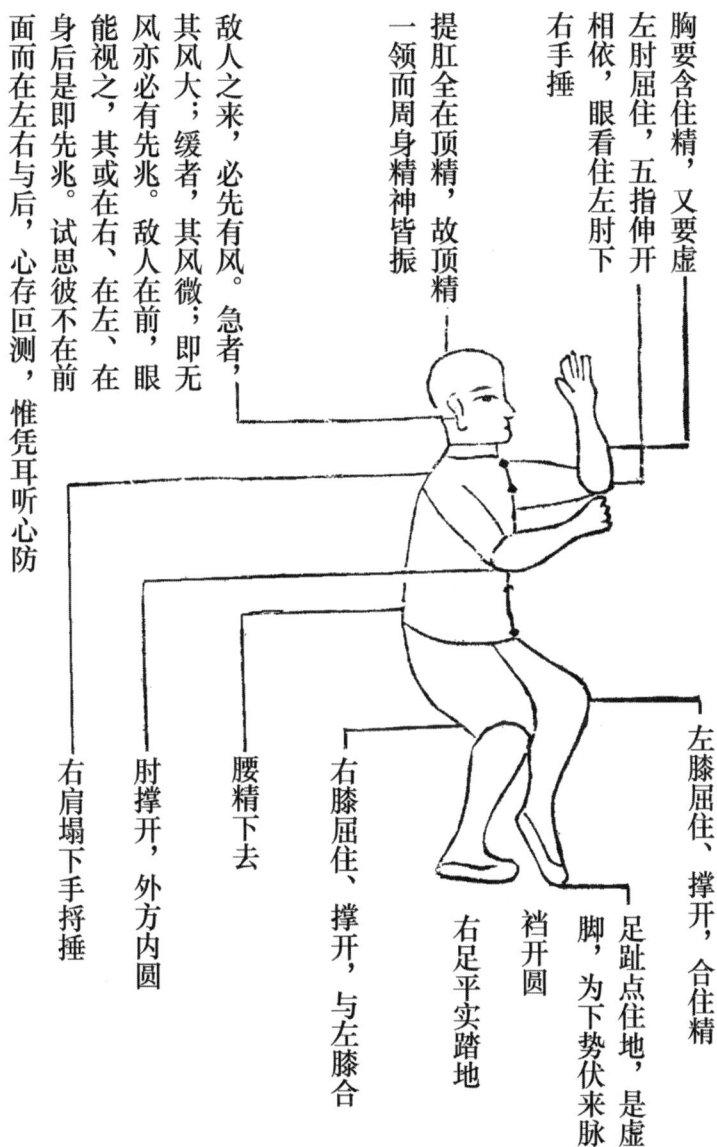

胸要含住精，又要虚

左肘屈住，五指伸开

相依，眼看住左肘下

右手捶

一领而周身精神皆振

提肛全在顶精，故顶精

敌人之来，必先有风。急者，

其风大;；缓者，其风微，即无

风亦必有先兆。敌人在前，眼

能视之，其或在右、在左、在

身后是即先知。试思彼不在前

面而在左右与后，心存叵测，惟凭耳听心防

右肩塌下手捋捶

肘撑开，外方内圆

腰精下去

右膝屈住、撑开，与左膝合

右足平实踏地

裆开圆

脚，为下势伏来脉

足趾点住地，是虚

左膝屈住、撑开，合住精

肘底看拳（老式）：此是手从东方收回，沿路所走之形。

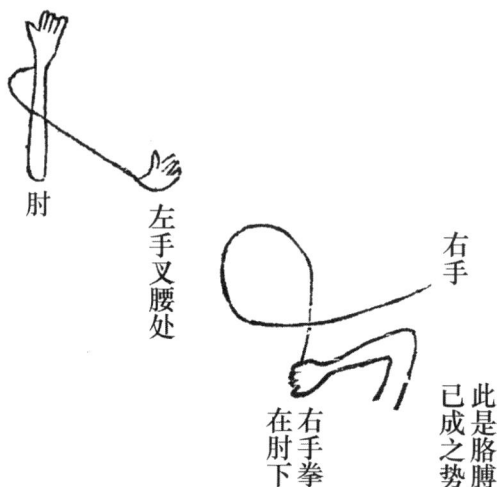

肘　左手叉腰处　右手　此是胳膊已成之势　在右手拳肘下

先大人传与吾者，必令左右一齐并起、一齐并运，右顺左逆一齐转圈、一齐合住，并停住，手摔起领住。

新式内精图

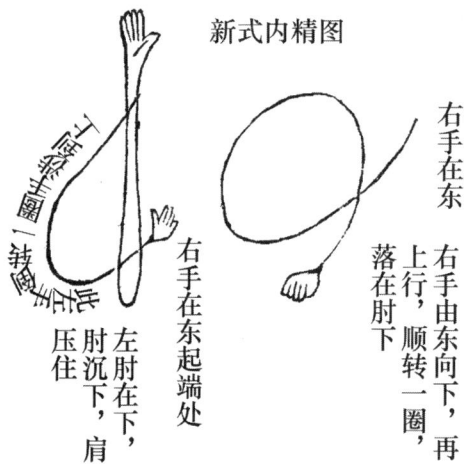

右手在东起端处　左肘在下，肩压住，肘沉下，右手由东向下，再上行，顺转一圈，落在肘下　右手在东

何谓肘底看拳？以右手将拳落于左肘之下，故名。先以右足趾向东北者，用脚后跟，不离地，一拧转，使足趾向西，微偏北一二分，平实踏地。左手自上斜下，先自北向南，再自南转回北，倒转一圈。胳膊屈住，手展开指，相依朝上，肘在下。左足从西收回，收到右足边，去右足五六寸，左膝屈住，膝盖与肘尖上下相照，膝向外开，精往里合，脚

趾点住地，先为下倒卷肱伏其来脉。右手自南向北顺转一圈，仍归至南。将住拳落左肘下，眼看住拳，右膝屈住，膝往外开，精往里合，诀在大腿根撑圆，大腿内股上边往里合，如此不惟合住精，裆亦圆。顶精领住，脑微偏西北，囟门微向下一二分，胸合住。迹似停气却不停，必待内精徐徐运到，十分充足，下势之机跃跃欲动，方能上势与下势打通，中无隔阂，一气流行。不但一势如是，拳自始至终每势之末皆如是。

肘底看拳，左手为阳，右手为阴，手背为阳，右腕为阴，人人共知，何用多赘！但左手自下而上倒转，由向外而内绕，是由动之静也，非徒绕圈，由动之静已也。右手由东收在上，顺转一圈涉下去，拳落在肘之下，亦是由动之静，亦非空绕一圈，由动之静已也。盖左手倒转，其精由指肚发起，向下而外斜缠、转回，不论圈数。斜缠到腋，即由腋外往里斜缠，亦不论圈数，缠到左指肚止，如此方能与右手合精。右手顺转，其精由指甲向下至里，由里向外斜缠至右腋，即由腋转回，由内而上、而外至下，斜缠至指甲止，与左手合住精。欲合住精，须用缠法，不用缠法外形似合住，其实内精未曾合住。故吾谓不徒手转圈，实心气之在左右手中运动缠绕，无一间停止。至所谓静者，在拳中不过较于动气息稍静耳，非停止之谓，天地阴阳岂有停止时哉？如夏至，一阴生阴，静也。至阴生之后，何尝有一时不长哉？又如人之坐卧寝寐，身之静时也，而一呼一吸何尝或间？功至此，规矩粗有可观，特未活耳。再能进进不已，以至活动，则更进一层。室中奥妙，讵难窥哉？孟子曰："大匠诲人，必以规矩。"规矩者，方圆之至也。以之诲人，是则大匠所能也。至于巧，大匠不能使，惟在学者。苟至于巧，则是遵规矩而不泥规矩，脱规矩而自中规矩，而要志不可满，满招损。谚有曰："天外还有天，一满即招损。"能遵规矩，不失其正，虽成败利害有所不计。

取象

此势形骸似不联属，手则有展开，有抟拳；足则相去虽数寸远，而有平踏，有颠立。且五官百骸皆有拘束之形，实具习坎、入坎之象，故取诸坎。然曰："刚柔相济终有谋，出险之时坎中满。"人之心理毕具，中气归于丹田，有上坎下坎之象。《经》文："习坎，有孚，维心亨，行有尚。"《象》曰："习坎，重险也。"如吾身入重险之中，水流而不盈如吾之谦能受益，行险而不失其信，维心亨乃以刚中也言吾心中有实理，而又以中气存于丹田，亦以刚中，行有尚往有功也言吾有此浩然刚中之气存于中，何往不宜，天险不可升也言天降之灾拳莫能御，地险山川丘陵也言人之所侮，任凭何地皆能御之，王公设险以守其国言拳之有备无患，何有于险，险之时用大矣哉言拳之时措咸宜，无可无不可！中爻震言阳气伏于下，震为龙手之变化，犹龙震错巽。巽，顺也。素患难行乎患难，顺时而行二变，为坤错乾。外柔而内刚，拳之形虽若拘踞，而乾坤正气常自舒畅，何惧坎之不能出？耍拳耍到窄路，能自固守不失；遇宽路，游行自若无滞碍矣。本卦上坎下坎，言中气实而又实也；错离，言心之明而又明也。

肘底看拳四言俚语

左肘在上，右拳在下。胸有含蓄，侧首俯察。

左足点地，右足平踏。两膝屈住，裆中阔大。

神完气足，有真无假。承上启下，形象古雅。

前题五言俚语

也肖猕猴象，仙桃肘下悬桃喻拳。

敢看不敢食言拳之不可摸，恐被击也，静养性中天屈身自处，以待来者。

第十六势　倒卷红

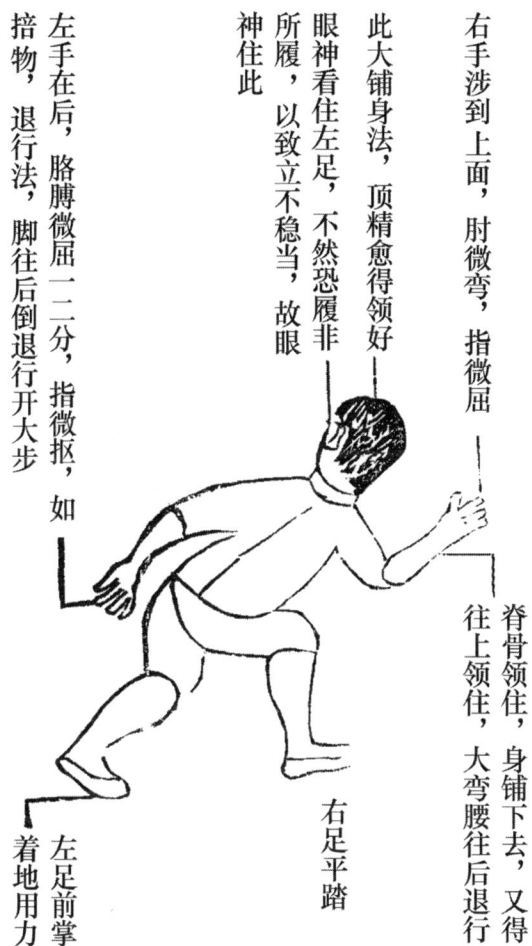

右手涉到上面，肘微弯，指微屈

脊骨领住，身铺下去，又得往上领住，大弯腰往后退行

此大铺身法，顶精愈得领好

眼神看住左足，不然恐履非所履，以致立不稳当，故眼神住此

左手在后，胳膊微屈一二分，指微抠，如掊物，退行法，脚往后倒退行开大步

右足平踏

左足前掌着地用力

此老式也。胸去地二尺，今人皆不能，故稍变其势，避难就易。然其活动处较胜老式，故特图之，以示老式之原样，恐失传也。

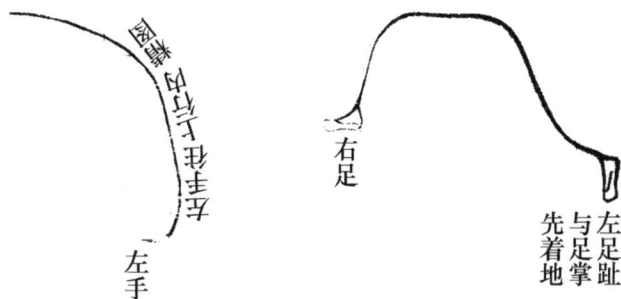

左手

右足

左足趾与足掌先着地

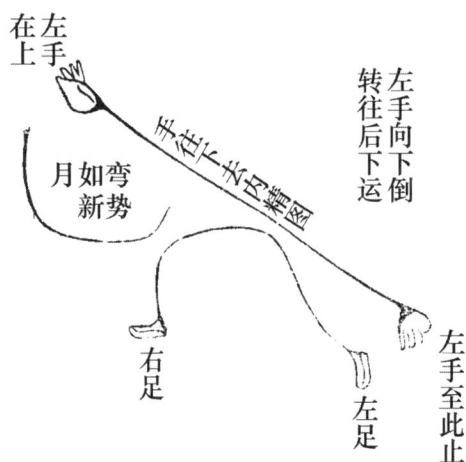

倒卷红从肘底看拳地位退行，自前向后至白鹅亮翅止，必待左脚在后方止。此是倒卷与下势分界处。

此倒卷红左半身倒转圈内精所运图式，右半身手往后倒转圈，内精与左手同。左手从左面绕一大圈涉上，至头前上边。

倒卷红

何谓倒卷红？足退行，手从上往下倒转，往后倒而卷之。红者，不留情面尽力击之，故名倒卷红。指肚精由内至下，由下至外，再由外上缠，复至内，是倒缠精，是斜缠法。自腋斜缠至手，复由手缠到肩里边，复由肩里边由内而下、而外、而上至内，斜缠至指肚，此是半圈身法。足法皆是随手法倒缠，退行之形。左手在后，由后到前，则右手到后；右手由后倒转到前_{前即面前}，其位在上，则左手即倒转到后_{后谓身后，其位在下}。左手到上，右手到下，右手转回到上，左手即转到下。手以足之退行为的，左足退行一步，约有三尺许，左手亦倒转一圈，左足在后，左手亦在后，迨至右足退行在后，左手与左足皆在前矣。右足退行到后，右手也是随住右足倒转一圈到后。右足右手在后，则左手左足到前；左手左足到前，则右手右足到后。左右手一替一回，互为前后，更迭运行，圈圆如车轮运转，但车轮一齐向前运，此则两手更迭往后行。

取象

此势退行，胸腹在前，坤为腹卦，取诸坤。坤言"先迷"，足向后退行，不知着于何地，是先迷也。曰"后得主"，言足向后退行，足得住地，是足有主也。《经》曰"利象"，曰"后顺得常"，是足已得地，手亦随之，有常度也。初爻"履霜，坚冰至"，言退行，如履霜坚冰至，当预防后患。二曰"直方大"，言倒卷退行，心中之气，直以方也。"不习无不利，地道光也"，言虽退行，无妨也。三爻"含章可贞"，言胸有成竹，正而固。曰"或从王事"，言不得已而军退自守，是无成有终也。五爻"黄裳，元吉"，《象》曰"文在中也"，言腹中条理分晰，美在其中也。虽退行倒卷，无所伤害。上六"龙战于野"，言退行，而以手倒卷，战也。曰"其血玄黄"，如劲敌在前加以兵刃，而后退行倒卷而战，能保必无伤害乎？六象曰："以大终也。"阳大阴小，坤错乾，以刚中之道，终其事故。曰"利永贞"，盖坤至柔而动也，刚至静而德方，故退行无虞。六五"君子黄中通理，正位居体，美在其中，而畅于四肢，发于事业，美之至也"，倒卷退行，美亦如是。左手随左足，右手随右足，上下相随，有是随卦意。象辞动而说随，故再取之。

咏倒卷红长短句俚语

帘看珍珠倒卷，正气贯住中间。

阴阳来回更换，随机左顾右盼。

退行有正无偏，一气相贯，似两个车轮旋转。

莫仰首遥瞻，莫颠腿高悬。

仔细看看两面左右手，真信得太和元气倒转，十分圆。

五言俚语

举足皆前进，此势独退行。两手如日月，更迭转无声。

第十七势　第二个白鹅亮翅

又展白鹅右翅开，虚擎两手护怀来，沉肘压肩蛾眉肖，一点灵机在心裁_{左右手往北上，不可直率，其意如蛾眉之弯，又如}初三初四之月。右足绕半圈向右开步，左足随之应敌。能预定其理，不能预定其势，故在临时随机应变，宜引在，引在自己斟酌。

五言俚语

上承倒卷红，下接搂膝势。

灵机只一转，右引自不滞。

左足到后，右足在左足边，足趾点地，即以右足向外绕半圈，开一步，左足随右足到右面，与右足相去数寸，足趾点住地，伏下势脉。上势左足在东不动，右足点于其侧，故此势即以右足向右开步甚易。此右足虚立，即此势之来脉。此势左足在左[①]，足趾点地，为下势向左开步之易也。势势承上启下，皆如此，余见第一白鹅亮翅。

取象

本势左手从右手运，左肘从右肘，左足从右足，犹兑卦之二比三、三比四、四比五意，故取诸兑。心与肾在内，犹二与五之刚中也。手与足在外，犹兑之三与上，柔外也。以心之诚接物以柔外，虽柔，说中实刚介，是谓说以利贞。《象》曰："顺乎天而应乎人。"以心运手，顺势

图中竖排文字（右侧图旁）：
上下缠丝精与一切法律，皆与前白鹅亮翅同。

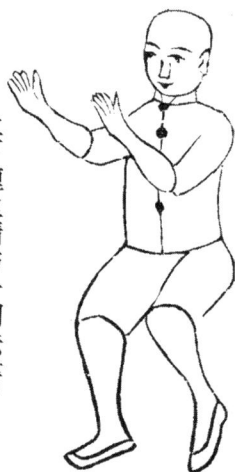

左足去右足三五寸远，足趾倒点于地，是虚步，右足向右开设，为下搂膝拗步势。右足向西北，趾向西北，平实踏住。

---

① 原版本为"此势左足在右"，依据拳势、拳理，将"右"字更正为"左"字。

转圈，有天道焉，上兑也；肾藏志，以足从志，亦顺势转半圈，有人道焉，下兑也。初爻和兑，二爻孚兑，四爻商兑，上六引兑，内以诚心商榷，外以柔顺之气引人之进，是以刚气伏于柔中也。是势纯是引进之精，故取说诸兑，而又专取引兑之象为主，又人以心为主，四体从之，犹比卦之九五居尊，有刚德而众爻之比辅相从也。《象》曰："比，辅也，下顺从也。原筮原永贞，无咎，以刚中也。不宁方来，上下应也。"此势四体从心而运官骸，皆悦以顺从，故又取诸比，而要皆以乾坤正气行之也。

第十八势　搂膝拗步

搂膝拗步，右手绕到前，虚虚拢住，左手绕到后束住手，亦虚虚拢住，右手去胸尺余。左手去背六七寸，中间腰微弯，合住胸，有包罗万象，有得乾坤正气象。心平气和，凝眸静视右手中指，裆精撑圆，亦要虚。两膝合精，两足大趾向里裹，脚底前后皆要用力，平实踏住地，其余一切法律皆如第一搂膝拗步。

左右手精皆倒转，外往里缠

左右足精、腿精用包合法，皆是外往里缠

取象

上之搂膝拗步，取乾、坤、坎、离方位，然犹未尽其意。拳当功力，既熟，端正恭肃，敬其所事，不敢自满，有谦谦之意，故又取诸谦。谦者，有而不居之义。山至高，乃屈而居地之下，谦之象也。止于其内，收敛不伐；顺乎其外，而卑以下人谦之义也。《象》曰："天道下济而光明，地道卑而上行。天道亏盈而益谦，地道变盈而流谦，鬼神害盈而福谦，人道恶盈而好谦。"谦受益，人能卑以自牧，自有休休有容气象，形呈于外，合二爻鸣谦贞吉。右手在前，左手在后，左足微前，右足微后，二足相去二尺有余。而其心一以恭敬运行，虽其身有分裂之形，而心却有主，又合三爻劳谦、四爻扬扬，来注，裂也谦之意，不矜不张，局度雍容，虽曰习武，文在其中矣。五爻利用侵伐，上六鸣谦，利用行师，自是拳中内含之意。果能谦，以居心何处不宜，岂但搂膝拗步哉？而搂膝拗步愈不可放，故又取诸谦。

第二搂膝拗步六言俚语

前有搂膝拗步，今又搂膝拗步。

非是好为多事，除此不能开步。

白鹅手皆在右，此则右前左后。

横开裆有一尺，任人四面来侮。

此身全仗虚灵，官骸无所不顾。

况兼谦谦不已，君子何忧何惧？

任尔奸巧丛生，自是刚柔素具。

谦卦，艮下坤上。艮为手，能以手止物。

艮综震阳，在两足。

坤，顺也，错乾，健也，故言刚柔悉具。

震为足，故言足。

第十九势　闪通背

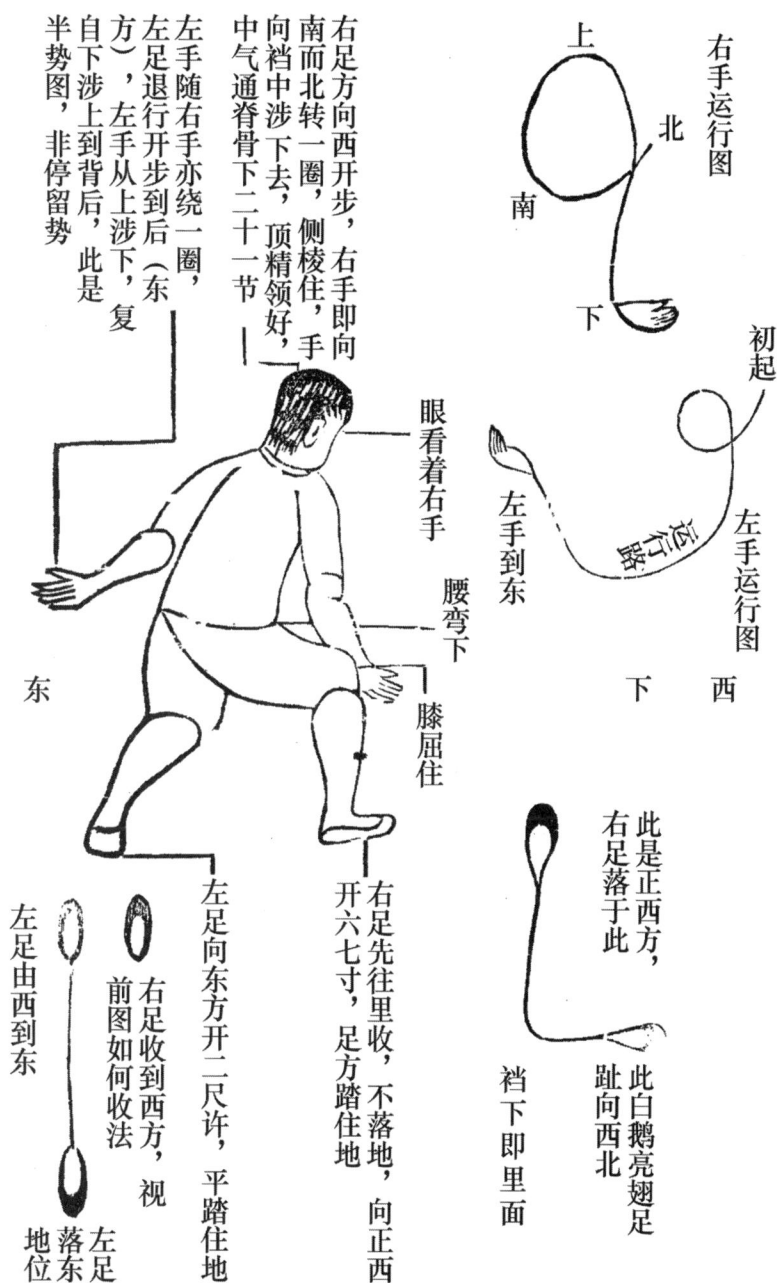

右手运行图

上　北　南　下

初起

左手运行图

西　下

左手到东

向前运器

右足方向西开步，右手即向南而北转一圈，侧棱住，手向裆中涉下去，顶精领好，中气通脊骨下二十一节

眼看着右手

腰弯下

膝屈住

左手随右手亦绕一圈，左足退行开步到后（东方），左手从上涉下，复自下涉上到背后，此是半势图，非停留势

东

此是正西方，右足落于此

此白鹅亮翅足趾向西北

裆下即里面

右足先往里收，不落地，向正西开六七寸，足方踏住地

左足向东方开二尺许，平踏住地

右足收到西方，视前图如何收法

左足由西到东

左足落东地位

前右脚在西，此则左脚从右脚前倒转步，过右脚二尺余，落在西方亦不停留。一势未成，如何能暂停？阅者莫误。

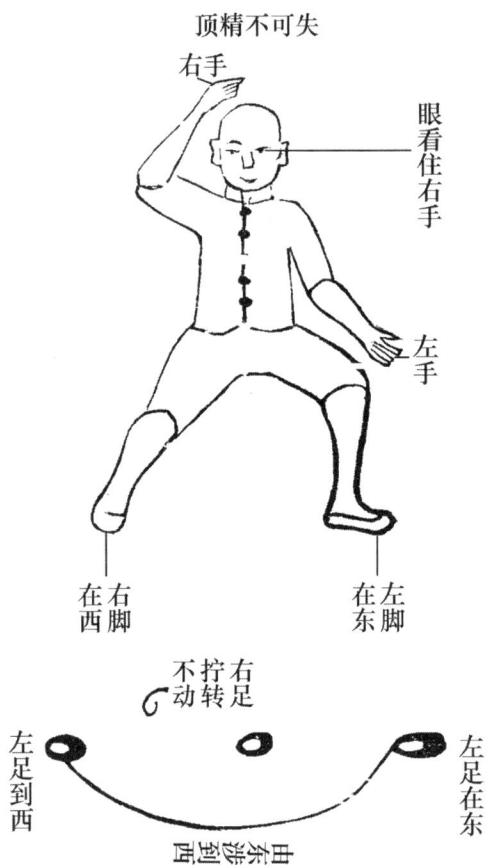

闪通背中截图

顶精不可失

右手

眼看住右手

左手

在右西脚

在左东脚

不拧动　右转足

左足到西　由东涉到西　左足在东

内精

前势腰弯下时，中气从背下二十一节起逆行而上，过头顶前涉下至丹田，此执中气由丹田发起，逆行过胸到头顶，越脑降下，复至下，二十一节接住，仍逆行，上过头顶降下去，仍归到丹田。此督脉逆行接住任脉，下去转回；任脉逆行接住督脉，逆行到头顶降下，仍归到二十一节，复自下逆行，上过头顶降下，归到丹田。前势督脉逆行，任脉顺行，只转一圈；此势任脉逆行，接督脉过顶，顺下至二十一节即转回。督脉复逆行，上过顶涉下，接住任脉，顺降下归丹田，是任先督后，转一圈，复督先任后，又转一圈，是中截一势，而脉督来回转两圈也。

闪通背末节图，其界限只到此，以下是演手捶。内精任脉从前裆下过后，督脉接住，与中气逆行，徐徐上去，越脑至顶百会穴，内精逆行，界限只到此止。此图合前二图，共三图，为一势。

左手有欲应后之右手，将前进步打捶之势，胸要合住，此亦未停之势，必待演手捶毕，而后稍一停留，即打下势。左脚不动，但后跟一拧转，足趾向西者转向东，此左足在东方之故，因右足涉在左足之后也。此图是后手，已为下演手捶设势，故将住捶已入演手捶。

顶精领好

眼看左手
心在右捶

右手展在后，是闪通背界限

左足
不动

右足
由东返行

右足

右足到西

裆开圆

右脚倒转
落在西

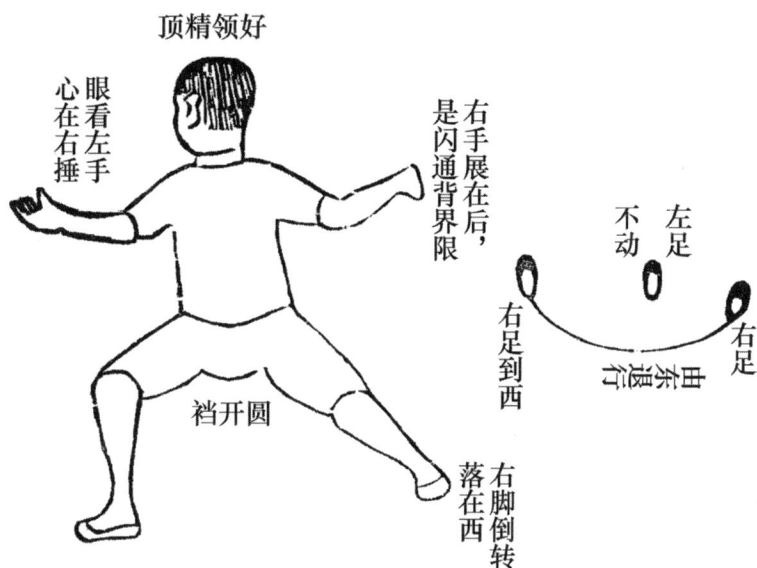

闪通背是倒转圈，左足起初向西开一步，在西不动，但管拧转脚后跟，右脚从西倒转到东，再从东倒转到西，看倒转一圈，右手随住右足运行，独起。初右手涉下，是顺转精，至手涉起，往后皆是随右足倒转，用倒转精。左右手于闪通背弯腰时，左手在后东方，内精由手倒缠到腋，及左足到西，左手精由腋自内向上，外转顺缠到手，及左足倒转到东，左手亦在东，犹是顺缠到手，虚虚领住，以待右捶向东击而应之。起初闪通背右足在西，右手亦在西，右手由上涉下，身涉起，倒转半圈，右足在东，右手用倒缠精，亦在东。及右足倒转至西，右手亦随身倒转至西。展开胳膊捋住捶，捶与腰平，左手在前与肩平，是为闪通背。左右手之正格，是为闪通背两手一定不易之界限。

何谓闪通背？以中气由心下降过脐，到丹田，复由丹田与任脉逆行而上，越脐，越上脘、华盖、天突、廉泉，至承浆下嘴唇，督脉接住，逆行水沟、人中、素髎鼻准，越神庭、上星、颅会、前顶，以至百会，下降，越后顶、强门、脑户、风府、哑门、大椎、陶道、身柱、神道、灵台，至阳筋、绪脊、中悬枢、命门、阳关、腰俞，以至长强皆脊背俞也，再至会阴极矣是前任脉、后督脉下面两脉起端处。中气由百会下通于长强、会阴，是谓通背。闪者，如人搂住后腰，前面腰向前猛一弯，头与肩往下一下，后面长强与环跳（即大腿外骨）往上用力挑其小肚，往上一翻，敌自手散开，颠倒，从吾头上闪过前面，仰跌吾前矣。此之谓闪通背。

身是倒转圈，右手至上，随之倒转，以右手为主。手随身转，实随足转，右足所落，右手随之。左手亦随身倒转圈。

右手运行图

北

右手起面向西至下

右手至东复倒转面向南

西　东

南

左手运行图

北

右手从西运行至东

西　东

左手起

南

取象

本势头在上而向下，面向西倒转，向北而东，又自东倒转，面向南大转一圈。转者由此转过彼拳中大转身法。倒转又属阴，大过，巽下兑上，长女、少女皆阴象，故取诸大过。初爻、上爻皆阴爻，犹手足之居上下两头，柔顺以听命也。中爻二、三、四、五皆乾道也，如吾心以刚健之德运乎四体。又乾错坤，刚柔相济，虽大转身，四体听命皆无碍也。故九四"栋隆，吉"言浩然之气充足一心，是以大象言君子以独立不惧，无害也。《象》曰"大过，大者过也"（在拳只取其大意，如船篷过角之过），言身之大转过也；曰"栋挠，本末弱也"，喻手足；曰"刚过而中"（喻心之正气，身虽大转而能得其中道也）；曰"巽而说行"（喻手足顺以听命也）；曰"利有攸往，乃亨"（喻拳之无转不利，常亨通）；曰"大过之时大矣哉"。易理至活至大，无所不包，天下何事能出其外？吾之取乎。大过者，因大过字义取其大意而已，敢以易理明拳哉！

闪通背五言俚语

铜碑压住背，通身用住气。

臀骨猛一翻，头颅往下趁。

任有千斤重，能使倒落地。

第一闪通背七言俚语

其一

前人留下闪通背，右掌劈下大转身。

右脚抽回庚辛位，周身得势胜强秦。

其二

肩臂何由号闪通？督至长强是正中。

从下翻上为倒精，敌闪到前在我躬。

其三

起初演手捶向西，此处缘何独转东？

劝君有力休使尽，要防狷敌从后攻。

其四

自古世事各不同，耍拳岂有一样行？

一着自有一着势，休教局外笑不通。

近身屈肘用努力，去远何能不展肱？

况兼敌人来无定，运化全在一心中。

自从闪通大转身，一波三折妙入神。

禹门流水三汲浪 闪通一变一击，讵少渔人来问津 故又从东面来也。

东来东打原无样，只此一击定乾坤。

人说此中多妙术，浩然一气运天真。

第二十势　演手捶

顶精领住

左耳听住后面

此演手捶背面图，眼看住右手

左肘沉下

右手由西向东击

身向东似贪不贪

腰精下好

膝撑住

裆圆

右足如蹬

左足平踏，左足由西进步到东

右足落

右足以再到左在中行不动东都为前

右足起

东

右手落处

左手在中微向东偏以应右手，右手从左手腕过去

右手起处

引蒙

闪通背右足在东不动，左足由西起步，过右足前进，步落到右足之东。闪通背右手在西，由下设上，合住捶向东击。左手展开手，右捶摩擦过去，右捶向东击，左肘微向西霸，内精由丹田下过裆后再由长强逆行到百会，降下至肩。前进运至右捶，周身精神俱聚于捶方有力。左右足踏地，稳重如山，在地上莫能摇撼，方为有力。

取象

本势精神聚于右捶，有萃卦"初六，若号一握"之象来注，言有孚之心。若孚于前，而以右手握拳，斯为有孚之至。且《经》言："萃亨，利有攸往。"故取诸萃。此势右足从后前进一步，是一小过角，故又取小过。右捶由后向前击，如山上之雷迅不及防，其进比鸟飞还迅，此右捶取小过之象也。右捶不软弱，故又取大壮利贞之象。《彖》曰："刚以动，故壮右拳纯是刚中之气贯于捶，故壮。"《象》曰："雷在天上，大壮右拳如天上之雷，一击如雷之霹雳一声，不及掩耳。"初爻"壮于趾，征凶右足落于东不再动，此所谓足趾有力，再行则凶，不再行则吉。"大壮，乾下震上，以刚中之气运之于捶，贞正而固，故二曰"贞吉"。《象》曰"九二，贞吉"，以刚中也。

第二演手捶七言俚语

其一

忽然有敌自东来，右拳即向东面开。

右足进步休宽缓，乘兴来者仰面回。

其二

举足前进向东摧，拳力如风又如雷言其快也。

问尔缘何进一步，为因下势伏胚胎。

第二十一势　揽擦衣

面向北图

右手　东　　　　　　　西　　左手

五言俚语

东方甲乙木，右肱伸莫屈。

似直似不直，敌来不敢入。

右手展向东，左手防西触。

中气运于心，一发莫比毒。

何况进如风，疾迅谁能敌？

形骸与人同，用法只我独。

不是别有方，只为中气足。

灵明在一心，巧处亦不一。

只要能中行，鸡群见鹤立。

我为学拳者，窍道皆指出。

上下左右身法，一切如第一揽擦衣，不必再赘。至于承接法，右手收回再展开，右足收到左足边，趾点地，然后从西向外绕半圈，向东展开。左足但拧脚后跟指向北，在本地不动。右足从东收到西，再从西绕半圈落到东方。

右手法：右手从东收回到身边，再绕向胁，再展东，连收带转共绕一圈。

取象

此象取小畜、大畜两卦大意。小畜曰："自我西郊言右手自西而向东也。"《彖》曰："小畜，柔得位而上下应之。"右手属阴，六四为阴爻，乾下巽上，乾内巽外，阳刚在中，上下运之，以应右手，以应六四之阴，曰小畜。《彖》曰："健而巽，刚中而志行言右手得阳之助方能伸展，右手以二之刚中运之，故伸。"《象》曰："风行天上言右手如风行天上，迅也。"《初爻》曰："复自道_{言右手在下，转而至上以落于东，亦复自道也}。"上九："既雨既处，尚德载_{巽为风雨，为阴，右手为阴，以右手运中气，其迅速如风，则阴散矣。上九变坎为舆下，三爻为阳，德以舆载之。言右手以中气运乎手之内也}。"曰："月既望者_{言右手中气之足，犹十六之月光，既圆满有可望也}。"二爻："牵复。"九五："有孚挛如_{言右手虽属阴而阳气皆牵连，以贯于肱内}。"大畜，乾内艮外。艮为手，以右手运行止物，必得刚气行乎其中。乾错坤，刚柔相济。艮综震，震，东方也。右手由西而展之于东。震为足，左右足平稳踏地。《象》曰"刚健笃实_{言拳之中气充足}"，曰"刚上而尚贤_{言右手之用便于左手，稍贤于左手}"，曰"能止健，大中也_{言右能以一手止敌之强，得中道也}"，曰"利涉大川_{言大川能涉，则无往不利矣，右手如之}。"上九"何天之衢，亨_{何去声}"。《象》曰："何天之衢，道大行也_{畜之既久，其道大行}。"以中气运于右手，得其道而大行，无纤悉阻碍。

第二十二势　第二个单鞭

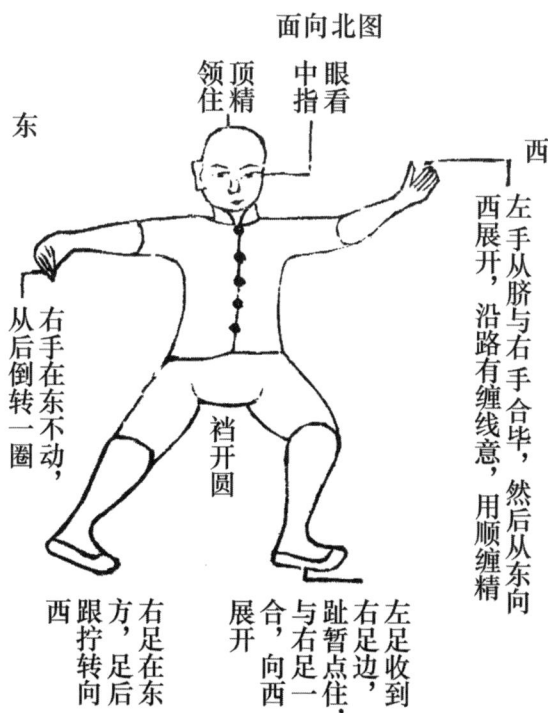

面向北图

领顶住　顶住　中指　眼看

东

西

左手从脐与右手合毕，然后从东向西展开，沿路有缠线意，用顺缠精

右手在东不动，从后倒转一圈

裆开圆

右足在东方，足在后跟拧转向西

右足边，与右足暂点住趾向西展合开

左足收到

灵气何生？生于一心。

中气何归？归于两肾。

心动志_{肾藏志}从，运我四肢。

气行骨中，充于肌肤。

功久则灵，其灵无比。

依着即知，自然有应。

不即不离，沾连黏随。

如蝇落胶，有翅难飞。

此中之妙，微乎其微。

第二单鞭

右手从下向后转，向北绕一小圈，左手从里向北转南，亦绕一圈，然后两手照脸合住。左手顺住精往西展开，右手用倒转精向东展开，束住五指，两肱慢弯，不直不曲，似新月形。顶精领起，裆圆，腰精下去，势到成时，气归丹田，手与手合，肩与肩合，膝与膝合，足与足合，眼看左手中指，心则前后、左右、上下皆照顾住，勿懈。

取象

第一单鞭取坎、离、否、泰四卦，此势取象亦如之，观前取象之说自知。

七言俚语

第一单鞭面向北，二次单鞭仍向北。

前之单鞭承金刚，此承演手与分别。

各势来脉自不同，非徒手足位向东。

一点灵气从心起，上入青天下入地。

此气行于手足中，不刚不柔自雍容。

下接云手是去路，即是云手之来龙。

八体_{顶、裆、心、眼、耳、手、足、腰}关紧君须记，人力运成

夺天工。

第二十三势　左右云手①

右云手

单鞭左手在西，即以左手领起右手，右手运到东，而左手即从上而下收回至左乳前，去乳五六寸。当左手初领时，肩即松下。右手从东_{因单鞭右手在东，故起于此}初收至右乳，顺转而上，向东转回来复转到右乳边，转一圈。

陈氏太极拳图说

卷二

---

① 原版本第二十三势名称为"右运手"，依据目录第二十三势拳势名称，将"右运手"更正为"左右云手"。

左云手

右手与右足从东收到右乳，复运到东，看转一圈。左手即从西起，下转半圈收到左乳边不停，左手即由左乳上而顺转半圈至西方，是左足向西又开一步矣。右足即从东收回到右乳边，下面右足随右手自下转半圈，收到左足边，去左足六七寸远。右手到东，左手即到左乳边；左手运到西，右手即收到右乳边。左足向西慢弯，开步到西，右足即由下转收到左足边，右足由左足上运，前进到东，左足即从西下运，收回到右足边。一替一回，更迭转圈，不拘一定数目，大约皆有两三圈〔三圈，左足向西开三步，右足随之跟三步〕，去第三个金刚捣碓地位约一步有余，以留下势高探马地位。

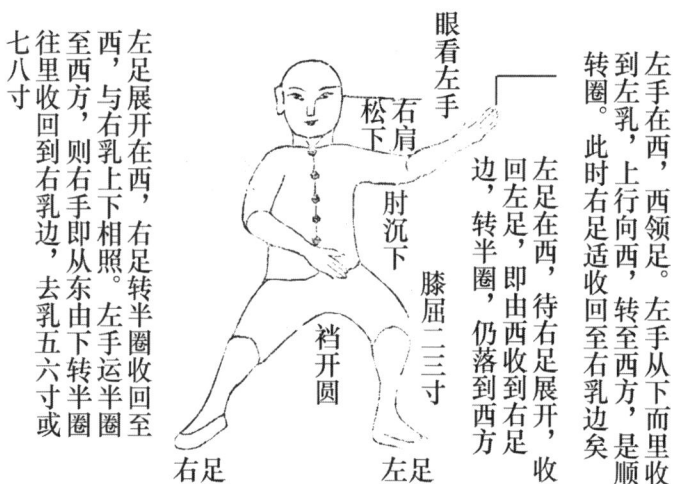

眼看左手　右肩松下　肘沉下　膝屈二三寸　裆开圆　右足　左足

左手在西，西领足。左手从下而里收到左乳，上行向西，转至西方，是顺转圈。此时右足适收回至右乳边矣

左足在西，即由西收到右足边，转半圈，仍落到西方

左足在西，待右足展开，收回左足，转半圈，仍落到西方

左足展开在西，右足转半圈收回至西，与右乳上下相照。左手运半圈往西，则右手即从东由下转半圈往里收回到右乳边，去乳五六寸或七八寸

二足更迭，转机不停留，左足向西开一步，右足随之。虽亦开一步，然右足将至左足边，复自上转回五六寸方才落地，如此方见运行无直步。每左足开步，右足随之，皆如是。两足向西运行，面向正北，足则横行而西，非向正北开步，如右手顺转一圈，前半圈中气由腋里边向外斜缠到指，后半圈自东回来，精自外斜缠到腋下，左手亦然。至于足，如右足前半圈由腿根内向外缠到趾回来，自外向里缠至腿根，左足亦然。

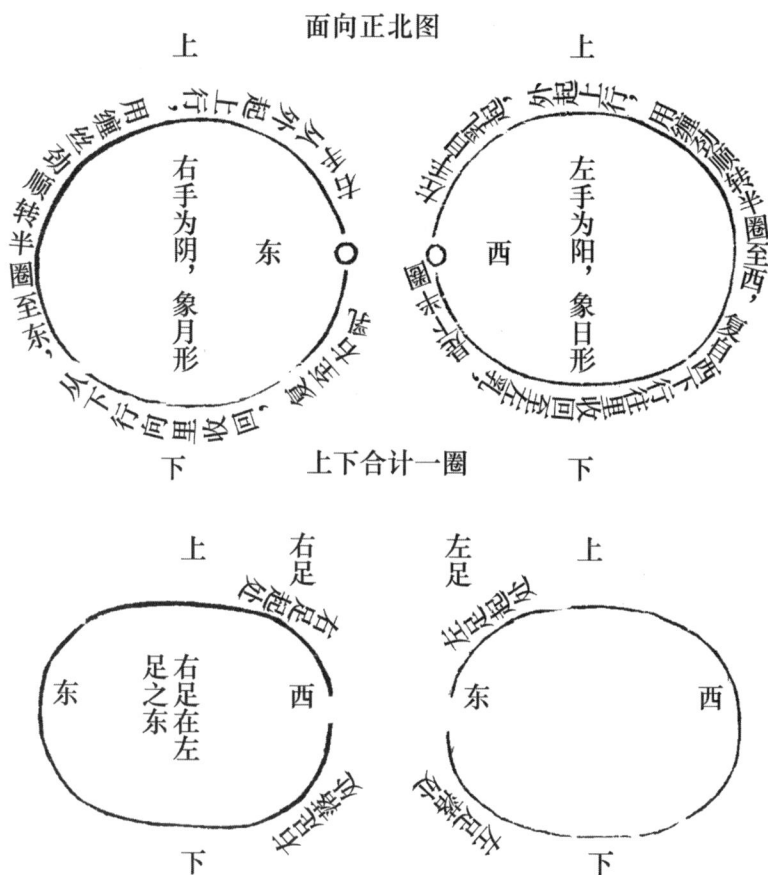

上下合计一圈

取象

　　左手为阳，象日；右手为阴，象月。乾为天，为首。手从头过，如日月之丽天。《彖》曰："日月得天重明，以丽乎天。"《象》曰："明雨作离，大人以继明照四方犹拳之以左右手照全体。"初九："履错然，敬之，无咎错，交错东西为交邪行为，错拳之开步如之，要以敬为主。"合住怀，胸中要虚合，离中虚，离错坎。腰精下去，气归丹田，合坎中满，故取诸离。两手既如日月，又如雷风恒卦，巽下震上。巽为风，震为雷，两手迭运不已，无间断，有恒久意。恒卦。《象》曰："恒，久也。"日月得天而能久照，盖言天地之道恒久而不已也，利有攸往，终则有始，故又取诸恒九二：悔亡，能久中也。六五：恒其德。功皆似之。

陈氏太极拳图说

卷二

运手五言俚语

双手领双足，左右东西舞。

先由左手领，右手随西去。

右足亦收西，两手与眉齐。

两手去尺余，内外缠皆内向外转徐徐。

中气贯脊中，不可歪一处。

右足收回时是临终不舞，左手至西住。

七言俚语

两手转环东复西，两足横行步法奇。

来回运气恒不已，双悬日月照乾坤离恒脊有关切。

第二十四势　高探马

眼看住右
手中指甲

顶精领
住中气

运手面向北，此图面向北转成面向南，此老式也。左手领住，右手从东绕一圈再领住，左足向后拔一步落到东面，面即向南矣。

右手随左手向东绕一圈，转回到西，身扭过在前。右手在前，手背朝上展开。

左足随右手向东绕圈时，右足先后开一步，后踵转移，趾向西南，左足再退行一大步，落在右足之东。右足随右手到东，右足先向后退行，落住脚，右足后跟一扭转，足趾向西南。

何谓高探马？如马高大，骑之，而以手先探其鞍鞯也，故名之。运手，两手在西，敌人以手来侵

左右手内精运转图

运手面已转过向南 此身已转过向南 手腕擦隆并 右手从东起绕一圈到此 左足向后拔一步落到东方

在运手，左手在西，右手至探马转过面向南；手在西，右为前。

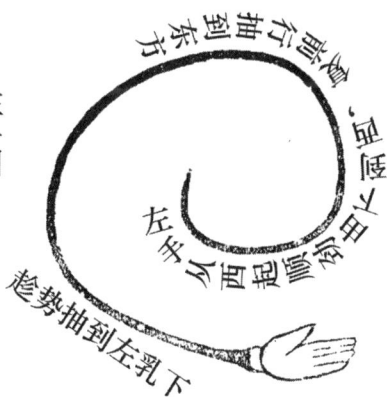

左手图

前行抽到东方 左手从西起绕一圈到此趁势抽到左乳下

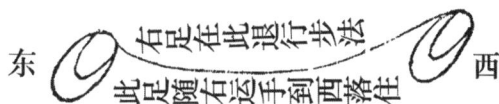

东　右足在此退行步法 此足随右运手到西落住　西

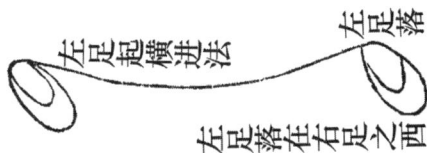

左足起横进法　左足落

左足落在右足之西

我左胳膊，我即以右手领住，左手引之，使进。欲使敌进，必先以右脚往东退一步，待引足，然后即以左手向西折回而击之，此手之所以转一圈也。当引之时，右手在东，右脚随右手退一步，在东落地，用后踵拧

转，指向西南。左脚即退行一大步，过右足之东落地。右脚是实脚①；左脚是虚脚②。上边左肘回击，即扭过身向南，左手即抽回，落于左乳下，手腕朝上，去胸二三寸，护住胸身。即从西面扭转向南，右手与肱即向西展开，手腕朝下，与左手腕相合，如整鞍探马势。右手是顺转精，左手是倒转精。

取象

此势右手在前，又在上，左手在后，又在下。胸有含蓄，极虚。手在外而实，心在内而虚，有离象。两足前虚后实，裆圆，膝开而合。震为足，上二画象大股、小股，下一画象足合。震下离上，噬嗑卦也，故取诸噬嗑。耍拳不能不击人，不击人不能卫身，何用之？颐中有物，曰噬嗑<small>手在上，下未击人，先有击人之势，如颐中未有物之象。将来击人颐中，有物矣</small>。《象》曰："刚柔分<small>言足在下，属震，是刚在下也。手在上，大概为离。然离上下两画皆阳，如拳之手在下在上也。中间阴画，如心在中央，极虚极灵</small>，动而明<small>手足欲动而心先明以命之</small>。"雷电合而章<small>足如震，为雷。心如离之明内外，上下各自成章</small>，柔得中而上行<small>两手左屈右伸，如离之得中道而上行</small>。

《象》曰："雷电噬嗑<small>言人之有心如电之明，有足有手如雷之刚</small>。"初爻曰"灭趾<small>言我灭敌之趾</small>"，二爻"噬肤灭鼻<small>言我打人之肤，而又打塌其鼻</small>"，四爻"噬干肺"，五爻"噬干肉<small>言我虽遇劲敌，勿虑也</small>"。象取噬嗑，言我有噬嗑之具，虽未噬嗑，而内有噬嗑之心，外有噬嗑之形，将来必有噬嗑事，此特未之噬嗑耳。事有必至，理有固然，皆是预决之辞。拳取噬嗑，亦预必之意。又两腿在旁，中间空，如离中虚；右手在上，两胁在旁，如艮覆碗，离之中虚上行通心，心火象。以此心火一动，运于右手，是山下有

196

---

① 原版本为"是实脚"，依据拳势、拳理要求，补充为"右脚是实脚"。
② 原版本为"右脚是虚脚"，依据拳势、拳理要求，将"右"字更正为"左"字。

火，故又取诸贲。

《彖》曰："柔来而文刚_{言以下体之柔来文艮之手，故亨。分刚上而文柔}本卦综噬嗑。噬嗑上卦之柔来文贲之刚。艮，阳卦，喻拳。又分噬嗑下卦之刚。上而为艮，利有攸往，天文也_{在天成象不过日月五星运行，一往一来，刚柔交错，即天文也。在}耍拳是宾意；文明以止，人文也_{盖人文，人之文也，灿然有礼以相接，文之止也，而}截然有分以相守，喻右手在上，能止能守。观乎天文，以察时变；观乎人文，以化成天下_{言拳有心以运手，自能令人心服。}"初爻："贲其趾_{艮综震，震为足，有}趾之象。艮为手，言拳有手足相顾意。"二爻："贲其须_{在颐曰须，在口曰髭，在颊曰}髯，贲其须者，虽小处，亦顾。"三爻象曰："永贞之吉，终莫之陵也_{高探马人莫}敢近。"五爻："贲于丘园_{探之高，犹马丘园也。}"《象》曰："六五之吉，有喜也_{人莫敢侵，何喜如也。}"上九："白贲，无咎。"《象》曰："白贲无咎，上得志也。"天地间色即是空，空即是色，色色空空，空空色色，无生有，有归无，何物不然，岂独拳乎？岂独拳中高探马乎？艺至此，惬心贵当矣！

高探马七言俚语

其一

八尺以上马号龙，吴山独立第一峰。

只为欲乘千里疾，高探赵奢马服封_{伯益之后赵奢封为马服君。}

其二

冀北空群得最难，形高八尺不易探。

果能立势超流俗，千里一日解征鞍。

第二十五势　右擦脚

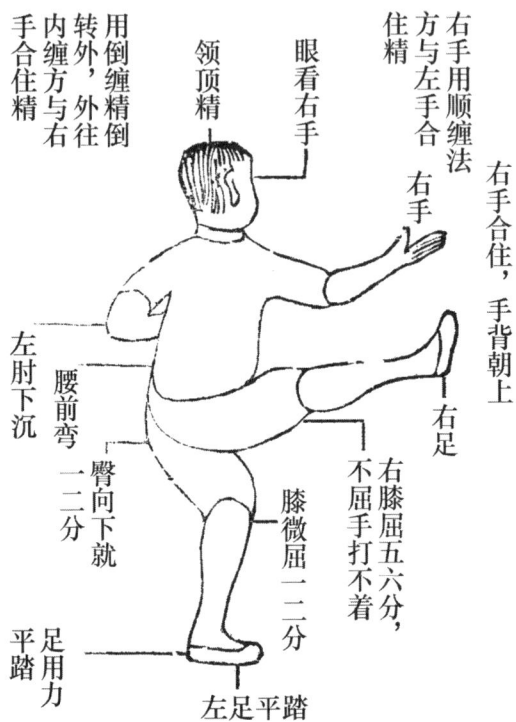

右手用顺缠法
方与左手合
住精

住精
眼看右手
领顶精
用倒缠精倒
转外，外往
内缠方与右
手合住精

右手合住，手背朝上

右手

左肘下沉
腰前弯
臀向下就一二分

右膝屈五六分，不屈手打不着

膝微屈一二分

右足

足平踏用力

左足平踏

第二十六势　左擦脚

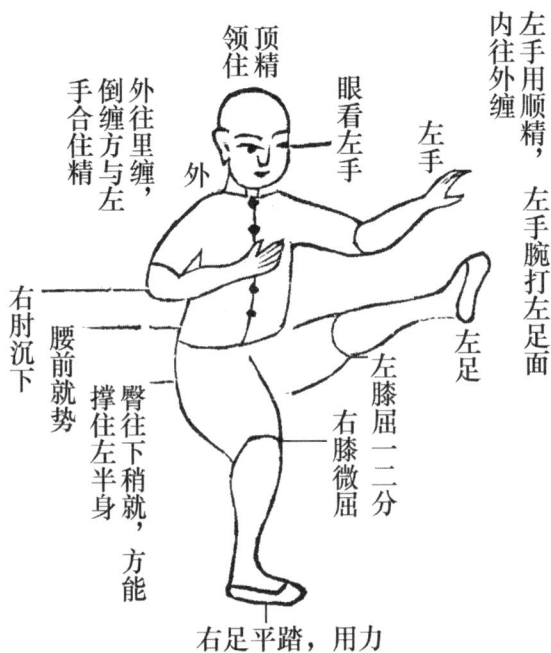

左手用顺精，左手腕打左足面
内往外外缠

领顶精
眼看左手
外往里缠，倒缠方与左手合住精
外

左手

左足

右肘沉下
腰前就势
臀往下稍就，撑住左半身，方能

左膝屈一二分
右膝微屈

右足平踏，用力

右手打右足。先将右手向下折回到左肋，上行向西，用顺缠法打右足面。胸向前弯，臀往后霸下，就势方能前后撑住，不至倾倒。左膝微屈，左足方能立稳。打罢右足，右足少往前移一脚远是右足既落地而后移之，足趾向北，左足挪到右足前，趾向西北，落住脚，然后再抬起来。未打足时，左手亦从左肋上去，向前打左足面，亦用顺缠精，腰往西弯，臀往下，就势向东霸，然后左右方能撑住。顶精要领好，裆下膝屈，足在地者要实踏。

面向南方图

右手图

东　　　　　　　　　　　　　　　　西

左肋　　　　右肋

左肱在前打右足面亦往下展开。

左手在后亦往下暗助力。左手右手前打右足面，右在后亦往下暗助力。

右手从左肋下折回到右肋

面向北方图

西　　　　左手图　　　　东　　　左肱展开合手

右肋　　　　左肋

右肱在后亦展开

左手从右肋上去向前打左足面，用顺缠劲

左足在东，右足在西，右手打罢右足落原位。扭转足踵使趾向北，然后左足自东越右足所落之西停住，再抬左足

左足从此起

打罢仍落此

右足从此起，打罢右足之前。越时右足踵扭转，趾向北，面亦向北矣。

左足越右足之前。越时右足踵扭转，趾向北，面亦向北矣。

右擦脚取象

本势以右手拍右足之面。震为足，右足踢人；艮为手，以右手助而御敌，正意也。耍拳非真遇敌，拍其右足，预形御敌之威也。足上踢，手下打，有益之意，故取诸益。《彖》曰"损上益下言以手助足"，曰"自上下下，其道大光言以右手自上下，下至右足顺道也。故其道大光"，曰"利有攸往，中正有庆言内以中气运之，前弯腰，后臀霸，得其中正，故有庆。右足上踢，无不利也"。初九："利用为大作，元吉右足贵有作为，以之上踢，大作也，吉之，至善者"。有夬卦："壮于前趾象。"有四爻："臀无肤象盖右足前踢，臀必随之。今乃令其后霸，且稍就下。无肤，不露其肤也。"

右擦脚长短句俚语

右手从左胁掏出绕一圈，手与心平，展开肱，左脚立定，右足踢起，不在颔下即裆中。能使人一时丧命凶，得不用且不用，未可以妄举乱动。

左擦脚取象

右手方打罢擦脚，即倒转回，面向北，复以左脚踢起，左手掌朝下，左手打之。上势左足方独立罢，今复以右足独立。在下右足为阴巽，下断亦为阴，巽下艮上，蛊卦，故取诸蛊。右股独立，战憟不定，不定而定，如树木生虫，几难自持，而强为支持。《彖》曰"蛊，刚上而柔下刚，言左手；柔，言右足"，曰"利有攸往言利于打擦脚"，曰："终则有始言此势一终，下势又始也，天行也拳亦天理自然之运行也。"初爻："干父之蛊艮手在上，有父居尊，专于无为而有为，有子言右足主立，左足主踢，服劳听命犹巽之顺，考无咎言足能踢，手能打，犹父无咎也。"五爻："干父之蛊，用誉言以左足上踢有功，是用誉也。"总之，事虽有蛊、有干之者，蛊自无，且有功。

左擦脚长短句俚语

右脚向北立定，左手也是从右胁转回，手与心平，展开肱，左手合掌向下打，左脚踢上快如风。不偏不倚又踢在敌人裆中故非一人，当面见英雄。

右擦脚四言俚语

部位记清，面离分明。

左足先横，右足跟定。

右手左掏，向足打平。

七言俚语

其一

先将左足向南横探马面向北，左足先扭向南，右足扭向南面，故向南，上抬右足面展平。

右手从左先绕转，上打下踢两相迎。

其二

面南左足定根基，右手下迎不烦思。

浑身合住弯弓似，东嘁西打自相随。

左擦脚四言俚语

面从南方，转向北方。右足立定，左足飞扬。

左手右绕，下打不妨。中气贯足，乃尔之强。

七言俚语

再将右足扭向北，扣合全身自有力。

左手右绕向下打，丝丝入彀方合式。

左右擦脚合咏长短句俚语

　　先将部位心记清，从北转南两足横。左足先立定，右手从左绕一圈，然后右足踢起，右手向右足面打正打平。右足踢罢向北横，左足而往前跟定。右足先踏正，左手从右胁顺绕一圈，展开手，舒开肱，向左足面再打一声。顶精领起，裆精下去，一势一脚立分明。四面侵无惊，虎啸风生手足迎，太和元气练得精，灵明如转晴。动静合轻重，心存恭敬，实体力行，循序渐进，十年乃成。到尔时气息纷争，意无满盈，方知道拳家有权衡。

第二十七势　中单鞭

上半势图

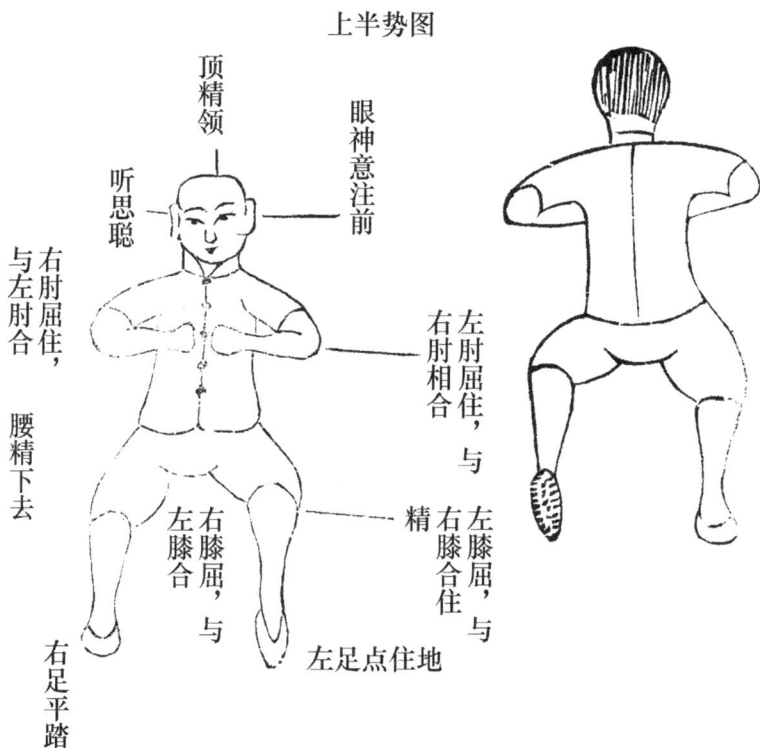

顶精领

听思聪

眼神意注前

右肘屈住，与左肘合

左肘屈住，与右肘相合

腰精下去

右膝屈，与左膝合

左膝屈，与右膝合住

精

右足平踏

左足点住地

左手打罢左脚，身从北而西倒转回，面向南，左足立到东面，足趾点住地，左右肘皆屈住，忽然左手向东、右手向西，一齐展开，名为中单鞭。一名双风贯耳，谓两肱展开时，左右手速从耳边过，如有风贯于耳中，故名。当左右肱展开时，左足即向东蹬一脚，脚往东蹬，身往西霸，使其东西用力，相停得其中正，不至倒跌；右足在下，不至立不稳。要必顶精领好，右膝微屈，然后臀骨才能往下稍就一点，身才能往西霸住。不偏于东，不偏于西，中立得住，凡事皆然，能权得中，自然合宜。然权无一定，身虽有偏，用力相停，能以中立，是谓得中，是谓权之无定，却自有一定，不可移易，在人自会之耳。

下半势图

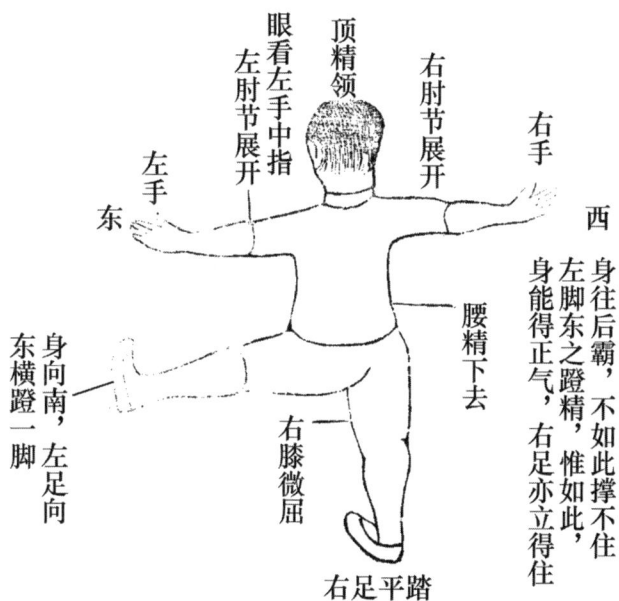

取象

乾为首，头在上，顶精领好，眼神注于左手，又兼注于左足所蹬之地，两肱展开，如乾之刚。震为足。右足立住，左足东蹬，如雷之疾。

震下乾上，是为无妄，故取诸无妄。无妄者，至诚无虚妄也。凡事尽其在我，而于吉凶祸福皆委之，自然有所不计。《彖》曰："刚自外来，言大畜上卦之；艮来而为，无妄之。"震，震动也左足东蹬，震之动也。曰：动而健言足蹬，极其刚健。曰：刚中而应言乾健之手，随其左足以应之。曰：大亨言左手、左足皆利也。曰：以正言宜蹬则蹬，不妄蹬也。且东蹬必中要地，得其正也；曰：天之命也言东蹬亦理，势之自然而然，莫非天命；曰：有攸往言蹬非徒蹬，有为而蹬，即经言无妄之往；曰：何之对面便是有所蹬处。曰：天命不佑对面便有，蹬所宜蹬，击所宜击，天即佑之。曰：行矣。心存以敬，运以中气，何往不可？初爻：无妄往吉。《象》曰：无妄往吉，得志也言诚能动，物无不遂心，即手击足蹬之谓也。四爻象曰：可贞无咎，固有之也言单鞭可蹬可击，亦可不击不蹬，以其养之有素也。

内精

揽擦衣右肱本伸，必与左肱合毕，然后左手拉开单鞭，中单鞭，两肘皆屈住，如裹鞭炮以我之肱裹人之肱，向外展，外击人。忽然用顺精一齐展开，此是大同小异。左足蹬，亦是用顺缠精合住。蹬右足，亦是用顺缠精合住，方能立稳。

中单鞭七言俚语

其一

身法端庄正无偏，左右手与肱齐舒伸展也列两边。

左足向东蹬一脚，全凭一木上冲天震为木，为足，右足独立在下。

其二

两手忽聚而忽散，浩然元气贯中间。

右足下伏如基础，为看左足半空悬。

第二十八势　击地捶

昔吾少时，先大人尝以此势将身设下，教吾弟兄二人捺住脊梁，上下尽力使气。只觉先大人一扭身，吾弟兄二人一齐跌倒。尔时即悟机关全在于腰，上边顶精一领，下边裆精开圆，两足实在踏地，中间腰精一扭转，任有多人亦捺不住，况吾弟兄两人乎？此所谓中气贯足，物来顺应，物莫能违。

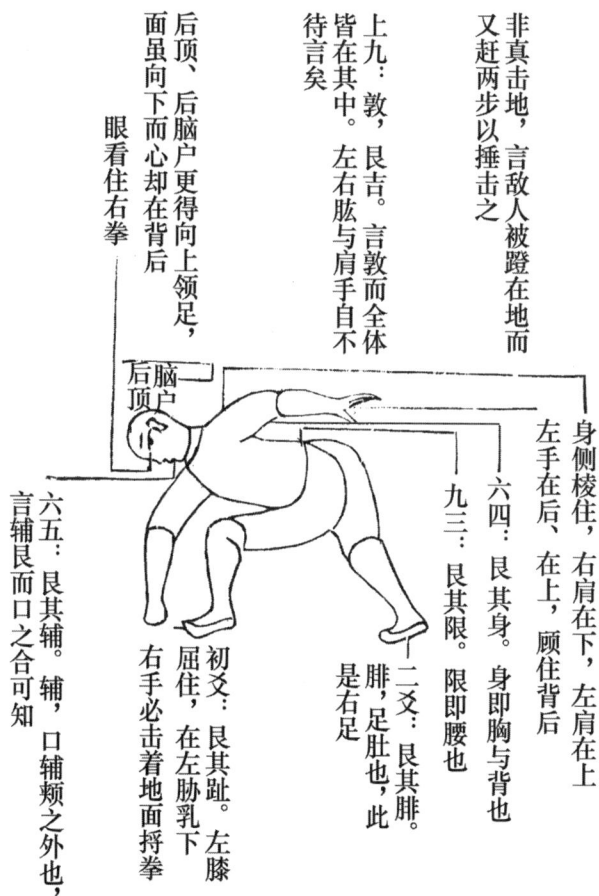

非真击地，言敌人被蹬在地而又赶两步以捶击之

上九：敦，艮吉。言敦而全体皆在其中。左右肱与肩手自不待言矣

后顶、后脑户更得向上领足，面虽向下而心却在背后

眼看住右拳

后脑户　顶

身侧棱住，右肩在下，左肩在上，顾住背后

六四：艮其身。身即胸与背也

九三：艮其限。限即腰也

二爻：艮其腓。腓，足肚也，此是右足

初爻：艮其趾。左膝屈住，在左胁乳下右手必击着地面捋拳

六五：艮其辅。辅，口辅颊之外也，言辅艮而口之合可知

中单鞭，左足向东蹬毕，左足落下，即向东开一步。右足越过左足，向东再开一步。左足再越过右足，向东再开一步，右膝去左乳仅二三寸。不如此，则腰未弯下，右手不能向地面打一捶。右手击地，手

背向东，是为合住捶打，阳精也。手法：左足蹬毕，开步落地，左手即随之倒转一圈，右足越左足向东开步①，右手亦随右足倒转圈。待左足再向东开步，左手倒转一圈，左手落到左胁上时，右捶即向地面上击一捶，此谓下演手捶。左足临终开步时，膝大屈住，膝去乳甚近，腰大弯下去，后顶更得往上提住，勿令神庭、承浆向下，即令后顶提领，面不向下，即已向下七分矣，而况后顶领提不足乎！此关系最紧，不可不知。下边裆口更得撑圆，脚步更得踏稳。此大铺身法，背高于臀不过数寸言身弯下，背之平，前后高下不过五六寸。不如此，人有捺背即倾倒矣。或从东提耳，亦即俯偃于地。故裆要撑开，足要踏地。至于心，纯用在头背上与右腿弯。

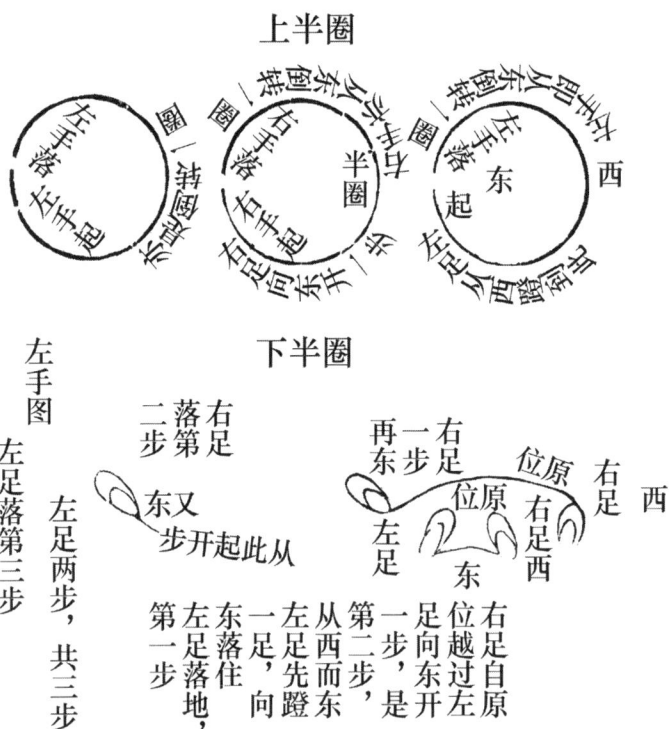

上半圈

左手落起　转一圈　不觉圆　右手落起　右足向东开步　半圈　倒转一圈　左手落起　左足落起　倒转一圈　东　西　左足踏西

下半圈

左手图　左足落第三步　左足两步，共三步

落第二步　右足　东又　此从起开步　左足

再一东步　右足　左足　位原　右足　西　位原　东　右足西

第一步左足落地，向东　一左足落地，先向东而蹬　从第二步，是开左　右足越过自原位　右足原位　左足向东开住

① 原版本为"右手越左足向东开步"，依据拳势、拳理，将"右手"更正为"右足"。

内精

左手图：左足蹬时，东开第一步，左手用倒劲倒转一圈。

右手图：右足向东开第二步，右手亦随步倒转一圈，用倒转劲。当左手转够一圈，右手由上半圈捋拳向下击，只转一圈。

左足向东再开一大步，落住。腰弯下，左手随左足用倒转劲转一圈，左足落地，右手乘腰弯下向地击一捶。左足先蹬一脚，开一步，待右足继开一步毕，左足再往东开一大步，则是一连三步。当左开第三步，右手才转下半圈，待左手到后，右手即捋住拳，向东与头顶齐，下击足，过头七八寸，亦可从西而东下击。此是右手上半圈。

取象

本势全体向下，独左手在上，犹在后。其余右手与左右足皆在地，止而不动，故取诸艮，是由动而静也。至静极，复动矣！动静循环，自然之理。拳即此二气，一动一静，循环不已之妙用。艮下艮上，为艮卦_艮者，止也。一阳止于二阴之上，阳自下升极上而止此，止之义也。其象为山下坤土，乃山之质。一阳覆冒于二童，浊在下，亦止之象。艮其背，不获其身，行其庭，不见其人，无咎_{来注：本卦综震四，为人之身，故周公爻辞以四为身，三画之卦，二为人位。故曰：人庭则前庭也，五也。艮为门阙，故门之内中间为庭。震，行也。向上而行，面在上，其背在下，故以阳之画初与四为背。艮，止也。向下而立，面向下，其背在上，故以阳之。尽三与上为背上二句，以下卦言下二句，以上卦言，言止其背，则身在背后不见其四之身，行其庭则背在人前，不见其二之人所以一止也。间既不见己，又不见其人也。辞本玄妙，令人难晓。孔子知文王以卦综成卦辞说，一行字，一止字重一时字。}

《象》曰：艮，止也。时止则止，时行则行，动静不失其时，其道光明。艮其止，止其所也，上下敌应，不相与也。是以不获其身，行其庭不见其人，无咎也_{以卦体、卦综、卦德释卦名。卦辞言：所谓艮者，以其止也。然天下}

之理无穷而夫人之事万变，如惟其止而已，岂足以尽其事理哉！亦观其综，何如耳！盖理当其可之谓时，时当乎艮之止，则立时当乎震之，行则行，行止之动静皆不失其时，则无适，而非天理之公其道，如日月之光明矣，岂止无咎而已哉！然艮之所以名止者，亦非固执而不变迁也，乃止其所止也，惟止其所，当然之理，所以时止则止也。卦辞又曰：不获其身，不见其人者，盖人相与乎！我则我，即能得其人，我相与乎？人则人，即能获其我。今初之于四二，之于五三，之于上，阴自为阴，阳自为阳，不相与，应是以人不获乎？我之身而我亦不见其人，仅得无咎而已，岂右时止时行，岂止无咎哉？八纯卦皆不相应与，独于艮言者。艮性止，止则固执不迁，所以不光明，而仅得无咎。文辞专以象言，孔子专以理言。

《象》曰：兼山，艮，君子以思不出其位兼山者，内一山，外一山，两重山。天下之理，即位而存。父有父位，子有子位，君有君位，臣有臣位，夫妇亦然。富贵有富贵之位，贫贱夷狄患难亦然，拳之耳目手足头身亦然。有本然之位，即有当然之理。思不出其位者，正所以止乎其理也；出其位则越其理矣。初六：艮其趾，永贞，吉艮综震，震为足趾之象。初在下，亦趾之象。咸卦亦以人身以渐而上。初六阴柔，无可为之，才能止者也。又居初，卑下不得不止者也。以是而上，故有艮趾之象。占者如是，则不得轻举冒进，可以无咎而正矣。然又恐其正者不能永也，故教占者以此。

《象》曰：艮其趾，未失正也理之所当止者，曰正，即爻辞之贞也。《爻辞》曰：利永贞。《象辞》曰：未失正。见初之止，理所当止也。六二：艮其腓，不拯其随，其心不快腓者，足肚也，亦初震足之象。拯者，救也。随者，从也。二比三，从三者也。不拯其随者，不求拯于所随之三也。凡阴柔资于阳刚者，皆曰拯涣卦。初六用拯焉，壮是也。二中正八卦，正位艮。在三两爻俱善，但当艮止之时，二艮止，不求，可三；三艮止，不退，听于二。所以二心不快，中爻坎为加，忧为心病，不快之象也。六二居中，得正比于其三，正于其腓矣。以阴柔之质求三，阳刚以助之，可也。但艮性艮止，不求拯于随，则其中正之德无所施用矣！所以，此心当不快也。故其占中之象如此。

《象》曰：不拯其随，未退听也二下而三上，故曰退。周公不快，主坎之心病而言。孔子未听主坎之耳，痛而言。九三：艮其限，利其夤，厉薰心限者，界限也。上身与下身相界限即腰也。夤者，连也，腰之连属不绝者也。腰之在身，正屈伸之际，当动不当止。若艮其限，则上自上，下自下，不相连属矣，列者列绝而上下，不相连属，判然其两段也。薰与熏同，火烟上也。薰心者，心不安也。中爻：坎为心病，所以六二不快，九三薰心，坎错离，火烟之象也。止之为道，惟其理之所在而已。九三位在腓之上，当限之处，正变动屈伸之际，不当艮者也。不当艮而艮，则不得屈伸，而上下判隔列绝其相连矣。故危厉而心不安，占者之象如此。

《象》曰：艮其限，危薰心也不当止而止，则执一不能变通。外既离断，心必不安。所以危厉而薰心也。六四：艮其身，无咎艮其身者，安静韬晦，乡邻有阋而闭户，括囊无咎之类是也。六四以阴居。阴纯乎，阴者也。故有艮其身之象。既艮其身，则无所作为矣。占者如是，故无咎。

《象》曰：艮其身，止诸躬也躬即身也，不能治人，不能成物，惟止诸躬而已。故爻曰"艮其身"，《象》曰"止诸躬"。六五：艮其辅，言有序，悔亡序者，伦序。辅，见咸卦注：艮错兑，兑为口舌，辅之象也，言之象也。艮其辅者，言不妄发也。言有序者，发必当理也。悔者，易则诞繁，则支肆，则忏悖，则违皆悔也。咸卦多象人面，艮卦多象人背者，以文王卦辞艮其背，故也。六五当辅，出言之处，以阴居阳，未免有失言之悔。然以其得中故，又有艮其辅，言有序之象。而其占则悔亡也。

《象》曰：艮其辅，以中正也正当作止，与"止诸躬""止"字同，以中而止，所以悔亡。上九：敦艮吉敦与"笃行"之"笃"字同，意时止则止，贞固不变也。内有敦厚之象，故敦临敦复皆以土取象。上九：以阳刚居艮极。自始至终一止而不变，敦厚于止者也，故有此象。占者如是，则其光明何吉如之。

《象》曰：敦，艮之吉，以厚终也厚终者，敦笃于终而不变也。贲、小畜、蛊、颐、损、蒙六卦，上九皆吉者，有厚终意。击地捶右手抟拳依地，肱展开，艮下卦之一阳，右足趾踏地，左足五趾踏地，像艮二阴爻，此艮下卦之象。上卦艮，上者枕骨通大椎以下二十一节，像艮之一阳；后臀两分像一阴爻，左右胁支两分，像第二阴爻，此艮上卦之象。吾之取象，犹不止此艮止也。以顶精领住，裆精下去，腰精用好，余皆各止其所。盖蹬时足开步，手倒转动也。动极必静，是时当止也。时止则止，是止其所当止也。止极必起，此先为下势之起设势。

击地捶七言俚语<small>左脚蹬一跟，将敌人蹬仰卧于东，去吾甚远，又恐其复起，故吾则必连三步，趁其未起来而又向其身再击一捶，令其不复再起</small>

其一

转过脸来面向南，东蹬左脚看奇男<small>二句承上</small>。

连三赶步腰脚健，深入虎穴用手探<small>取也</small>。

其二

放开脚步往前贪，已罢东蹬左足悬<small>已罢者，足已落于地</small>。

下击一捶先致命，然后回身欲飞天。

第二十九势　二起脚

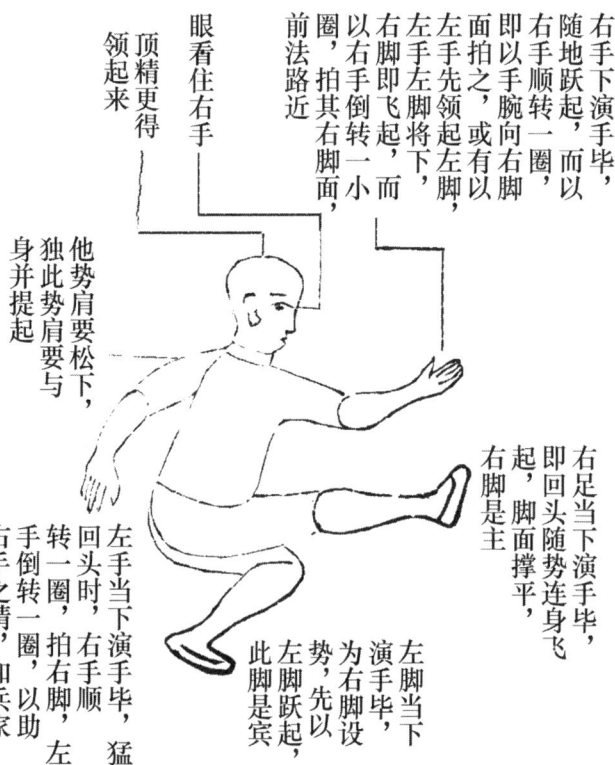

右手下演手毕，而以右手顺转一圈，即以手腕向右脚面拍之，或有以右脚即飞起，而左脚先倒转一小圈，拍其右脚面，以右手领起，将左右脚，而左脚随地跃起，前法路近

眼看住右手

顶精更得

领起来

他势肩要松下，独此势肩要与身并提起

左手当下演手毕，猛回头时，右手顺转一圈，拍右脚，左手倒转一圈，以助右手之精，如兵家设疑兵以助军威，手而肩与脚皆在其中言

左脚当下演手毕，先以左脚跃起，为右脚设势，此左脚跃起，左脚是宾

右足当下演手毕，即回头随势连身飞起，脚面撑平，右脚是主

身法：心精往上一提，全身精神振奋，皆往空中耸跃，右足能高头顶方合式，即不能与天庭齐，亦可再不能与肩平，斯至上矣。

何谓二起？左右二脚相继一齐离地四五尺而跃起也，故名。踢二起。右手下演手捶刚栽下击人，西面又有敌人从背后来犯，我即猛回头，以右手自下而上、自南而北而下，左手亦自下涉到上面，遂时自上下去。左脚即先踢起，以引右脚起势。左脚将要下去，右脚即随左脚升提，上跃之精亦往上尽力升提_{升，往上去也。提，提精神也。}上踢脚面要平。此时右手在下不停，随住倒转之精自下速上合住手掌，而以右手拍右脚之面。待左右足相继落地，其形尚未停住，下势之机又动矣。二起之界至此而足，此最大之势。因右手身法所转之圈大，故其势大，此最下一等踢法。然学者必先由此路为入门之始，等而上之，右手不用涉到右边。当下演手毕，左手往上一起，右手即以之从东而西，复自西而下，向东而上、而西转一圈毕，右手拍其左脚，二脚跃起，亦是左先右后，此是中一等踢法。再等而上之，是上等踢法，颇难。当右手将捶下栽，即时即以右手顺势用顺精转一圈，拍其右脚面，右手顺转一圈，左手却用倒精倒转一圈，以助右手之精。至于足，亦是左先右后，然必左足先用力狠往上踢，而后右脚始能踢高。二起纯是用全体升提法。二起毕，两足立住而向南，右手在西，左手在东，如单鞭势下。

内精

二起右手下等运行图

原初面向下，涉上打罢，面向南立，不停。

中等运行图

此是用顺缠劲

胸前

地

踢二起上等打法，就外观之，较中图、下图似易而实难，非久有功夫不能踢起来。且非亲阅其境，不知盖以本地风光不预设势，故也。

上等手法运行图

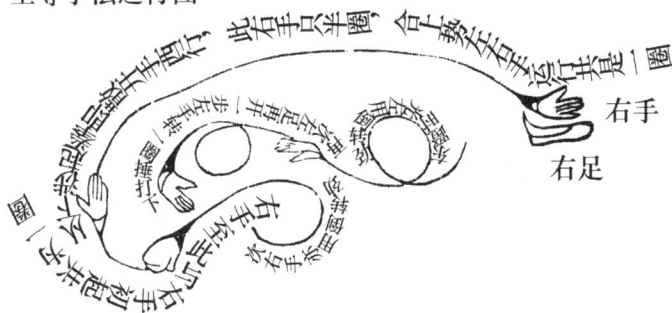

右手

右足

右手

此三圈是上等左右运行图。

取象

本势左足先起。震为足，震下，右足从后起；震上，合之则为震，故取诸震。震，动也。物未有久止而不动，两足动而周身皆为之奋起，此震之初爻、四爻，阳一动，则二爻、三爻、五爻、六爻亦随之而震动。上势静极，此势有震来厉之象。足之所起者，极高，故又有乾卦飞龙在天之象。心精一领起来，而五官百骸皆随之而俱起，故又有随卦。随，有获之象。且从下演手捶奋然而起，如泽中有雷，随能不震惊百里哉？

其一　二起五言俚语

二足连环起，全身跃半空。不从口下踢，何自血流红？

其二　七言俚语

中气提来脊力刚，连环二起上飞扬。

若非先向东伏脉，西击何能过鼻梁？

其三

飞龙在天不为好龙之常事，泽中有雷难措巧由地起高最难。

但凭此身熔炼久，先学魏雠一距跃。

第三十势　兽头势

何谓兽头势？右拳在额，左拳在左膝上，中间瞪住眼而瞲视之瞲：恶视貌，音标，其形凶恶如房上兽头，故名。二起毕，左足先落下，右足向前开六七寸，左足再往前开尺许，然后左右手从左膝两旁分下，用倒转缠丝精缠到拳上。右拳落额上，去额五寸，在正额外。左拳落左膝上，去腹七八寸，去膝二三寸许。左足在西者收到右足边，去右足五六寸，点住脚，为下势伏脉。

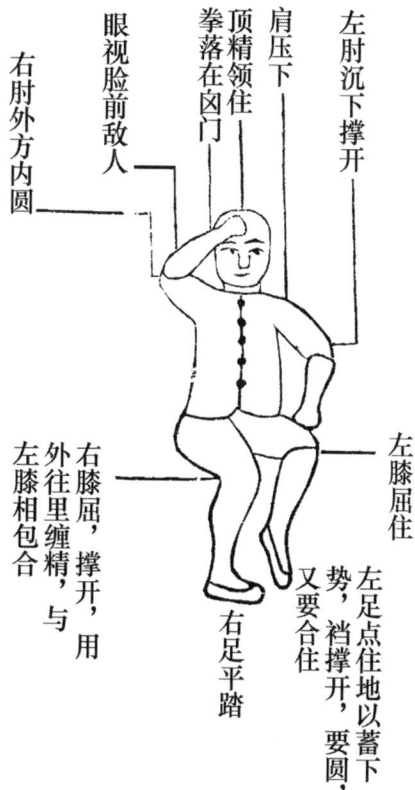

右肘外方内圆

眼视脸前敌人

肩压下　顶精领住　拳落在囟门

左肘沉下撑开

右膝屈住，撑开，用外往里缠精，与左膝相包合

右足平踏

左足点住地以蓄下势，裆撑开，要圆，又要合住

左膝屈住

内精

右手运行图　　　　　左手运行图

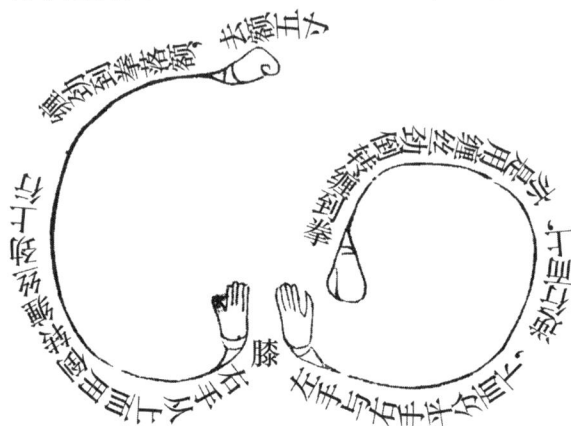

左足前进收回图

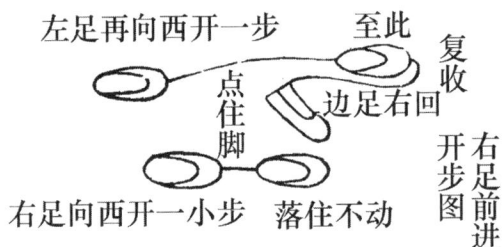

左足再向西开一步　　至此　复收

点住脚　　边足右回

右足向西开一小步　落住不动

右足前进开步图

取象

本势精神全聚于目，视敌人神情往来，观其外即知其内，故取诸观。观者，以人观我拳，则以我观人，观敌所来之路径而乘便以应之也。《象》曰：大观在上，顺而巽，中正以观天下言二目在面，大观在上也。顺而巽者，巽多白眼。视其大势，顺势击之。中正者，心平气和以观敌，是观天下。曰：观天之神道，而四时不忒天即天理，天机也。神道，路道。观他人先机呈露所来之路道，而以四肢随机应之。三爻：观我生生，生命也进退。《象》曰：观我生进退，未失正也两人相敌，性命所关，外观诸人，内观诸己，知己知彼，百战百胜，而一以中气御之，未失大中至正之道。四爻：观国之光。善观色者，能御小敌，亦

能御大寇，所以能观国之光也。五爻《象》曰：观我生，观民也民即敌
之谓。上九：观其生，君子无咎君子喻成手。《象》曰：观其生，志未平也
言拳家手成能平其志，自无横气，无往不可。巽上两画，阳，左右拳也。巽多白
眼，主观察。巽错震，有精神振作意。下卦坤，坤为腹。上体属阳，下
体属阴，坤错乾，柔中遇刚，坤下巽上，曰观兽头大势之意，有符于
此，故取之。有睽卦，见恶人象；有颐卦，虎视眈眈，其欲逐逐象；有
天壮利贞，壮于趾之象；有夬卦九五，大人虎变，其文炳也之象。究之
象之所呈，虽多武人之形，而内实柔顺中正，又有明夷，内文明而外柔
顺之意，故于诸卦取象之余，又取诸明夷。

兽头势七言俚语

其一

瞪眼搦拳像最凶，机关灵敏内藏胸。

左足虚点先蓄势，何人识此大英雄？

其二

两拳上下似兽头，左足西往又东收。

护心拳里无限意，欲用刚强先示柔。

四言俚语

右股要屈，左股要束。左足点地，直而不直。

右拳在额，左拳在膝。上下相顾，并我心腹。

运用在心，聪敏在独独者，人所不知而己所独知之地。

欲刚先柔，欲扬先抑。

太和元气，浑然中伏。灵机未动，预知无敌。

215

陈氏太极拳图说

卷二

第三十一势　踢一脚

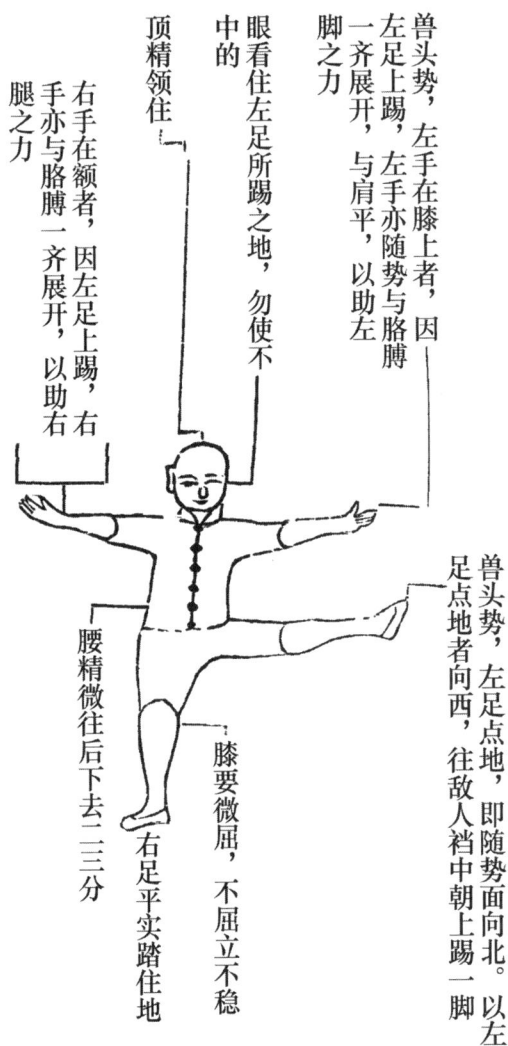

兽头势，左足上踢，左手在膝上者，因左足上踢，左手亦随势与胳膊一齐展开，与肩平，以助左脚之力

眼看住左足所踢之地，勿使不中的

顶精领住

右手在额者，因左足上踢，右手亦与胳膊一齐展开，以助右腿之力

兽头势，左足点地，即随势面向北，往敌人裆中朝上踢一脚。以左足点地者向西，

腰精微往后下去二三分

膝要微屈，不屈立不稳

右足平实踏住地

顶精领好，右手与左手用顺转缠丝精。左手向西，右手向东，一齐展开。腰精下去，向东霸。左足向西踢。胸要合住。右脚踏好，勿使不稳。膝撑要开，又要合住精，右膝微屈。

取象

上一势有鼎颠趾、旅即次二意。此势左足踢起，有壮于前趾之象，有益之损上益下之象。上体之力皆用左足，上以左足踢人，只知晋其角，维用伐邑，厉吉无咎，而未虑及有吝也。盖大壮曰：壮于趾，征凶。亦如上六：羝羊触藩，不能退，不能遂，无攸利。事虽艰，终则吉。我以足踢人，人固以手捉我之足矣，岂能退与遂哉？难莫甚矣，然而终有一解之也，故吉。此时大有明夷夷于左股之象，惟有用拯马壮吉<small>马壮，下势蹬一跟也。</small>

踢一脚五言俚语

左脚朝上踢，局外皆不识。兜裆只一下，即时命遂没。

七言俚语

眼前壁立巍天关，剑阁中空谷口间。

若遇英雄初到此，一脚踢倒万重山。

第三十二势　蹬一跟 [①]

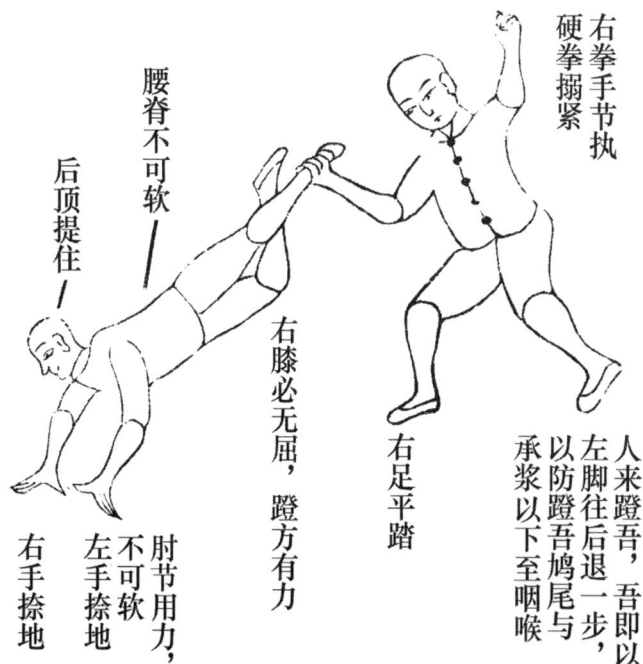

右拳手节执
硬拳搁紧

腰脊不可软

后顶提住

右膝必无屈，蹬方有力

右足平踏

人来蹬吾，吾即以左脚往后退一步，以防蹬吾鸠尾与承浆以下至咽喉

右手捺地

肘节用力，不可软

左手捺地

217

---

① "蹬一跟"的三种打法（上等、中等、下等）见前面"二起脚"中的"内精"部分。

此敌人左手图势。欲以一只手提起吾全身，而以左手击之。或有因其右手得住吾脚，即以左手共捋吾脚，用力扭之，以伤吾左股，以逞一时刚强。两势筹划非不善，而岂知身入死地，自然别有生法。

此图吾以左脚踢敌，敌以右手持住吾脚，欲扭转吾脚，令吾疼痛仆地，或上提吾脚，欲吾全身离地，而后颠起打之。吾即顺势倒转，两手捺住地，而以右足顺住左腿，逆行而上，蹉敌人搦吾左脚之右手，难即解矣。或又以敌人搦吾左脚，吾即以右脚蹬敌人右肘尖，或蹬其手节，皆可解之。此是蹬一跟之大略。至于临时形势不同，不妨以吾之得势，蹬其要害处以解之，临时致用，是在审机者因便应敌。

内精

吾以左足踢人，人或以右手搦住吾脚，即速将身涉下，两手捺住地，头虽朝下，后顶领起来，身腰用两夺之精，肩之力俱用在手上，自肩至手指骨节不可发软，一发软，不惟下体不能蹬人，而上体亦将仆地矣，围何能解？自脐以下，精神、力气俱用在右足后蹬上，难之解与不解，险之出与不出，全赖蹬此一脚。蹬到要害处，不惟可以解难，亦可伤人；蹬不到痛处，不惟难不能解，后之被害不知伊于胡底矣！可不慎哉？然慎之于蹬之之时则已晚，不若慎之于上势。将踢之时，视其可踢则踢之，不可踢则不踢，不可妄用其踢也。即有隙可乘，踢贵神速不贵迟缓，贵踢关紧穴俞，不贵踢髋髀厚肉不着痛痒处。此要诀也，踢者须知。

蹬一跟图

蹬一跟老式图

右足

东

顶精领住

右手

蹬一跟新式图

西

懒力地则手左
怠，则须已不足
不要，捺踏
可吃捺地地
　　　要
　　　稳

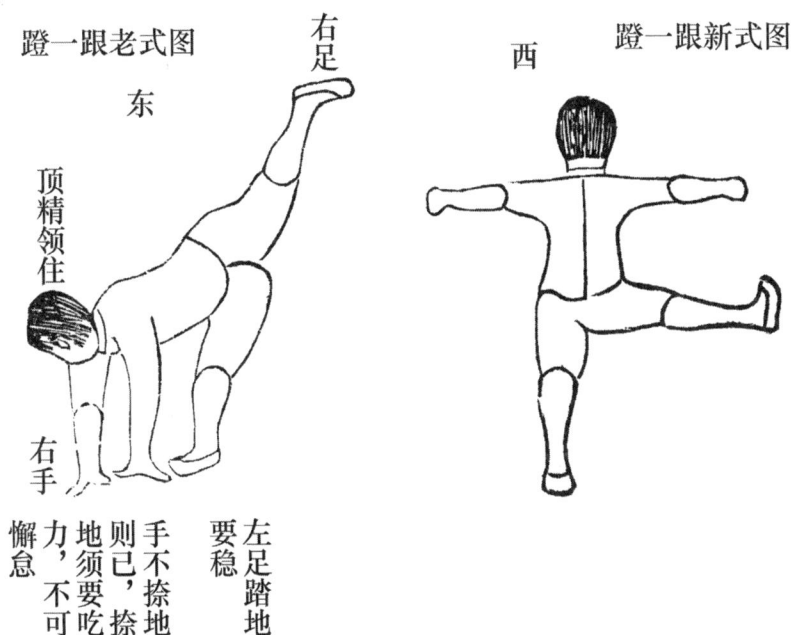

此势比前式为难，欲避难就易，故又为学者立一法，以令其先学此，而后再习彼，亦俯而就之，易于作为，恐其畏难之心胜而半途而废耳。踢一脚，面朝西倒转，自西而北、而东，头向东面、向下。左脚踢罢，由西而北落到右脚之东，即以右脚往后蹬一跟，蹬敌人之胸，身即速倒转，愈快愈好。顶精领起来，两手用倒转缠丝精合住精，两手捺住地亦可，不捺地亦可，脚不必倒往上蹬，只用力向后蹬。后即西方，眼看左右手，心注右足上。蹬一跟者，用脚后跟蹬之。脚趾不如后跟有力，故不言趾而言踵。然趾亦非无用物，特较踵而稍轻耳。全身精力必皆聚于右脚后跟而可，不蹬则已，蹬之必令敌人跌倒。

219

取象

我以左足踢人，被人搦住左足，是此身习（坎）入于坎宫中矣，故取诸（坎）。而有剥床以肤，切近之灾，故又取诸（剥）（泰）。初爻曰：拔茅茹（否）；初爻曰：拔茅茹。敌人欲以一手提起吾身，似拔茅连茹之象，故又取诸（否）（泰）。困之。初爻曰：入于幽谷，三年不觌言我之头朝下，无所见也；三爻曰：困于石，据于蒺藜艮为手，为石，喻敌人手将之紧，如据蒺藜之中也；上六：困于葛藟，于臲卼，曰：动悔有悔，征吉足被缠束，如葛藟叹危之甚，动而有悔。心一有悔，征则吉，不征则凶。故又取诸（困）。倘非硕果言右足也，不食安得祗小渚也？既平樽酒簋贰，纳约自牖，而谋出险，得与脱辐之占。迨一脚蹬后，倾否已过，大难既（解），楛杨生梯不大有庆乎！人曰祐之自天，吾谓事实由人，苟得其道，自占休（复）。

蹬一跟七言俚语

其一

左脚向西朝上踢，两手捺地似虎力。

倒悬身法向手敌人手蹬，翻身演手照胸击。

其二

再将右足上蹬天，顺住左腿蹉无偏。

事到难时皆有法，谁知身体解倒悬。

第三十三势　第四演手捶

　　当蹬一跟毕，左脚先落地倒转，自东而南、而西。右足再向西开一步，胸向正北。左足再向西打演手捶。左手在西，用合精，以应右手。左手用倒缠精向西，手背朝上，合住捶击敌。无敌如对敌，拳落左手腕中打演手，左右胳膊不必展开，视敌之远近，如敌去吾远，不妨展开胳膊；如敌去吾太远，不妨连步以进，或一步，或两步，或三步，右手将住拳，伸开胳膊以击之，如此势连三步是也。如敌丽（附丽也）吾身过近，正不妨屈胳膊，手将拳，而以全身力气努而击之。虽然亦视己之功夫如何，力量如何，出精如何。如功夫、力量、出精皆宏畅有余，用努

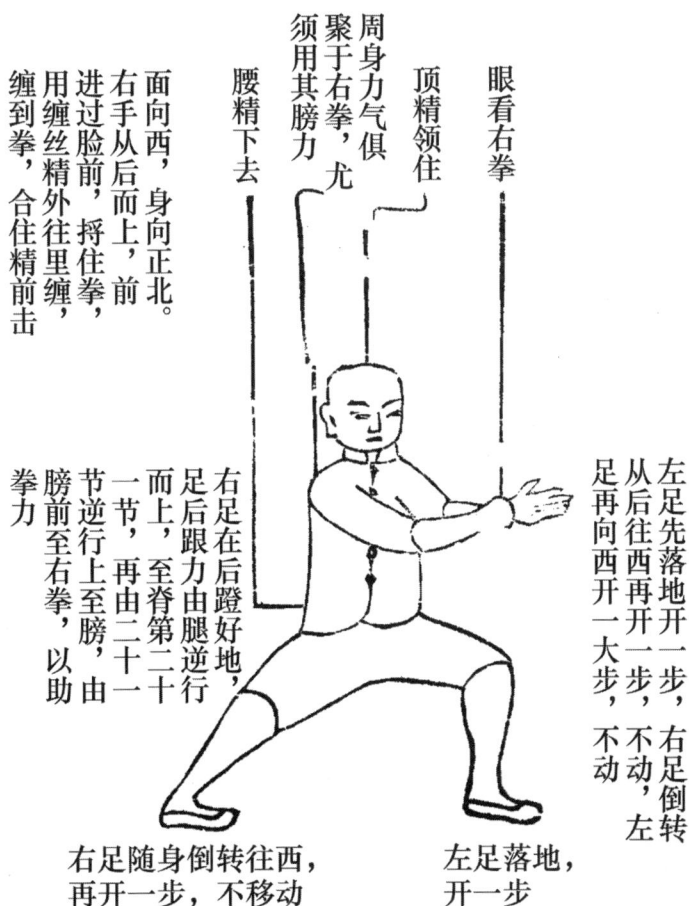

眼看右拳

顶精领住

须用其膀力

周身力气俱聚于右拳，尤

腰精下去

面向西，身向正北。

右手从后而上，前进过脸前，将住拳，用缠丝精外往里缠，缠到拳，合住精前击

右足在后蹬好地，足后跟力由腿逆行而上，至脊第二十一节一节逆行上至膀，再由二十节膀前至右拳，以助拳力

左足先落地开一步，右足倒转，从后往西再开一步，不动，左足再向西开一大步，不动

右足随身倒转往西，再开一步，不移动

左足落地，开一步

力胜于伸肱远矣。盖此处一动，彼即跌于数武^①外矣。不然，则屈肘击人，仍不如伸肘之为快。盖伸肘纵不能跌人，而先无掣肘之患。顶精、腰精、眼神、裆精，该领、该合皆如前法。至于步法，倒身蹬毕，面向下者，自东倒转而南、而西，左足先落地，扭后跟，自东而南。右足倒转，从南向西开一步，是时胸已向北，左足再往西开一步，是左右足连三步矣。左足未落稳，右拳即向西击。如无敌人在西，右拳即落在左肩、左胁之外，去肩与胁六七寸许亦可。空耍拳势原无定格，至近右拳落在左胁前，拳去左乳仅五六寸亦无不可。平居耍拳不可不守成规，亦不可拘泥成规，是在学者能善用其内精。至于形迹或为地势所限，随其地势斟酌运用，可也。当高探时，立而击人，至遇劲敌或南面手够不着_{下平声}，插以右脚，或北面插以左脚，或回头向东演手，或倒回头向西二起，或向西踢以左脚，或倒转用大转身蹬以右足，上有噬嗑、何_{荷也}校、灭耳之凶，下有大过、过涉、灭顶、噬嗑、灭耳、颐之、颠颐诸象，反覆其道，不知何时始能出重险，利涉大川而得中行独复乎？今则七日来复矣，履道坦坦，其谁不用武人之征，演之以手报怨也！孔子曰：以直报怨，未为过也。

右拳图

肘节背面

左手图

肘弯朝里

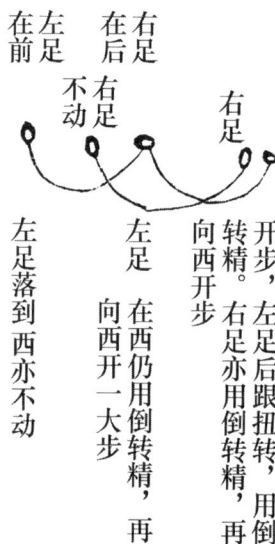

在左前足　在右后足
不动　右足
右足

左足落到西亦不动

左足在西仍用倒转精，再向西开一大步

左足在西，用倒转精，再向西开步

右足亦用倒转精，再

左足先落地，即以左足向西开步，左足后跟扭转，用倒转精，右足

内精

中气由丹田上行到肩，从肩而下向外，

① 古人有"半步为武"之说，"数武"即数个半步。

由外斜缠以至于拳背第三节下边。力由后踵起，逆行顺脊以至右拳，须用肩膊力合住精打之。左手也是倒缠至手，手微抠住腕向东。顶精、裆精如前，左膝屈住，与右膝相合，脚平稳踏地，右足在后如蹬物，以助右拳之力。右膝不可软，与左膝合住精。

取象

上五势，诚有习坎重险之象。三爻曰：来之坎坎，险且枕，入于坎窞。虽欲，勿用，不得也，故取诸坎。然天下事虽曰无平不陂，亦无往不复_{无平不陂，上五势也，盖本乎天者，亲上而反亲下，言头也。本乎地者，亲下而反亲上，言足也。无往不复者，亲上亲下，各复其本然之位也}；否极泰来，故再取否泰，时既泰矣。故晋如摧，如独行其正，故取诸晋。《象》曰：晋，进也，柔进而上行_{言右足大踵之力亦上行，助右拳力}。上九：晋其角，维用伐邑，厉吉_{以厉为吉}。谁谓密云不雨，自我西郊乎？苟复自道，则以既雨既处矣，何咎？故又取小畜。

第四演手捶七言俚语

其一

第四演手面向西，入险出险报人欺。

右拳须用膀上力，一击人都乱马蹄。

其二

左足落地最为先，右足转落左足前_{言倒转，向西进一步}。

再将左足进一步，试看神力饱空拳。

第三十四势　小擒拿

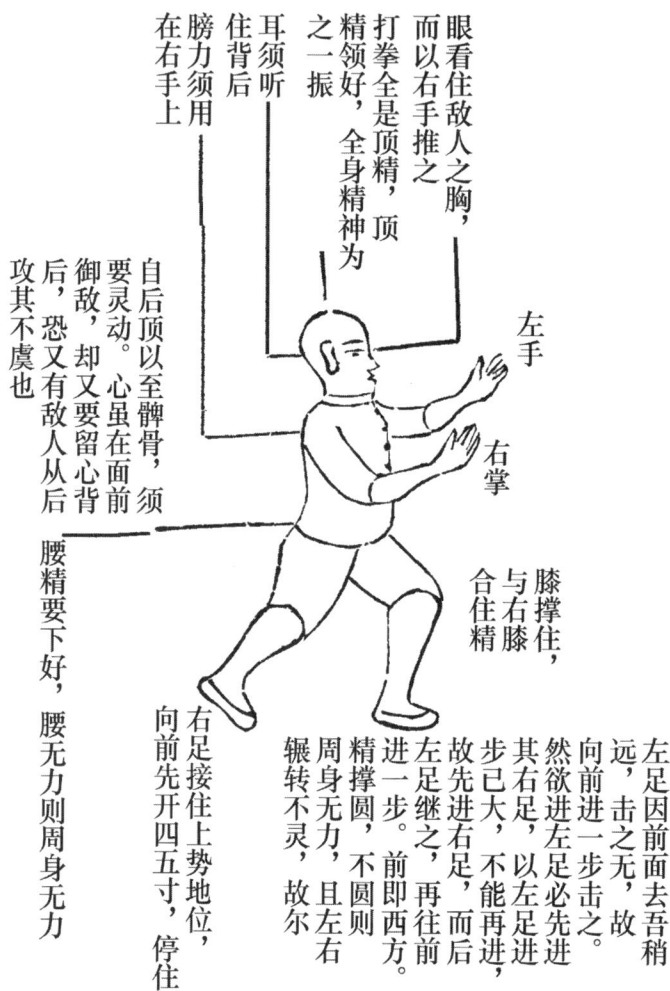

眼看住敌人之胸，而以右手推之

打拳全是顶精，顶精领好，全身精神为之一振

在右手上
膀力须用
住背后
耳须听

自后顶以至髀骨，须要灵动。心虽在面前御敌，却又要留心背后，恐又有敌人从后攻其不虞也

腰精要下好，腰无力则周身无力

左手

右掌

膝撑住，与右膝合住精

右足接住上势地位，向前先开四五寸，停住

左足因前面去吾稍远，击之无，故向前进一步击之。然欲进左足必先进其右足，以左足进步已大，不能再进，故先进右足，而后左足继之，再往前进一步。前即西方。精撑圆，周身无力，不圆则进步不灵，且左右辗转不灵，故尔。

敌人以手击我，我以左手用顺转精引开敌人之手，而后以右手向敌人鸠尾穴推之。须用掌力，掌上有力方能推倒人。

前之演手或未击到敌人痛处，复与我敌，或已击倒而又复起反来相斗，或此人已跌倒，又有一敌前来相敌，要皆去吾身稍远，不能相接交手，则必下边左右脚进步，身与敌近，而后以左手拨开敌人之手，而以右手掌用力推打敌人胸前，皆列阵大战。此则敌稍败而复来，故上遮下打，擒而取之，不必用大身法。曰小，言身法小也。

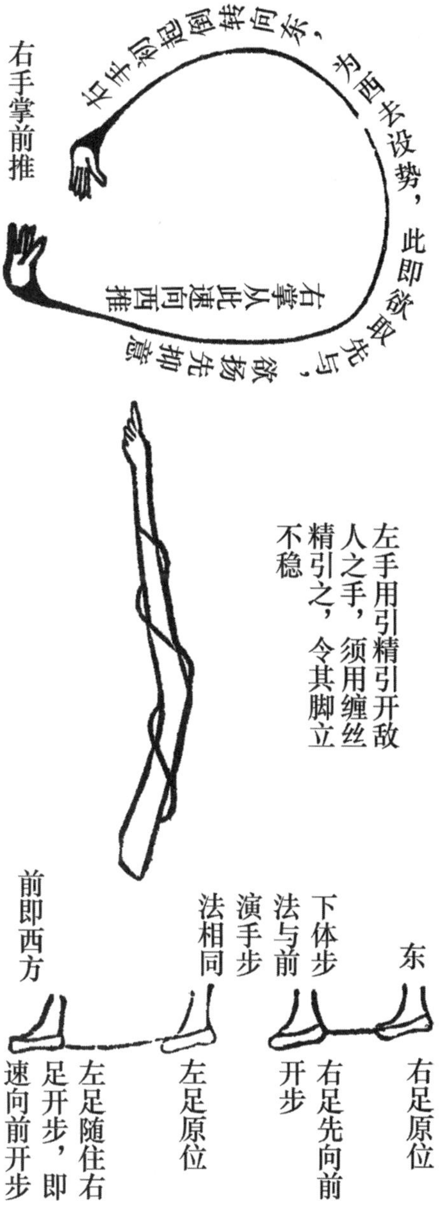
右手初起倒转向东，为西去设势，此即欲取先与，欲扬先抑意
右手掌前推
右掌从此速向西推
左手用引精引开敌人之手，须用缠丝精引之，令其脚立不稳
东
下体步法与前演手步法相同
前即西方
右足原位
右足先向前开步
左足原位
左足随住右足开步，即速向前开步

内精

我以左手拨敌人之手，须用顺转精，或上提引之，或自北向南拨开。左右是一齐前去，左手在上，右手在下，用倒转精自南而北、而后向前击之，此肘下偷擒法。

取象

此势如马武捕虏，几为周建、苏茂所败言前数势也。及王霸不救，武倍力相战，反败为功言上演手捶。既得胜矣，而又赶尽杀绝，如苍头子密杀彭宠以降。小擒打如楚项羽打章邯，九战九胜。又如鸿沟划界之后，汉王必欲将项羽逼死乌江而后已。又如晋卦之晋如摧如摧，以手推倒敌人。独行正也之象，故取诸晋。又如二爻之晋如愁如愁，小心形于外者也，贞吉以中气行之，正而固也。受兹介福言得胜奏凯而归，于其王母王母居西方瑶池。一连数势俱往西打，此则西而又西。亦有上九：晋其角喻右掌也，维用伐邑，厉厉是厉害，勇也吉无咎。又如明夷之而狩，必得其大首而后已。又如盘庚所言，乃有不吉不迪，颠越不恭，暂遇奸宄，我乃劓殄灭之，无俾易遗也种于兹新邑言除恶务本之象。家人上九：有孚威如，终吉，虽见恶人往者，虽蹇来，自硕也。故又取家人上九，暌初九，蹇上六诸象。

小擒拿六言俚语

上势演手最红，况兼以奇决胜_{奇计也，上遮下打，偷打人也，}

_{故曰奇}。心手眼足一气，敌被我擒预定。

七言俚语

其一

后脚跟随左足前_{前，行前也}，左足抬起再往前。

左手提起似遮架，右手一掌直攻坚。

其二

掴肚一掌苦连天，偷从左手肘下穿_{穿过去}。

神仙自是防不住，何况中峰尽浩然_{浩然，中气也}。

五言俚语

西方庚辛金，万物结果期_{言万物到秋天时皆有结果}。

宁有小擒拿，到此不称奇_{言亦有结果也}。

七言俚语

一阵东攻_{言诸势皆在此势之西}一阵西_{言演手捶在西，西而又西}

_{言本势小擒拿奇寓正}。

更奇不足偷一步^①，至此始知太极捶_{言前数势皆为小擒打，设}

_{势至小擒打，乃太极拳一小结果时也。实中有虚，虚中有实，太极自然}

_{之妙。用至结果之时，始悟其理之精妙。}

---

① 陈鑫原著《太极拳图画讲义》在小擒拿之"七言俚语"中提到"更奇不足偷一步"，故补于此。

第三十五势　抱头推山

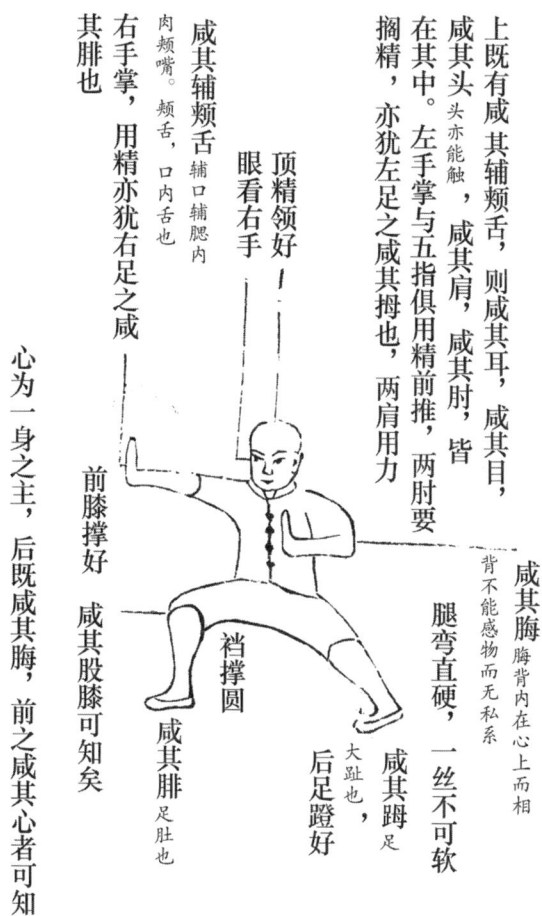

上既有咸其辅颊舌，则咸其耳，咸其目，咸其头头亦能触，咸其肩，咸其肘，皆在其中。左手掌与五指俱用精前推，两肩用力，两肘要搁精，亦犹左足之咸其拇也，

咸其辅颊舌　辅口辅腮内肉颊嘴，颊舌，口内舌也

顶精领好　眼看右手

右手掌，用精亦犹右足之咸其腓也

咸其脢　胸背内在心上而相　背不能感物而无私系

腿弯直硬，一丝不可软

咸其踇足　大趾也，足

后足蹬好

咸其腓　足肚也

咸其股膝可知矣

前膝撑好

裆撑圆

心为一身之主，后既咸其脢，前之咸其心者可知

我方面向西擒人，彼周围之同党敌我者，忽然有人从背后来击我，我恐击我头颅，即时扭过脸来，而以我之左右手分开敌人左右手，以两手推敌人之胸，使敌之两手不得入内而击我，势如手推山岳，欲令倾倒。右大腿展开者忽然屈住，左大腿屈者忽然展开，左足用力蹬住地，顶精领好，腰精下好，裆精撑圆，足底用力踏地，膀力用到掌上，周身力气俱注于左右手掌上。推时力贵神速，纵不能推倒，亦可令其后退数武。

227

内精

两肱、两股皆用缠丝精，外往里缠，取其并力相合以攻也。敌越近，推之越宜速。盖远则推之易，近则推之难，进如疾风吹人，电光猛闪，愈速愈好。左右手先自上下行，从两大腿分开上行，外往里合，入到敌人两肱内，塌住敌胸力推之。如与敌身相去仅有数寸，手不速推不倒，且致敌令生巧计，故贵神速。

上势左足向西，在前，此势身已转向东方，则左足在前者反为后足，左足不必离本位，但一扭转脚后跟而已。

扭过来，向之右足在后者，今则反为前足，即从在东之原位，再往东开一步，因各人脚步之大小而开之，必须令足得势，用上力气为止，开步远不过一尺。

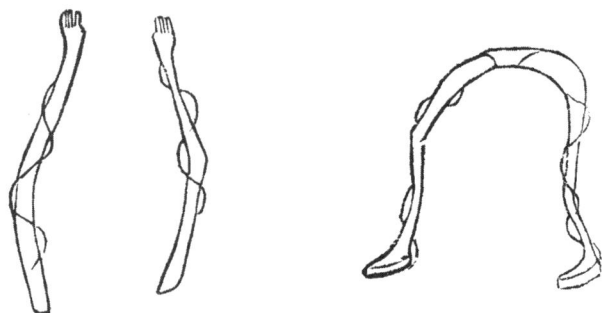

右手倒精　　左手倒精　　　右腿倒精　　左腿倒精
缠法图　　　缠法图　　　　缠法图　　　缠法图

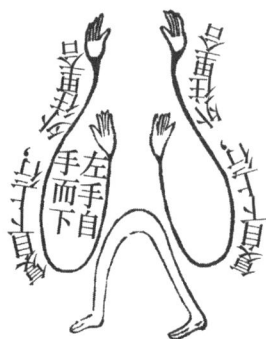

右足开步图　　右足

取象

上势我本面向西擒人，忽然有人从东面来，意欲出我不意以攻我，是从背后先感我也。我即翻然转过身来，面向正东，以两手推人，是我感乎人也。两面相感，如《易》之少男少女两相感触也，故取诸咸。咸，感也。人来感我，不肯轻放过我；我之感人，岂肯轻放过人？既不肯轻放，势必至用全身力，如欲推倒山岳之势以推之。故咸拇、咸腓、咸股、咸脢宜也。而且五官百骸无不与之而俱感，恐两手之力小，不能推倒人，不若全体之力大，可以摧翻敌也。《彖》曰：二气感应以相与_{言男女也}，是以亨利贞。在拳，是我以天地之正气感人，无不通，无不利，以正而固。所以动而不失其常时，虽仓猝，处之泰然，是宜推则推，非有意于推而自不失不推之患也。然头不至重，故以手左右抱裹而推之。

抱头推山七言俚语

其一

方丈蓬莱瀛洲山，此中定有好神仙_{喻敌人也}。

余今且效奇男子，双手推入巨涛间。

其二

推山何必上抱头，惧有劈顶据上游。

转身抱首往前进，推倒蓬瀛盖九州。

其三

两手托胸似推山，恨不一下即摧翻。

此身有力须合并，更得留心脊背间_{叫起下势单鞭意}。

节解

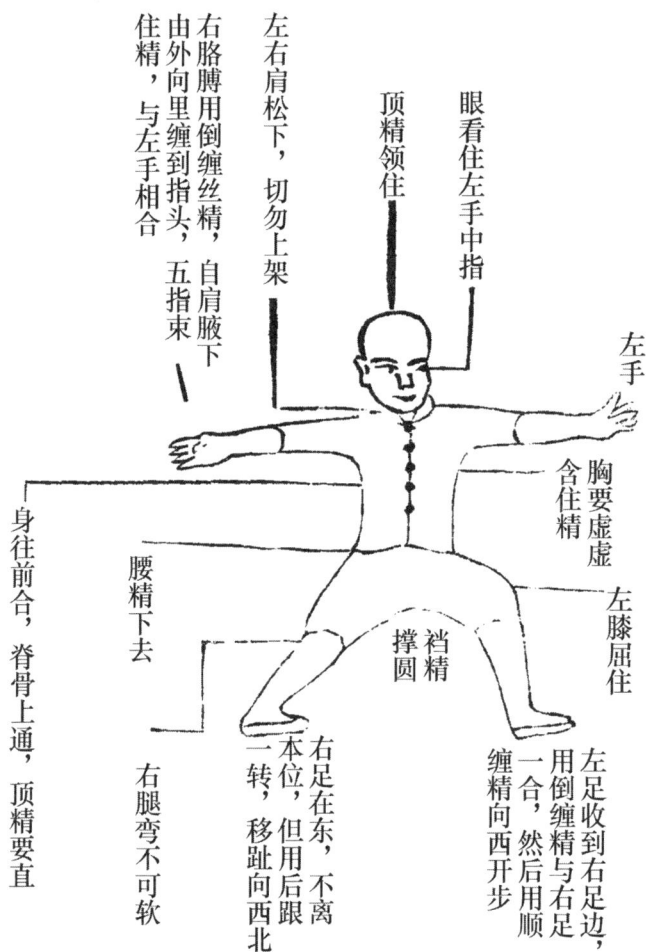

眼看住左手中指

顶精领住

左右肩松下，切勿上架

右胳膊用倒缠丝精，自肩腋下由外向里缠到指头，五指束住精，与左手相合

左手

含住精

胸要虚虚

左膝屈住

左足收到右足边，用倒缠精与右足一合，然后用顺缠精向西开步

裆精撑圆

右足在东，不离本位，一转，移趾向西北

右腿弯不可软

腰精下去

身往前合，脊骨上通，顶精要直

引蒙

抱头推山才将东面敌人推倒，忽然又有人从西面击来。吾即以东面两手用外往里缠精，一合，然后用里往外缠精，向西劈去，左胳膊展开。

部位前法已言。心要虚，心虚则四体皆虚，丹田与腰精、足底要实。三处一实，则四体之虚者皆实，此之谓虚而实。顶精领好，则全体精神皆振，右胳膊合则用倒缠精，伸则用顺缠精，左胳膊合与伸皆用倒缠精，两腿合则皆用倒缠精。自足缠到大腿弯开步，右足不动，左足向西开步，用顺缠精自足里往外缠，亦缠到大腿弯，足趾、足腓皆用力。

此是倒缠精图，须分清

此线后入于腰

此是顺缠精图

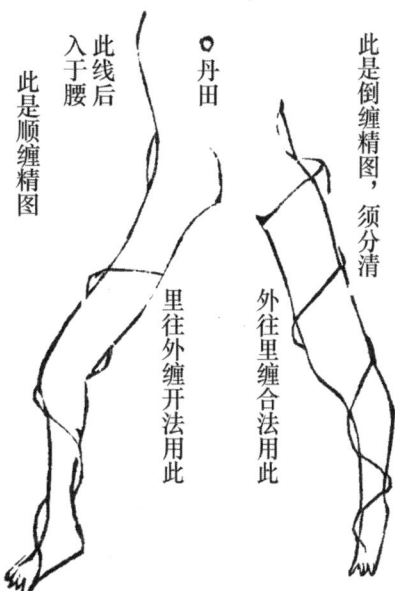

丹田

外往里缠合法用此

里往外缠开法用此

此是点足法，小趾起，过脚面，缠一圈至内踝骨，上行外臁，斜缠而上，至丹田止

自足大踇起，过脚面到外踝，越小腿肚斜缠而上至大腿根止

上至后腰止

此是倒缠法图

此是顺缠法图

此是左手用顺转精舒展开

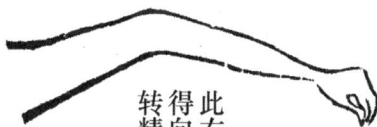

如新月形

初合左手与右手

此合右手与右手，后须曲弯，送行以至于西

此右手在东，须得向后背折倒

转精意

左足先收到右足边，点住足，合罢，然后再向西开步，意不如初月弯，可直率开展

右足不离本位

西

取象

上势面向东，说是面向东，胸向正北，面则半面向东，此不必再论。但以此拳名为太极，自始至终皆以《易》取象，故此势仍以《易》之取象与拳之相合者而取之。《易》上经始于乾坤，终于坎离，盖乾坤以中气<small>即中画之气</small>相交，故再索而得坎离，故以坎离终上经。太极拳至第四个单鞭，已三十有四势，故亦可以坎离作一结束。然气机未尝停止，不过借坎离以暂结束此段耳。暂以离卦言，离中虚。上一阳画，象左右肱；下一阳画，象左右腿；中之阴画，象心离明也，上离下离，继相照也。心之虚明如日月，继续相照，无时不明。且心一空虚，则全体皆虚。惟虚则灵，灵足以应敌，故取诸离。以坎卦言，左右肱之在两旁者，象坎上画之阴；左右足之分开而立，象坎下画之阴；中气贯于心肾之中，上通头顶，下达会阴，如坎之中间一阳画。盖人惟实理实气<small>实理即至诚，实气即化机流行</small>，充实于内而后开合，擒纵自无窒碍，故取诸坎。合而言之，初拉单鞭留心运行，皆以中气坎也；方拉单鞭时，一以虚灵之心无所不照，是坎之错离也。至单鞭势既成，心平气和，中气归于丹田，是离又错于坎。坎离相合，复归乾坤二卦，复归太极阴阳之元气。心属火，肾属水，即《易》之坎离。故心肾一交，仍归乾坤。而吾身太极之元气<small>元气即阴阳五行之气</small>复矣。乾刚坤柔，阴阳并用，不偏不倚，无过不及，坎离得中，斯艺乃成。坎离固有坎离之正位，而第以坎离视坎离，是未知坎离之所由来也；且未知坎为中男，离为中女，中男中女亦乾坤中之一小乾坤也。吾身中备阴阳之理气，其在天地间，不自具乾坤之正气乎！既具乾坤之正气，是吾身亦自有太极之元气也。以吾身本有之元气运于吾身，其屈伸往来、收放擒纵，不过一开一合与一虚一实焉已耳！故此势谓之为坎离可，谓之为乾坤<small>推其原也</small>亦可，即谓之为太极亦无不可。且自有仍归于无言之，即谓之无极亦无不可。只要理能推活，皆可借之以命名。但单鞭象近坎离，故即以坎离明单鞭，此单鞭之所以卦取坎离也。

第四单鞭七言俚语

其一

第四单鞭象坎离，闲拉无事不为奇。

抱头方向东边击，转向西方击更宜。

其二

双手抱头向东推，又有敌人自西追。

回头诸势来不及，惟用单鞭最相宜。

其三

左足从容向西方，抱头东推力倍强。

庚辛西方也从后来相击，转即回头也用用，我用也单鞭一命亡。

其四

忽然左耳听西方，若有人兮称刚强。

岂知太极元气转，为用全鞭孰敢当？

其五

声东击西计最良，此是平居善用方。

谁知实向东推毕，转脸西击一字长一字，言我单鞭如一字长蛇阵。

卷三

第三十七势　前昭

左肘沉下

五指头与中节下节用力

胳膊微弯三四分

眼神注于左手中指

顶精领住

耳听身背，防敌暗侵

肩髃、肩井、扶突皆松下

肘尖朝上

胸向前合

左膝微屈一二分

右手五指合住，腕向后，勿过下垂

腰身、裆一齐俱下

右足平实踏地

右膝向前屈住

裆精开圆

左足踏地要虚

引蒙

　　何谓前昭？眼往前，昭其左手也。何以昭其左手？如敌人在西，或来取手，或来扭肱，吾以左手往上一领向北，自北而南转_{去声}一小圈，以手背与小胳膊背击之。此特要手敏眼快，迟则恐受人制。当左手上领之时，腰与裆一齐俱下，上体周转，自觉活动，下体亦不死煞，右膝屈住，左腿收束，自然容易。至于右手在后，左手上领，自南而北转一小圈。右手背住胳膊，也是自北而南转一小圈。左手顺转，右手倒转；左手背向南，右手背向北，总之一身必令上下相随，一气贯通为是。

内精 前之图是前昭已成式样，未说到胳膊中沿路运行之步骤，真气之旋绕。所以再图一胳膊中如何起、如何落，中气如何辗转，以形太极之自然开合，不假人力强为，方合理法

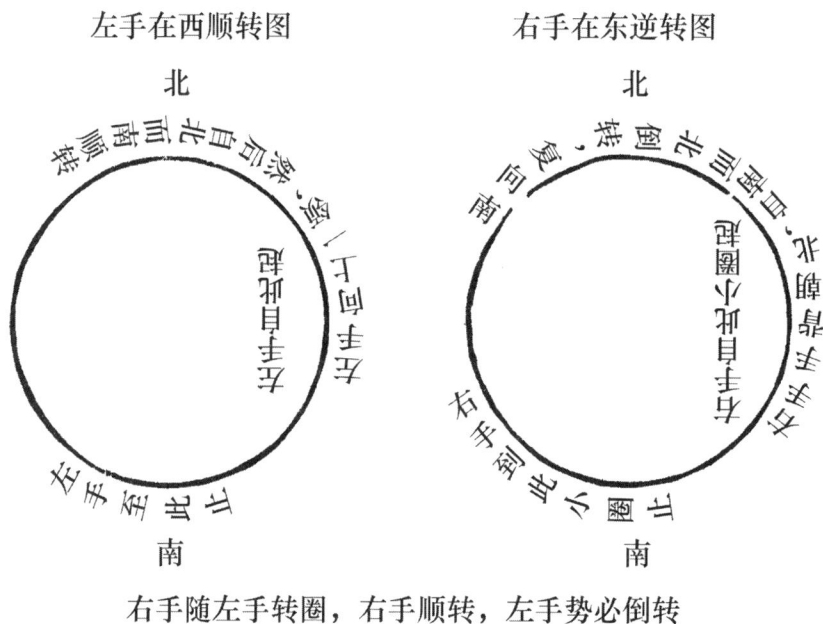

左手在西顺转图　　　右手在东逆转图

北　　　　　　　北

南　　　　　　　南

右手随左手转圈，右手顺转，左手势必倒转

上二图是左右手法运转之式。打拳全在用心，心机一动，欲令手上领转圈，手即如其意以传，此发令者在心，传令者在手，观色者在目。此心、手、眼三到之说，缺一不可。如与敌人交手，观敌之形色注意我身何处，与敌之手足如何设势、进退，全在于目。眼既见之，心即知之，该如何准备酬应，手即随心而到。机至灵也，动至速也 动，即手足运动，故观其手即知其心。

左手上领转圈，手指之画圈，与胳膊之缠精是一股精，不可视为两段。特以手言之，示易见也。

前昭以左手为主，故眼神注视左手。即全身精神一皆注意左手。右手在东，背其肱，非为无用，倘敌人从后来攻，一反其精，自然应有余暇。

此势上承单鞭。胳膊固已展开应敌矣。然胳膊既已展开，或再有敌来，势必不能再展，故必以屈为上。然屈肱何以应敌？故必上领其手，内用缠法以应敌之从左方面来，此亦拳中自然之机势，不待勉强也。左手在人本不得势，而又伸而未屈，倘有敌来，非上领其左手不可。左手在上，必合全体之精力，以注于左手，而后有济于事，此损下益上，其道上行，故取诸损。

左手顺缠图　　　右手倒转图

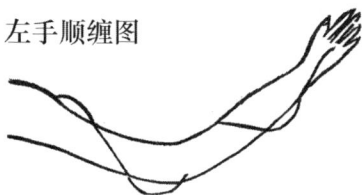 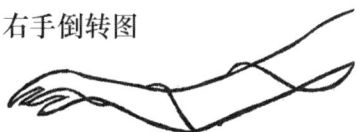

前昭七言俚语

眼顾左手是前昭，上领下打把客邀。

任他四面来侵侮，百战功成白手描。

第三十八势　后昭

此图是后昭已成之式。凡前后所图人样皆然。至于图之后所画线图，乃是本图自始至终沿路内精运行于手足中者。

后昭图

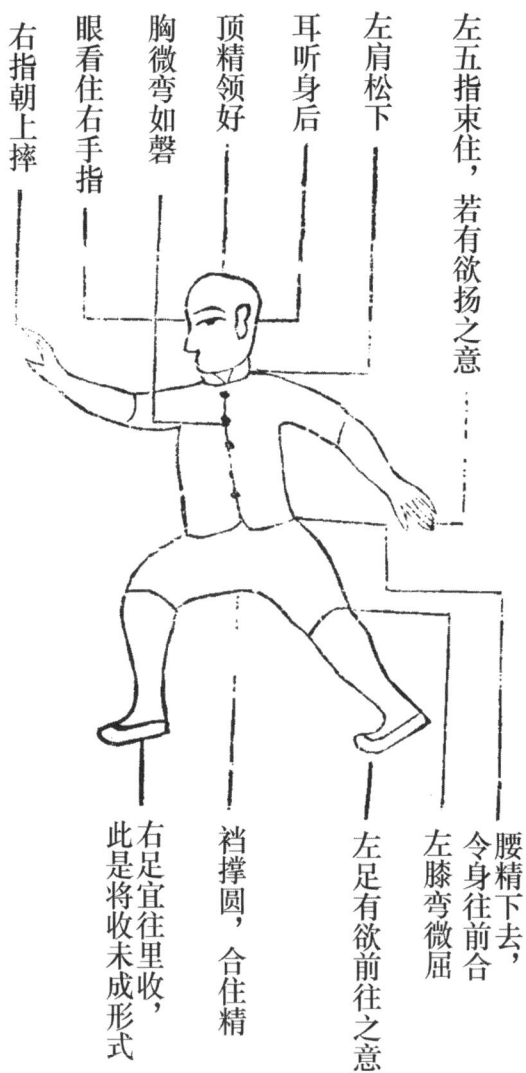

右指朝上摔
眼看住右手指
胸微弯如磬
顶精领好
耳听身后
左肩松下
左五指束住，若有欲扬之意

右足宜往里收，此是将收未成形式
裆撑圆，合住精
左足有欲前往之意
左膝弯微屈
腰精下去，令身往前合

引蒙

何谓后昭？眼顾右手以御敌也。此是平居自己下功夫所运之空架，非真有敌而假设有敌从后来者如何抵御之法。譬如前昭方终，忽又有无数敌人从东方来者，此身忽然陡转过来，头向东，左右足亦向东，而以右手与肱接住敌人之手，自南而北绕一圈，复自北而南击之。未击之前，必先屈肘，令右手去胸尺许。盖肘不屈不能伸，不能伸何以御敌？故屈肘与绕圈，此是一时事。前昭时，左手顺转，右手倒转，以左手为主，右手为宾。至后边有敌，陡然转过身来，以右手为主，左手为宾，前之右手手背向北者，今一与敌交手，右手即顺势转过来，自南而北，复转至南，转顺转一圈以作引进。击搏之势，右手在东落下，手与腰平，手背向北以伏下势，前进拨左面敌侵之势，右膝屈住，右足亦有顺转之意，平实踏地，虽然至实之中至虚存焉，而左足在西，足趾向前，惟静以待动而已。

右手内精顺转图

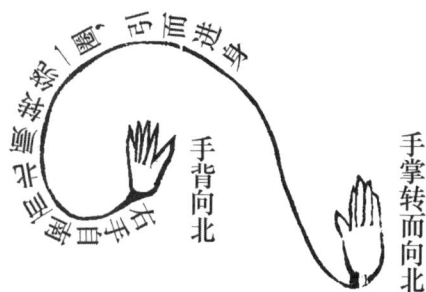

手背向北

手掌转而向北

右足收法

右足用缠丝精图

右手顺转缠丝精图

左手倒转缠丝精图

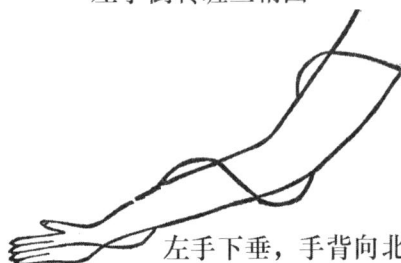

左手下垂，手背向北

取象

本势不必用大身法转关，但用小身法过角可也。以灵动敏捷为尚。眼方在西，忽有敌自东来者，身即陡然转过向东，而以右手应之。是前昭之后，野马分鬃之前，中间一小过角之身法也，故取诸小过。小过错中孚象离，离为雉，乃飞鸟也。以卦体论，震艮二阳爻象，鸟身上下四阴象，鸟翼中爻兑为口舌，遗音之象也。敌从东来，先动以声，有飞鸟遗音之象，欺人者必败。故初六言，飞鸟以凶中爻兑。西兑巽东，我则自西转东。故六五曰，自我西郊；又曰，公弋取彼在穴。我以右手引而击之，如以矢弋鸟，不啻囊中取物。此取彼在穴之象也。然非灵敏到极处，不足以语此。此亦大不易之转关也，此势不能让过，况左右纷至沓来者，其将何以御之乎？故拳术以柔克刚，因而中也。柔能得中，其致吉也，固宜。

后昭七言俚语

陡然一转面向东，无数敌来无数攻。

不是此身灵敏极，几乎脑后被人穷。

五言俚语

转眼往东昭，莫非小英豪。

只要护其首，何怕众儿曹？

242

陈氏太极拳图说

卷三

第三十九势　野马分鬃

闪通背、二起、倒卷肱，乃拳中大作用之身法。此势亦是拳中大作用身法。

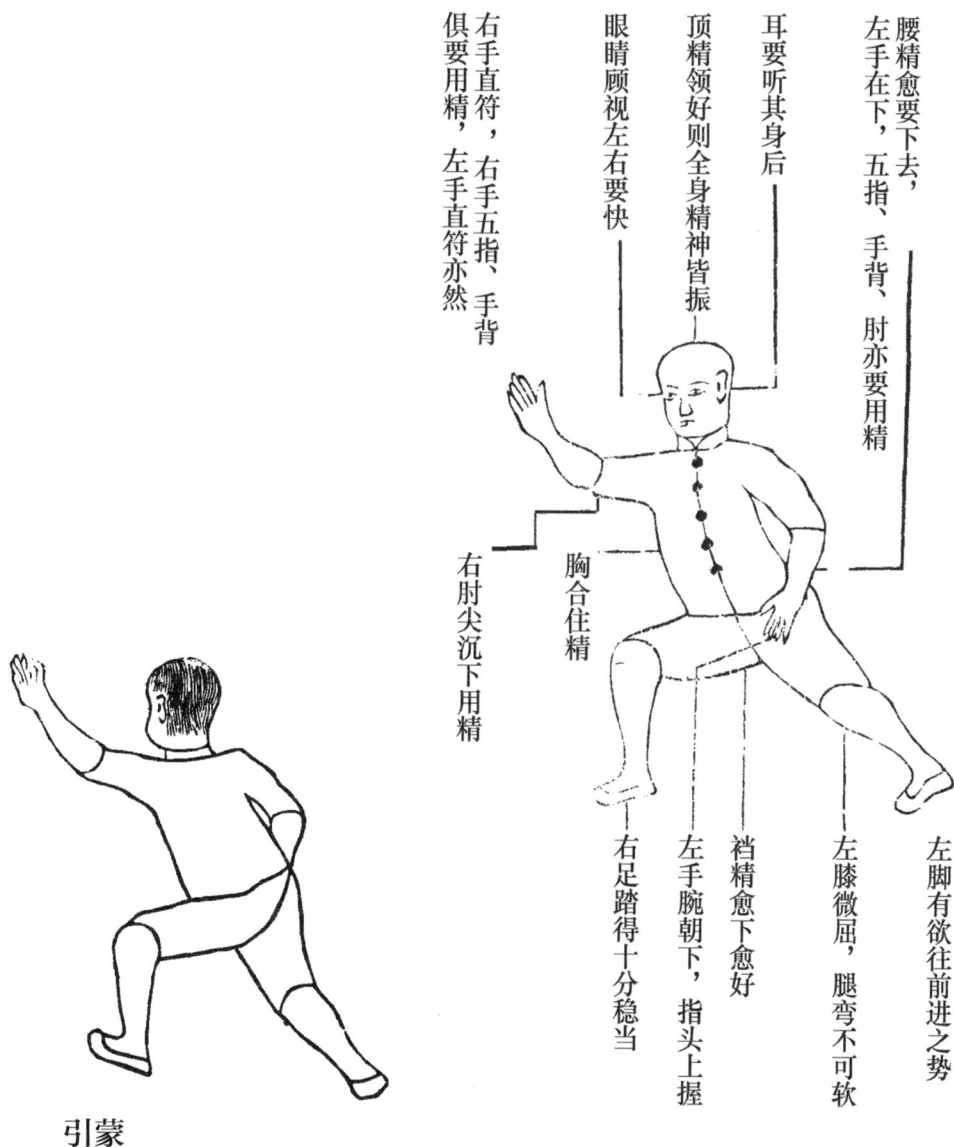

腰精愈要下去，左手在下，五指、手背、肘亦要用精

耳要听其身后

顶精领好则全身精神皆振

眼睛顾视左右要快

右手直符，右手五指、手背俱要用精，左手直符亦然

右肘尖沉下用精

胸合住精

左脚有欲往前进之势

左膝微屈，腿弯不可软

裆精愈下愈好

左手腕朝下，指头上握

右足踏得十分稳当

引蒙

何谓野马分鬃? 左右手法如野间之马，其鬃两边分开，象形也。此势是大铺身前进脱身法。上边顶精领住全身，下头两膝屈住，裆精要虚、要圆。

左右手，如左边有敌众，以左手自下往上，朝外、向下以挡之；右边有敌来，右手亦是自下而上顺转一大圈以挡之。大约两手更迭至上，皆是向外拨敌，然非徒拨已也，皆是带引带击也。必有此身法手法，方许出入众敌之中，可以无害。此万人敌也，颇不容易。

左手运行图　　　　　右手运行图

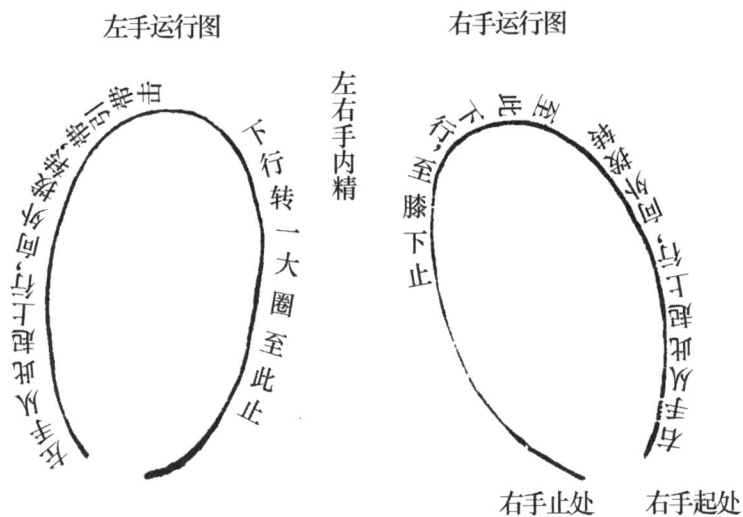

左右肱缠丝内精图

左手顺缠图　　　　　右手顺缠图

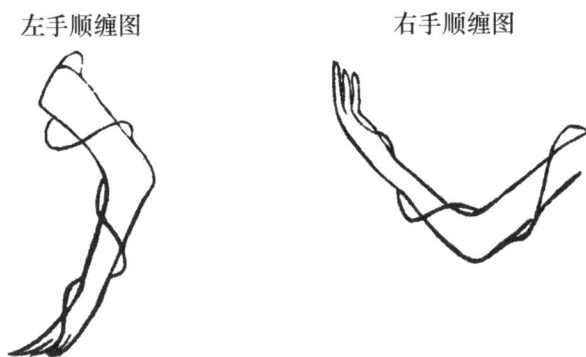

左手如由下到上，则右手到下，一替一圈，更迭运转。前进步法、手法一齐并进，右手到上面，左手在下。

内精

中前后所图之线，乃手指运行所留无形之势。当运之时，其速也，有声可听；其舞也，有形可见。至此势运毕，形声俱无，无可见闻矣。故特留每势运行之意，以示之。是之谓无形之形。上二图写左右循环手法，此线图是写手法中运行之气如天_{至健之中气循环不已}。

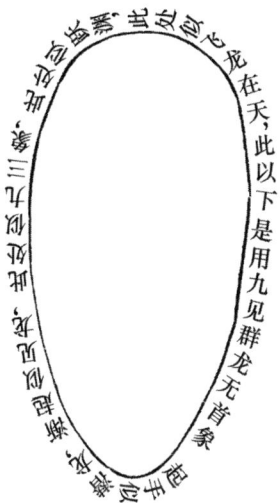

野马分鬃象乾卦六爻俱备图

取象

此势纯是以乾健之意运行周身。而左右手足又酷似乾乾不已之象，故取诸乾。乾，健也，即天所得太极之纯阳者也，至大至刚。自天开于子以来，一日如是，终古亦如是。其运行不已，毫无一刻之停。野马分鬃之进退不已，亦如天之乾乾之象。且左右手两面分披前进，又如天上日月，一昼一夜，更迭照临，无所止息，万物无不被其光华。又如迅雷烈风，前无当辙，后无追兵，左右无窒碍，风行草偃，所向披靡。此野马分鬃之有取乎乾也。然非徒以气大为之，而实以中正元气运转催迫，令其不得不倒退。且以引进击搏之术，行乎手足之中，又使之不能前近吾身。此野马分鬃自然之妙用，亦实乾健自然之妙用也。《彖》曰"大哉，乾元"，宣其然乎。

七言俚语

其一

两手握地转如飞，中间一线贯无倚。

任他千军围无罅，左右连环破敌欺。

两手握地者，两手擦地而上，上下全体皆能顾住。左手先转，右手后转，方能与上势后昭接住榫。一线者，中气上自百会穴，下贯长强穴，如一线穿成也。左右连环者，左手自下向上，右手从上转下，右手自下复向上，左手从上复转下，两手如两个圆环，互相上下更迭而舞。其刚莫折，其锐无比，其转无间，故能御敌。

其二

一身独入万人中，将用何法御英雄？

惟有飞风披左右，庶几可以建奇功。

第四十势　单鞭第五

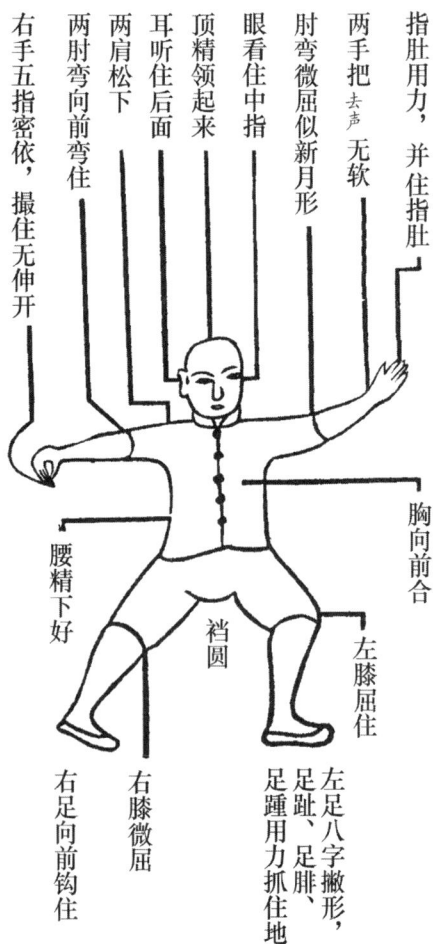

指肚用力，并住指肚

两手把_{去声}无软

肘弯微屈似新月形

眼看住中指

顶精领起来

耳听住后面

两肩松下

两肘弯向前弯住

右手五指密依，撮住无伸开

胸向前合

腰精下好

裆圆

左膝屈住

左足八字撇形，足趾、足腓、足踵用力抓住地

右膝微屈

右足向前钩住

引蒙

此势与第一单鞭相为呼应。如文之纪律法度，不可散涣。身法、手法、步法、内外缠丝精法，皆与第一单鞭同，独其起势与之异。第一起势是从第一揽擦衣来，身法如彼。此单鞭是从野马分鬃来，必待野马分鬃左手左足在前，刚才落住，尚未停稳，而以右足向东跃即俗谓往前搭前步一大步，先以右足落住脚，然后左足向西开步拉单鞭。当右足而向东跃时，右手即从下斜插上去，绕一大圈向东。其内精用顺缠法，自下而里、而上、而外，至下斜缠至腋，此是与第一单鞭承上不同处，其余官骸运行大同小异。

内精

右足向前进步，尽力往前进，能远且远，此平纵法也。

取象

膻中、鸠尾、气海、丹田，其象与第一单鞭同，皆取乎坎离。右足向东开步，有取乎晋。晋，进也，从后往前进也。又取乎震之

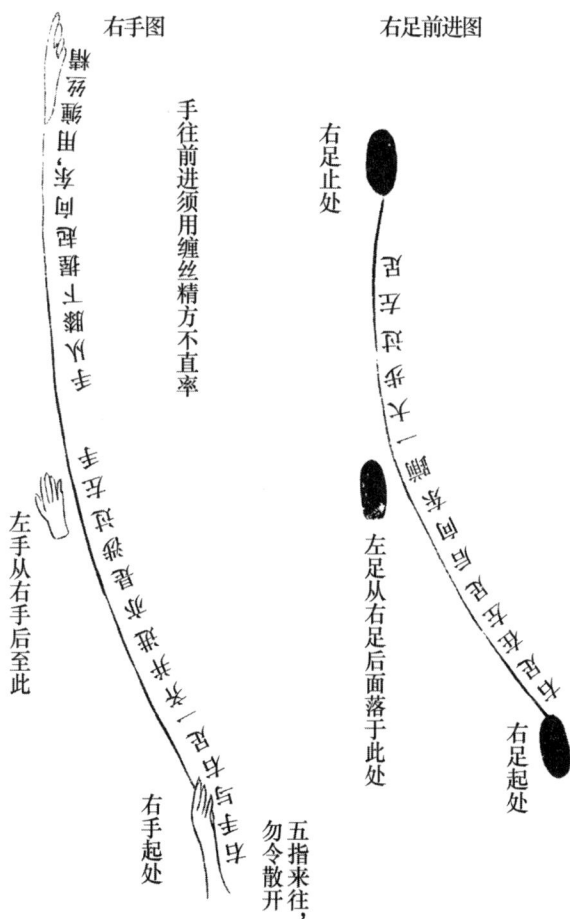

右手图　　　　右足前进图

右手用顺缠法，自下斜缠至上如此

手往前进须用缠丝精方不直率

左手从右手后至此

右手起处

五指来往，勿令散开

右足止处

左足从右足后面落于此处

右足起处

六五。震，往来厉之象，且震为足。震，东方卦也。右足向东，方锐不可当，故厉。

七言俚语

其一

右足急蹴向东方，右手一齐往东趄。
只要顶精提得好，连身带肘似鹰扬。

其二

左手在左左皆顾，右手随现月光圆。
从下往上须斜势，平地飞腾第一仙。

第四十一势　玉女穿梭

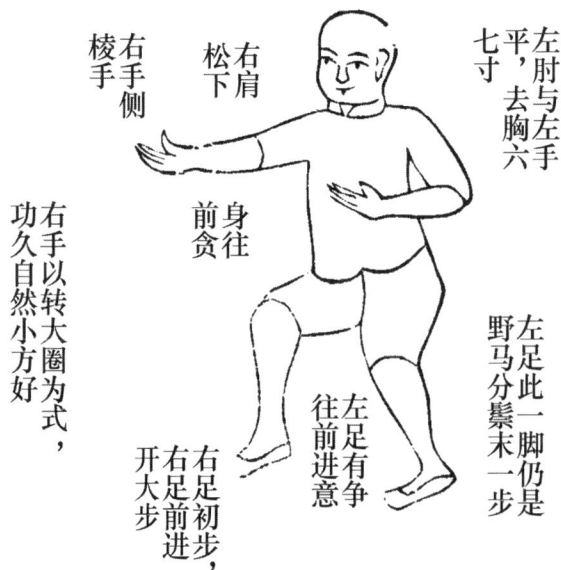

玉女穿梭身倒转，右手顺转
顶精领住

左肘与左手平，七寸去胸六

右肩松下

右手侧棱手

右手以转大圈为式，功久自然小方好

身往前贪

野马分鬃末一步

左足此一脚仍是

左足往前进意

右足前进，开大步

右足初步，

顺转平纵法，青龙出水是直进平纵法，二起是上跃法，此势是大转身法。上承野马分鬃，下来右手趁其在下之势，不容少停，即以右手用缠丝精，从下握上，沿路斜形飞风向东去，指如钢锥。亦全赖右足在前，随住右手，亦用顺缠精。就住上势，大铺身法，尽力向东连进三大步，方够一大圈，约八九尺许。此是右足先蹦一大步之势，尤在顶精提好，裆精不得满足。身随右手，如鸷鸟疾飞而进，莫能遏抑。步落粘地即起，以启左足进步之势。此其三步之第一。下两步得势不得势，设势机关全在于此。此处圈转过一下，破竹不难矣。

此玉女穿梭第二步_{左足}进步姿势。面已转过向南，身已转过一半矣。此不算成势，是中间运行之形，亦是方转不停，莫误看。左足进步，足趾向东者，亦随右足趾向西，切莫停留。手法、步法、转法愈快愈好。

身方倒转，右足随住身倒转过来，面仍向北，右足再向东开一大步，似停不停，唤起下势起势之脉。本势似与揽擦衣大同小异，然其实大不相同。彼则身不转动，专心运其右手、右足，其气恬，其神静。兹则连转身带运手足以防身御敌，且以快为事。故其气猛，其神忙，非平素实有功夫，临事以中气贯其上下全体者，不能获万全。何也？盖出入广众之中，以寡敌众，旁若无人，惟天生神勇，其胆正，其气刚，其练习纯熟，故披靡一切裕如也。

玉女穿梭左足进图

此图玉女穿梭势已成之式

249

陈氏太极拳图说

卷三

身法内精

玉女穿梭，非再三图之，不足见转身全像。然三图，以第三图为主，自起势以至终势。右手足虽是顺缠法，而身法皆是倒转精。连三赶进皆是进步，绝无退步之说。至于内精，自顶精以至足五趾，法皆与前同。始终以右手右足为主，而以左手左足佐之。右手顺转，左手必是倒转。此是天然呈象，非人力所能为也。缠丝精即道也者，不可须臾离也，不必再赘。

取象

乘乾健之后，宜取诸离，离中虚象也。心中一虚，万理毕具，应敌不难。离本中女，宜属坤，何以舍坤而言乾？盖阳极生阴，又得中气，故取诸乾。且离错坎，坎中满，有理实气空之象。不但此也，玉女穿梭，其进如风，巽为风，故又取诸巽。巽错震，震为足，此势上虽凭手，下尤凭足，足快尤显手快之能。然中女、长女皆带父生之性。故吾谓此势虽以女名，实乾道贯注其中也。故莫或御之。

七言俚语

其一

转引转击出重围，宛同织女弄织机。

此身直进谁比迅，一片神行自古稀。

其二

天上玉女弄金梭，一来一往织绫罗。

谁知太极拳中象，兔走乌飞如日月运行之快拟如何。

第四十二势　揽擦衣

此第三个揽擦衣，与第一个揽擦衣相呼应。

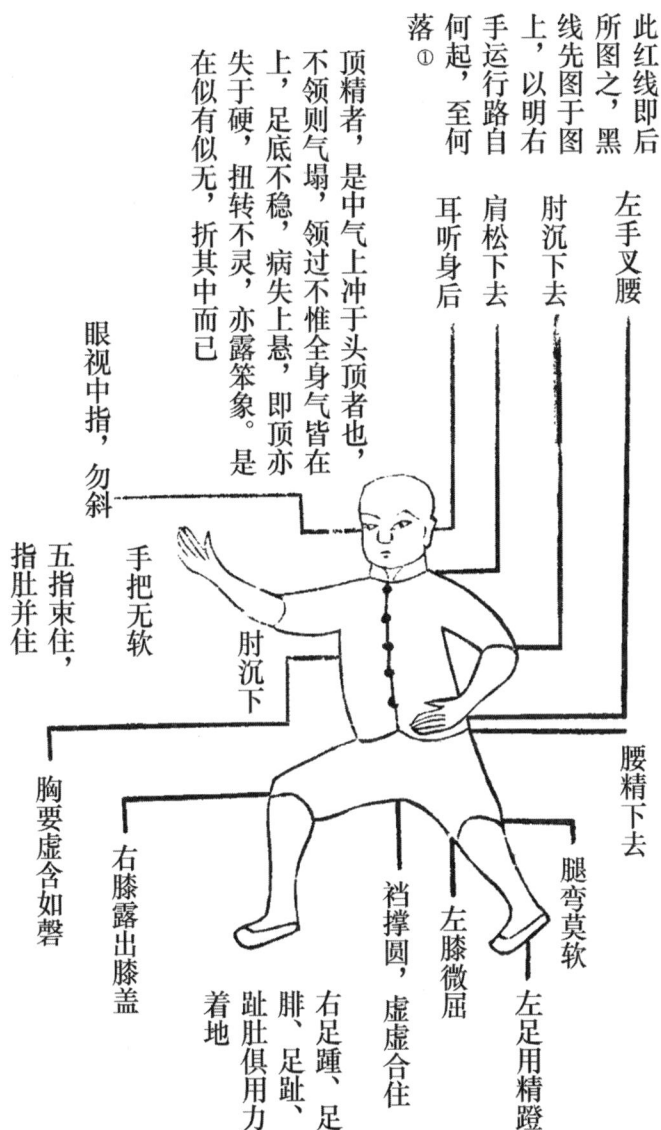

此红线即后所图之，黑线先图于图上，以明右手运行路自何起，至何落①

左手叉腰

肘沉下去

肩松下去

耳听身后

顶精者，是中气上冲于头顶者也，不领则气塌，领过不惟全身气皆在上，足底不稳，病失上悬，即顶亦失于硬，扭转不灵，亦露笨象。是在似有似无，折其中而已

眼视中指，勿斜

五指束住，指肚并住

手把无软

肘沉下

胸要虚含如磬

腰精下去

腿弯莫软

左足用精蹬

左膝微屈

裆撑圆，虚虚合住

右足踵、足趾、趾肚俱用力着地

右膝露出膝盖

引蒙

揽擦衣上下身法、步法，一切皆与第一揽擦衣同。但彼自金刚捣

251

---

① "红线"与"黑线"，原手抄本书稿中用红线与黑线分别标明手足运行的路线，普通印刷的黑白图像中红线与黑线无法区分。

确来，手足运动似觉稍易；此从玉女穿梭来，较彼似难。盖玉女穿梭，我虽出乎重围，而边贼未靖，故转身过来，即以右手御其东。偏视玉女穿梭第三图，自知前揽擦衣，右手由身边绕一圈，始发出去，以成揽擦衣之势。此揽擦衣，右手犹在外御敌，必待此敌打下，又有敌来，然后将右手斜侧而下，从外向里，收到右胁边，然后自下而上，与右手之从外收来，共计作一大圈，手始向东运行，以成揽擦衣之势。右足亦得自东收到左足边，颠住足，然后右足随右手，也是绕半个圈，渐渐慢弯，向东开步，足踵先落地，渐渐向前踏实，放成八字撇形，五足趾俱抓住地，右足踵与左足踵东西对照，不许此前彼后。至于缠丝精法，右手用顺缠法，左手用逆缠，皆是由指肚上缠至腋而后止。右足亦是自内而外，上行斜缠至右腿根，以及会阴至于左足。天下惟动者，能用缠丝精，不动则用之甚难。然其意未尝不在于股内。故一势既成，上下说合。而左足亦是，自内而外，斜而上缠以至会阴，不惟与右股一齐合住，并与上体一齐合住，不稍涉后。吾故曰：缠丝精虽当静时，未尝不存于股内，此于合时可考验也。合不到会阴，则无裆精，且不能撑圆。此缠丝精之不可离也。

内精

此图分为两截，前半截是玉女穿梭成式，后截是揽擦衣运行之路。

胳膊与红线是前截，红线是引敌人进来之路，所谓欲伸先屈也；黑线是打人之法，屈而必伸，一定之法。然所以先转一圈者，不如此胳膊与手皆无力。

拳中必用缠丝者，粘连之法，全在于此。引进之法，亦在于此，不可忽也。功夫久，能令人不敢进。进则打之，退亦打之。

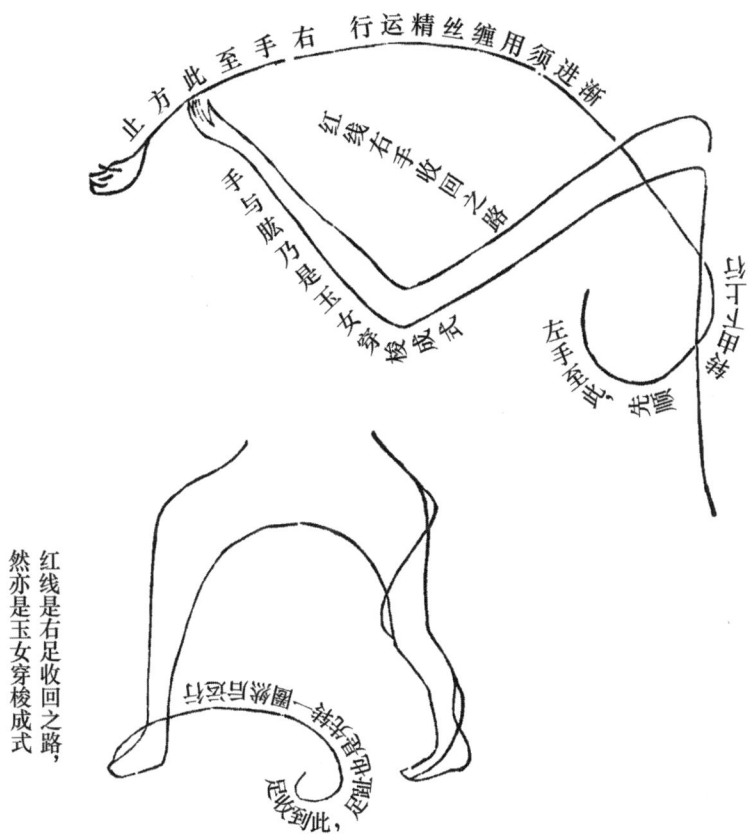

止方此至手右　行运精丝缠用须进渐

红绫右手收回之路

手与肱乃是玉女穿梭成名

左手穿梭先顺

此转甲乙行于

红线是右足收回之路，然亦是玉女穿梭成式

足收到此，足肘甲乙转往前迤圆一渐转

取象

　　此势承玉女穿梭之后，又有敌来犯，有险难之象；以右手御之，有禁止之象，合险与止二义，有坎下、艮上之象，故取诸蒙。何取乎尔蒙？言人既不明破我之野马分鬃，又不能御我之玉女穿梭，而犹欲乘我之险，阻之于前。岂知我以刚中之德，行乎其间。如坎之九二，刚中，上下爻无所不包。包即引进之意。使人知我之意，不敢妄进，即养蒙以正之道。如其不知击，成上九击蒙之势，亦御寇之所不得不然者。且坎为中男，力正强也。艮为手，有禁止之，具以此中年，运以刚中之精，岂第能以手止物已哉？剥床以肤，敌其在所不免。如此得子，克家之占宜哉。至于刚中之外一切不知，童蒙象也。童蒙其心专一。

七言俚语

其一

玉女穿梭步向东，轻身直出众人中。

虽有小贼来相犯，中气一击判雌雄。

其二

破围全赖揽擦衣，屡次分疏识者稀。

即擒即纵缠丝精，须于此内会天机。

第四十三势　第六单鞭

与前闪通背下单鞭相应，彼是逆转，后从难中跳出来，拉单鞭以卫身。此亦是逆转，后从难中蹦上声，向前跃也出去，拉单鞭以保命，较彼略难。以敌之众寡不同，故势虽同，而时地稍异。

引蒙

身法、步法、上下等等运行之法，皆与前之单鞭无异。前之单鞭，既已层叠见出矣。兹则又以单鞭继之，毋乃多乎？人之一身，惟左右手用之最

手指依住，指肚用力

胳膊弯住向前即正北方

眼看中指

顶精领起来

耳听身后要灵

两肩松下

肘虽不能向前，意若向前作反背势前弯

手背易得向前，故斜而向前，指向后

胸微合住，做包含势

腰精下去，意向前合

裆精撑圆，要虚

右膝微露一二分

左膝露出，撑住

左足趾抓地

右足蹬住地

胳膊向前弯，上下各处与合处相呼应、相包合

便。肩背肘，敌依身者用之；足与腿，手所不及者用之。独手则左拒右挡，前遮后卫，指挥无不如意，惟其用之最便，故其使用居多。且敌之从前来者，偏左偏右与正中心以及上下，皆可以两手或一齐并用，或来回更迭用，似为少易。独于敌在左右，或一齐并来，则用中单鞭破之；或从右来，则用揽擦衣御之；或从左来，则用单鞭击之。拳中惟此法最良，故屡用之，不厌多。问何以良？大约敌来侮我，心欲求胜，猛烈居多，知进而不知退。不知退，此心已入吾彀中矣。问何以入彀？盖彼但知进，我先以退应之。退即引也。彼不喻我之引法，正欲使之前进，以为埋伏之计。待彼智穷力尽，知难击我，急思返退，已不及矣。此时彼之手中无力，脚底无根，故我不欲打之则已，如欲打之，一转回即可反败为功。此即欲扬先抑、欲伸先屈之法也，夫岂有异术哉！此犹是寻常人所共知之理，一临事而忘之耳，故功夫要得熟成。虽然此中纯是一个缠丝精法，不可不知。

内精

单鞭左手手法运行图

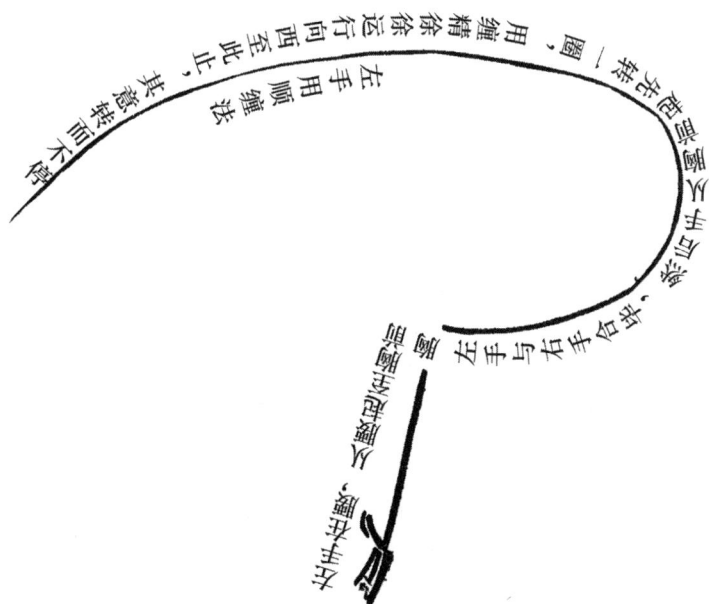

此肘弯向前，非向下。肘尖向后，手与肩平，莫误

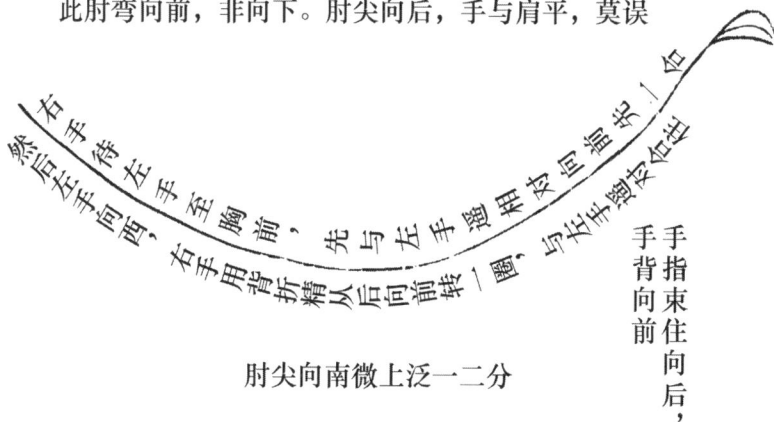

然右手待左手至胸前，先与左手遥相照应，右手用背折精从后向前转一圈，与左手遥相照应一句

手指束住向后，手背向前

右足在东不动，但扭足踵，使趾微向西北。待左足收到，与之一合，足仍然不动

肘尖向南微上泛一二分

左足收回图

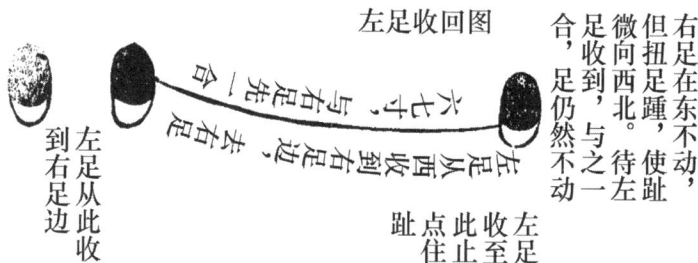

左足从此收到右足边

六七寸，与右足先合，去右足

左足收到右足边合

此收左足止至足趾点住

左足开步图

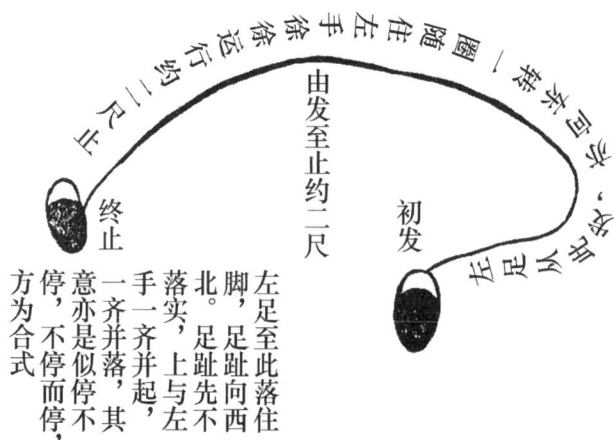

随转一圈住，左手徐徐泛行约二尺

由发至止约二尺

初发

终止

上二尺

左足至此落住脚，足趾向西北。足趾先不落实，上与左手一齐并起，其意亦是似停不停，不停而停，方为合式

取象

此势胸罗万象，有离中虚象。虚足以具众理，故取诸离。二爻黄离元吉，得中道也。上九：王用出征，有嘉句折首句，获匪其丑，无咎。离初变艮错兑。兑，悦也。艮为手，止也。悦以止人，非手不可。二变乾错坤，内刚而外柔也。三变震为足错巽，为近利市。三倍足之开步，非利于己不妄进步。本势中气贯足，理实气空，又象坎中满之象。故又取诸坎。坎得乾刚中之气，故行有尚、往有功，入重险而不惧，出坎窞而有功。中爻，坎二四合震，错巽综艮。离二四合巽，错震综兑。震长子主祭，巽长女用命。左手属阳为震，分位在下，阳中之阴，为右手巽之类也。是长子帅师，弟子与师，内刚外柔，以之御敌。艮，止也，无不顺道。兑，悦也、顺也。坎三五合艮，错兑综震。离三五合兑，错艮综巽，言刚柔济时，措咸宜，自合艮、兑、震、巽四卦之情性。至于运行之妙，亦与渐晋两卦窃有关会。

七言俚语

其一

六子用事各有长，皆于乾坤耀精光_{乾、坤是个阴阳，震、巽、坎、离、艮、兑六子皆是一阴一阳。}

果能悟得真主宰_{太极之理以御气}，人生何处不阴阳。

其二

遥承玉女弄金梭，中间揽擦漾轻波。

忽然一字长蛇亘，宛似清秋舞太阿。

内精

此是揽擦衣、下单鞭上夹缝中势，内精何发何行？发于一心，而行于四肢之骨髓，充于四肢之肌肤。如单鞭来脉处上势，揽擦衣既用开精，此处心说意合，则上下手足一齐合住。右手用外往里合精，斜插而下，指肚用力，肘与掌后皆不用力。左手从左胁至右乳下，亦是用外往里缠精，指肚用力与右指相应。右足如八字形，踏地不动。从左面收回，去右足七八寸许，五趾点住地。右足随右手，左足随左手，心意欲合，则上下手足皆是外往里一齐合住。合者手足，而所以合者，心精也。心精一发，而周身之筋脉骨节无不随之。外之所形，皆由中之所发。故曰内精。既合之后，左手绕一小圈，由右向左伸开。胳膊伸到七八分，似停不停，左胳膊用里往外缠精。右手由下而外、而上、而里，亦是绕一小圈，与左手相应，似停不停，右胳膊却是逆缠精，运行于胳膊中。右胳膊与左胳膊，其精一顺一逆，前后自相呼应。下体左足与右足，其精亦然。两足既合之后，左足趾点地者向左开步不过尺四五寸，而后止。当将开步时，左足亦是先绕一小圈，而后开之。不如此，不惟无势，足亦无力。故必先绕一小圈，以为开步设势之由。

揽擦衣下单鞭上夹缝中左右手足图

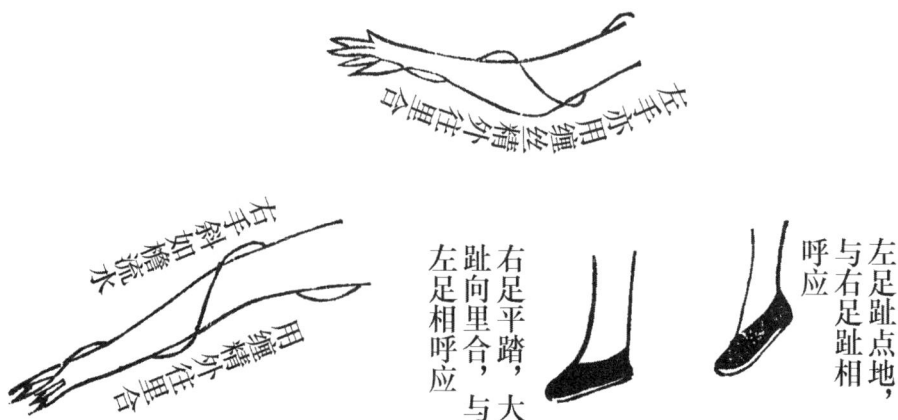

左手亦用缠丝精外往里合

右手斜缠缠丝水

用缠精外往里合

右足平踏，向里合，与大趾相呼应

左足趾点地，与右足趾相呼应

天地运行，全凭阴阳二气。人得天地之气以生，亦全凭阴阳之灵气，以为一身之辗转开合循环不已。故吾身之运行，亦同天地之运行也。然运行者官骸而所以运行者，太极之理。惟以理宰乎气。故吾身之运行，或高或低，或反或正，且忽迟忽速，忽隐忽现，或大开而大合，忽时行而时止，莫非一片灵气，呈于色象。真如鸢飞鱼跃，化机活泼。善观拳者，必不于耳目手足之鼓舞于迹象间者，深嘉赏也。故学者必先研其理，理明则气自生动灵活。非气之自能生动灵活，实理使之生动灵活也。知此而后可与言。

内精

如第以由内发外者，为内精。此其论犹浅焉者也。或者曰：此拳不能打人。不能打人，只是功夫不到，若是功夫纯熟，由其大无外之圈，造到其小无内之境，不遇敌则已，如遇劲敌，则内精猝发，如迅雷烈风之摧枯拉朽，孰能挡之？即以此势之先合者言之，不知者，但谓为单鞭设势，而不知非焉。前之揽擦衣，既已御人之侮矣，或又有迫制吾肘，吾肩从下往后、向上转一小圈，向前斜插而下，即送出客于大门之外矣。此谓肘制者，以肘击之，制肩亦然。如制吾手，手即从前往后一翻，亦是转一小圈，以手背击之。既击之后，或又有人来侵我左半身，吾即于左手既合之后，随势向左御之。此即单鞭，左右手皆有打人之法。先合者，以合打之；后开者，以开打之。手足无在非转圈之时，即无在非打人之地。盖吾以吾之理运吾之气，理无滞碍，则气自无窒机。吾岂有心打人哉！吾自打吾拳，亦行所无事而已矣。拳至于此，艺过半矣。

取象

上势揽擦衣，成势用开精，本势开端，起势先用合精，有变开为合之意。且物极必反，自然之理。开极必合，合极必开，亦理之自然而然也。故于起势，有取诸革。既合之后，手腕朝下者，渐渐翻过手，手掌朝外，左手自右乳下上行，渐渐运行过颐，越鼻前，逾左耳前，渐渐向左面舒展。手领胳膊展至七八分，其形若止，其意不止，渐渐充其内精，必使精由骨中充至肌肤，以及指头，待内精十分满足，则势下之机致自动。右手既合之后，手腕向下、向右者，亦渐渐束住。手指向下、向后，上行向前复向后。此处最难形容。胳膊向前弯，右手与左手一齐运行。然胳膊之精，必须转够一圈，而后似停不停，与左手相呼应。合住精，以渐而进，故中间运行，有取诸渐。本势将成，精贵丰满。《易》曰：宜日中，日中则光照天下。故势末又取诸丰。言里精之充足、饱满，以象日中之光也。

第六单鞭七言俚语

其一

一开一合妙人微，上下四旁泄化机。

纵使六子俱巧舌，也难描尽雪花飞。

其二

一片灵机写太和，全凭方寸变来多。

有心运到无心处，秋水澄清出太阿。

第四十四势　第二左右云手①

此势虽重出，然前有意蕴未尽发明者，故特补之非另外又一势。起势先运右手，次运左手。运手无定数，左手先往上领起。左手不领，则右手起不来。即起来，亦无势，且非一气相承。故有此一领，则周身血脉皆叫起来。

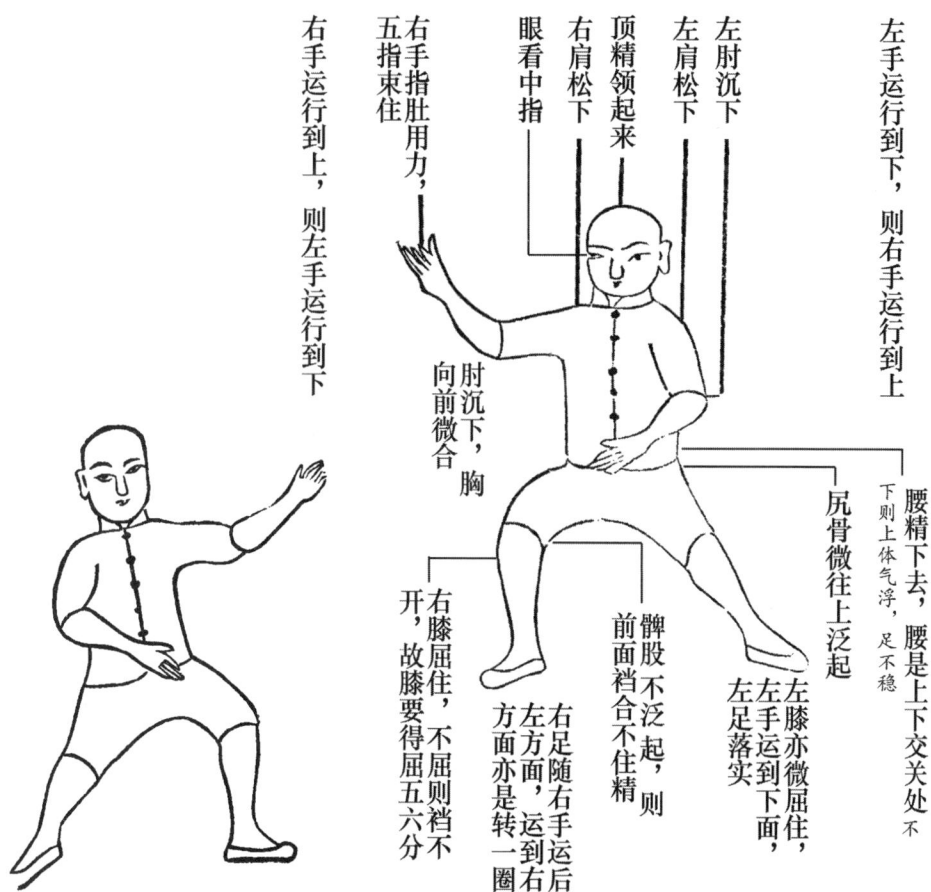

右手运行到上，则左手运行到下

右手运行到上，则左手运行到下

右手指肚用力，五指束住

右肘沉下

左肘沉下

左肩松下

顶精领起来

右肩松下

眼看中指

左手运行到下，则右手运行到上

下则上体气浮，足不稳

腰精下去，腰是上下交关处 不

尻骨微往上泛起

左膝亦微屈住

左足运到下面，左手运到下面，

肘沉下，胸向前微合

髀股不泛起，则前面裆合不住精

右足随右手运后，左方面，运到右方面亦是转一圈

右膝屈住，不屈则裆不开，故膝要得屈五六分

前是右手运行到上，此是左手运行到上，是为左右一周。左右一周毕，仍以右手运之。右手运毕，仍以左手运之。必至前运手下高探马地位而后止。右手运则以右手为主。右手运毕，即以左手运之。左手运则

① 原版本为"中运手"，依据目录名称，将"中运手"更正为"第二左右云手"。

陈氏太极拳图说

卷三

以左手为主。以左手为主，则全身精神皆注左手，而眼神尤为紧要，故当注于左手；下依着右手运行，则眼神即随住右手运行，不可旁视。旁视则神散，志亦不专。

运行根于一心，而精神着于眼目。眼目为传心之官，故眼不旁视，足征心不二用。

引蒙

问：运手其端由何而起？曰：由左手指头领起。运由何先？曰：由右手指头肚与小指掌。由何处为运转机关，由何处为运行之始？曰：左手既领动右手，则右手之与右肱平者，由上设下，顺转至右膝外，上行过心口，运至鼻，越右额角，过右肩上，复运至起初运动原位，才够一圈。右肘沉下，右肩压下，右脚随右手也是顺转。右手至膝外，右脚随右手收至左足边。是时右手上行往外运，右脚亦是上行往右运。但右足落脚比原位稍近里边五六寸，是谓开步于无意之中。当右手至右膝外，将上行之际，则左手自上下行也，是顺转法。右手上行，向右运行至原位，则左手下行至膝矣，左足亦收至右足边。待右手下行至膝外，则左手与右手一齐运。左手也是上行，至心口复上运至鼻准，越左额角，过肩，上运至左手起初原位。左足从右足外向左开步，亦是顺转法。但右足于右少运五六寸，则左足方能于左多开五六寸。左手至原位，则左右运转各自一周。左右一周之后，机不停留。右手从下复上行，左手从上复下行，终而复始，更迭运行，循环不已，如日月之代明。

问：运行之主宰？曰：主宰于心。心欲左右更迭运行，则左右手足即更迭运行；心欲用缠丝精顺转圈，则左右手即用缠丝精顺转圈；心欲沉肘压肩，肘即沉、肩即压；心欲胸腹前合，腰精劄下，裆口开圆，而胸向前合，腰精搇下，裆即开圆，无不如意；心欲屈两膝，两膝即屈。右足随右手运行，左足随左手运行。而膝与左右足皆随之，不然多生疵累。此官骸之所以不得不从乎心也。吾故曰：心为一身运行之主宰。

问：打拳关键在何处？曰：在百会穴下。自脑后大椎通至长强，其动处在任督二脉。其精神在何处？曰：在眸子。心一动，则眸子传之，莫之或爽。或曰：拳之大概既闻命矣。而要打不出神情，何也？曰：此在平居去其欲速之心。如孟子所言：必有事焉，而勿正，心勿忘，勿助长焉。临场先去其轻浮慌张之气，清心寡欲，平心静气，着着循规蹈矩，积久功熟。然后此中层累曲折，历尽难境，苦去甘来，机趣横生，淳不可遏。心中有情有景，自然打出神情矣。要之，此皆人力所能为者。至于无心成化，是在涵养。日久优游，以俟其自至，则得矣。孟子曰"我善养吾浩然之气"，斯言诚不诬矣。问者唯唯而退。吾因援笔以志之。

中运手与前后两运手遥遥相呼应，却划然分上、中、下三界，而三界却是一理贯通。

内精

左右手沿路所走之图

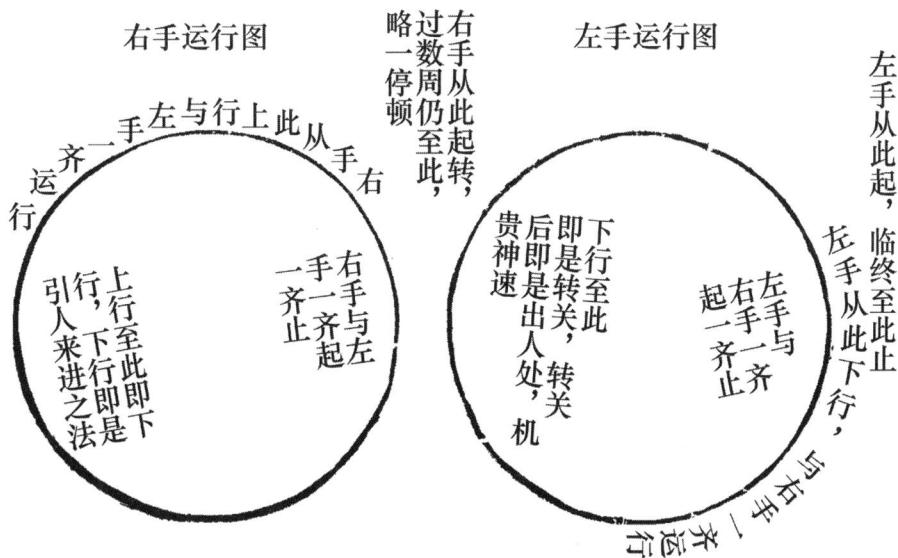

左右手虽是一齐起运，然左手是从左面，手与肩平，下行起手，右手是从左乳下，胳膊屈住上行起手。所以左手到下，右手到上；左手到右乳下宜屈，右胳膊宜伸到右方面。

打拳运动，全在手领，转关全在松肩。此图特写单鞭运手松肩之法。功夫久则肩之骨缝自开，不能勉强。左右肩松不下，则转关不灵。且松肩不是敧肩。骨节开，则肩自松下。

补单鞭松肩图

取象

人心属火。火无常形，附于手足之运行，而后心火之明见，如易之离卦。离者，丽也，明也。两手左右运转，如日月之丽乎天，相代而明以气气即神气运也。两足运于下，如百谷草木丽乎地，相代相谢，以形丽形，重明以丽乎正。上下手足中道而行，运转不已也。人心惟私欲静尽，理障一空，故其体常明。明则无所不照。故左来则照乎左，右来则照乎右，人不能欺。明则灵，灵足以应万事。故左有敌来则击左，右有敌来则击右，有备无患。象似离，故取诸离。

中运手五言俚语

两手运中间上中下三运手，此居其中，左右如循环。

借此有形物，画出水中天至虚至灵，一举一动俱是太极圆象。

一往一来运一周，上下气机不停留。

自古太极_{言阴阳之理}、刚柔之气_{皆如此}，何须身外妄营求

《中庸》言"道不远人"，孟子曰"万物皆备于我"。反求诸己而已矣。

第四十五势　摆脚

何谓摆脚？右脚抬起，与右腿根平，横而向北，以足掉人_{掉，击也。}然必右肱向右伸开，左肱屈住，手向右，两手掌朝下，左右手横而向南打右足。右足横而向北_{即右方}，迎左右手至中间，如两人对敌。左右手摩荡右足，右足摩荡左右手。手足对头毕，错过去右手。左手平而向左，左肱伸开，右手亦平而向左肱。屈住右足，与肱平向，右膝稍屈住，停而不停，将有下落之机，其实未落。摆脚之界，至此而足。

左右掌朝下

右肱伸开

肩松下

耳听身后

顶精领住

眼看右脚

左肘屈住

左右手微向上，从左绕而向右，将摆脚放成此势。以下是摆脚正面

腰劼下去

左腿弯不可软

右脚与腿平，膝屈七八分，左膝屈二三分

左足实踏地，周身全凭此脚，当十分用力

265

引蒙

上之成式图节解已明，不必再赘。但运手下，摆脚上，此处夹缝，手足宜如何？曰：运手将终，左足略移于右面二三分，为下势地基窄狭腾路。上体左手领住右手，先向左，由下而上，转一小圈，向右屈住

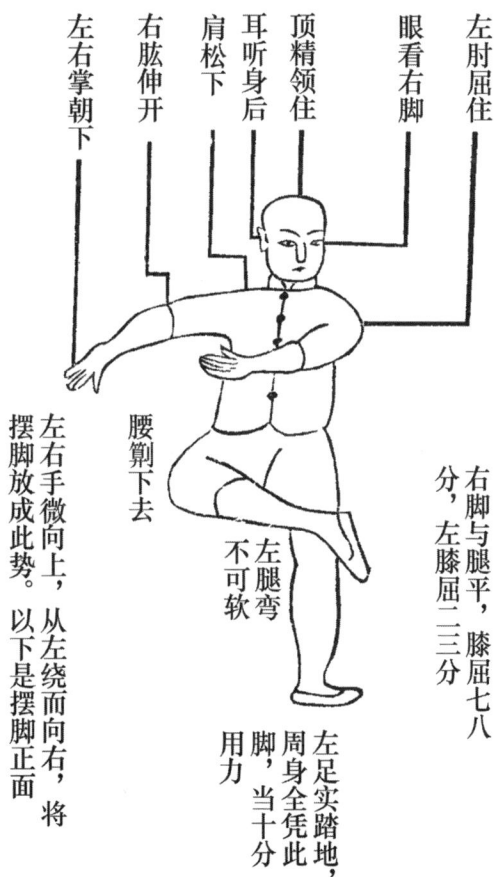

胳膊，左手落在右膀前停住。右手随住左手，亦是自下而上，转一大圈，展开胳膊，向右停住。两手向左者，引敌人也；转而向右者，以右手击敌人也。复转而向左者，以左手击人也。右足本在右而向左者，不向左则向右击人无力，故必先向左，而后击右。两手左右横击，右脚亦抬起在上，向右摆而击人，则四肢只剩左腿一足在下矣。然此一足，即《易》所谓长子主器，必使如盘石之安、金汤之固，夫而后环而攻之。不可摇撼，不然败矣！问何以安？何以固髀骨？微往下坐一二分，左膝屈一二分，上体顶精领好；中间合住胸，左足抓地，脚心抠去声住地，上下体前后左右皆撑住，无使偏重，则足底自然稳当，安且固矣。

内精

摆脚左右手起端式

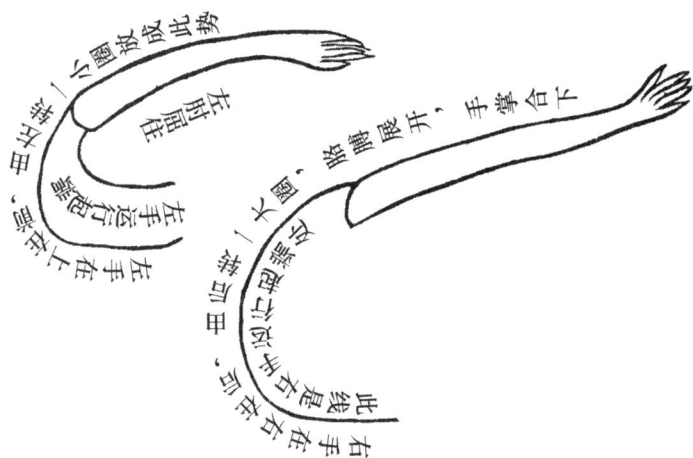

摆脚左右手已成图

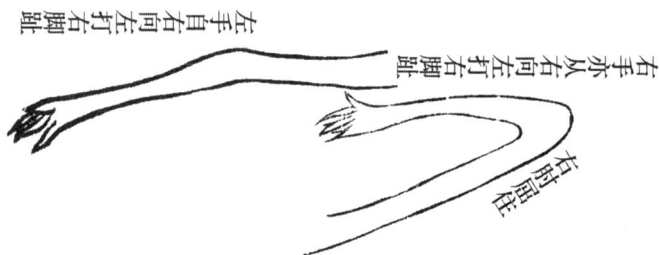

此势乃拳中之变格也。足之在下，前踢、后蹬、下蹴，此是正格。今以右腿抬起，以脚横运摆而击人，故谓变格。左右手前击、后击，以单手左披右引，往往有之。今以两手左右横摆击人，以为右脚之应，亦拳中左右手之一变格也。以浩然之气行之，无往不宜。下体左腿独立，犹中流砥柱。

取象

摆脚似艮。艮为手。以左手右手，左右止物。艮，止也。下者艮，其趾未失正。三爻艮，其身止诸躬。足稳则身不可摇。上九：敦艮吉。《象》曰：敦艮之吉，以厚终也_{言足底力大，上体自难摧挫}，故取诸艮。又似乎旅天地者，万物之逆旅。光阴者，百代之过客。左右手从左而右，复从右而左，如旅之来往行路，一过而已。右腿横摆亦一过而已。左足立而不动，是当止则止，当行则行_{言右腿也}，莫非过客往还，全不留滞，故又取诸旅。

摆脚七言俚语

其一

一木能支广厦倾_{一木喻左腿，广厦喻众体}，上抬右腿一剑横。

左右两手左右击，先置死地后求生。

其二

摆脚一势最为难，夔夔独立似胆寒。

岂知太极有妙用，手如平衡万事安。

长短句俚语

一缕心血，运吾浩然之气。前后相称，无不如意。

任他四面来攻，怎挡我手足横击。左右前后，事皆济。

第四十六势　一堂蛇—名跌岔

何谓跌岔？身从空中跌下去，两腿岔开，方为跌岔。此图左腿展开，右腿屈住，此为单跌岔。以双跌岔，非用纵法不能起来。不若单跌岔，只用左足踵往前一合，右膝往外一开，右足踵用力一翻，即遂落遂起。较之稍易，故用之，亦能制胜。且今之拳家皆如此，姑从之。

左手从右腿下去，与左腿一齐展开，以渐前进

顶精不可失

眼看左手左足

右耳听住右面

右胳膊展开

右手似有欲前之意

左腿展开，平落地面，左足用力蹬敌之臁骨

左膝不可屈

身要领住，气往前合住

右膝屈住，不可踏实

髀骨似坐非坐，实而虚

右足面朝下，鞋底朝上

引蒙

跌岔与二起回顾照应。二起从下而上，飞向半空，此则由半空而下，两腿着地。天然照应，不做牵合。此古人造拳法律之严如此。当摆脚毕，屈右肱，伸左肱，手皆在左。两手复从左方自下而上，转而向

右。右肱展开，左肱屈住，两手皆伸。此时右脚跌下至地，左足即从右足，足踵依地，以次渐向西南蹬去。其意上弯如新月形，左手与左腿一样运行也。是自右腰慢弯下去，与左足同行，向西南推去。始用指力，继用掌力。右手在后，胳膊虽伸，而手却含。自上而下，迈往欲前之意。特其势，尚未之呈耳_{跌岔界至此。}

内精

此势以左足前蹬为主。蹬非虚蹬，蹬敌人也。故足后踵不可不用力，而左手前推助左足也。右手在右，亦大有欲助左足之意。

右腿图　　　　　　　此左腿伸蹬之形

右足从空中跌下，足底朝上

跌岔顶精提，好，心精提，足胸精提，精，髋骨合住，实坐下

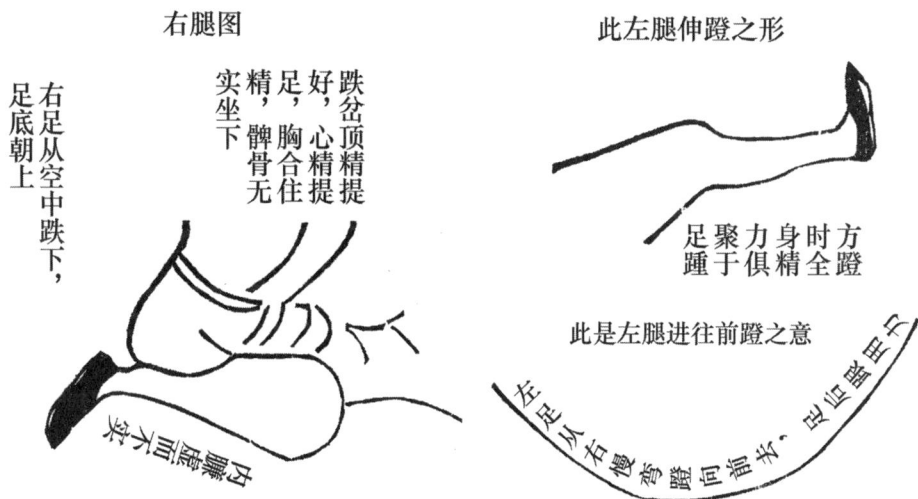

足聚力身时方踵于俱精全蹬

此是左腿进往前蹬之意

左足从右慢弯蹬向前去，故曰跌岔界

取象

跌岔一势，虽左足能以蹬人取胜，而髋骨坐于地，不啻习坎入于坎窞，险莫甚也。非有孚，维心亨，不能行有尚。苟能以太极之理，诚实于中，祸福利害，有所不计，又能以浩然之气，行其心之所安，将来坎不盈祗_{祗作坻。坻，水中小渚也。《诗》曰"宛在水中"，坻是也。}既平入险者，能出险矣，故无咎。跌岔之势，行似习坎，故取诸坎。人惟两足立于地，左

右两手鼓舞于上，御敌犹易。至于跌岔，身入重险，难莫甚也。易卦：艮上坎下，为蹇。蹇，难在东_{艮方}北_{坎方}。文王圆图，皆在东北，若西南皆无难，故利西南。此跌岔左足之所以向西南蹬者，因西南吉利方也，故往蹬有功。六二：王臣蹇蹇。王者，五也，为元首。二者，臣也，为股肱。外卦之坎，元首之蹇；中爻之坎，股肱之蹇。易以二五在两坎之中，曰"蹇蹇"。人以元首股肱，皆居至下，亦如之。《易》言：匪躬之故，有不获其身之象_{言灭亡之祸，莫大于此}。又有非自致之意。敌人侵暴不尽，己之所以自致，跌岔亦然。又有不自有其躬之意。元首居下，左足不敢自爱，向前急蹬，因此蹇蹇。是故九三"往蹇来反"，言人内反诸己，有解蹇之具，虽蹇可往。六四：往蹇来连。来连者，左足结连右腿与左右手，用其周身之力以赴难，势众者力强。武王曰：予有臣三千，惟一心境。虽有蹇，履险若夷，蹇可往也。九五：大蹇朋来。元首虽居下，只要全身精神，皆能相助。上六：往蹇来硕。往蹇者，言我有可以任艰巨之实。猝然临之，理直气壮，蹇莫能阻。昆阳大战，秀终得胜，此来硕之证也。总之，有此一蹬，不致受困，功夫纯熟，可收其效，故又取诸蹇。又离下坤上，明入地中。曰：明夷，亦遇之至艰者也。初九：明夷于飞，垂其翼。言跌岔，左右在下，如鸟翼下垂。六二：明夷，夷_{平也}于左股。言左足前蹬，腿宜展平舒开。用拯马壮吉。言足不能如马之壮，不能救难。九三：明夷于南狩。内卦离为正南，外卦坤为西南。南狩者，向西南蹬敌，获其大首，言胜敌也。六四：入于左腹，言左足中敌之左腹。获明夷之心，言敌痛也。于出门庭，言可以出难矣。时地虽难，知己知彼，百战百胜，内文明故也，故取诸明夷。坎卦、蹇卦、明夷卦，三卦皆是借形境遇之最难者，非有盛德不足以处。此事无大小，其理则一。拳中跌岔，亦境之最难者，非有大功夫，不能以一足胜人也。非好为难也，亦迫于时势之不能逃耳。

跌岔五言俚语

右足从上摆，左足下擦地。

西南足一蹬，又是攻无备。

用弓背朝下，精如初月上弯形，左手与左足自上而下，至下向前蹬。复自下而上，自上而下者，跌岔之始事也。自下而上者，跌岔之终事也。非此无以叫起下势之起势。

七言俚语

其一

上惊下取君须记，左足擦地蹬自利。

右股屈住膝挨地，盘根之中伏下意。

其二

右脚一摆已难猜，又为两翼落尘埃。

不是肩肘能破敌，一足蹬倒凤凰台。

其三

阴阳变化真无穷，只说英雄遇匪躬。

谁料妙机难预定，解围即在一蹬中。

其四

果能太极_{言太极拳}仔细研，绝处逢生自不难。

天下凡事皆如此，非徒拳艺令人观。

其五

一缕浩然往下行，坐中能令四座惊。

此身若非成铁汉，掷地何来金石声。

271

第四十七势 金鸡独立

何谓金鸡独立？一腿独立，如鸡之一腿独立，一腿翘起，象形也。此势回应以前右擦脚。

节解 _{节解者，周身骨节，节节而解之也}

（见右图。——校者注）

引蒙

自跌岔后，心精往上一提，左足大趾与足踵用力前合，右膝往上一起，右足趾与右足踵往前合，两腿执硬，两手往前攒，顶精与裆精往上一领，手足随之一齐俱用力，自然起来。将起来时，身往前纵，右足踵往后蹬。身既离地，左手慢弯，上行至耳。精在手中，若从左肩、臂下行至左足后踵。左手从肩前下行，至左胁，手与乳平。则右手与右膝一齐上行，右手掌由下上行，至右胁外，与左手平。不停，直往上行，伸足胳膊，掌心朝天，右膝上行与小腹齐，则左手已垂于下矣。右手掌上擎冲敌承浆下骨，右膝上行，顶敌之肾子。两处皆人之痛处，不可轻用。左足踏地如山，右手擎天，直欲天破。

右膝猛抬，与右掌一齐用力往上顶

右手掌向上顶
顶精领住，与中
气一齐上行
耳听身后，两旁眼能
视，身后眼不能视
肩松下

右足带有上踢意

左足平踏

左手下垂如椎

内精

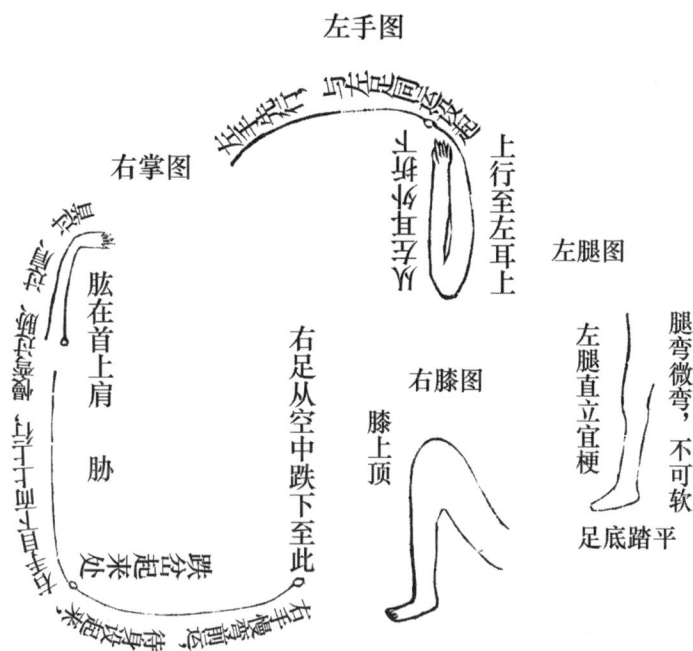

左手图

右掌图　　　　　　　　　　左腿图

肱在首上肩　胁　　上行至左耳上

右足从空中跌下至此

右膝图

膝上顶

左腿直立宜梗

腿弯微弯，不可软

足底踏平

取象

以阴阳论，右手为阳，日之象，左手为阴，月之象。坤为腹。右手不惟过腹，且上过首，以掌上顶敌之额下，是晋如摧如也。右手在首上晋其角。离为火，火气上炎。右手与右膝皆上行，犹火气上升，不至其极不止。离上坤下，明出地上，曰晋。晋，进也，右手上行，过乎顶，有上升意，故取诸晋。山下有火，贲艮为手，为山。手上举，如山峰耸峙。六二：贲其须。右手能护须，则元首无问矣。初爻：贲其趾。左足自当用力。离居下卦，明无不照，故取诸贲。金鸡独立，已出险而制胜，有否极泰来，七日来复之意。《易》曰：雷在地中，复。坤为地，为腹；震为雷，为足，动也。右足震动，以膝上行，至腹，如雷之迅，所以中行独复。中行者，以中气行于中间；独复者，独能出乎险，而复太平之地。前之摆脚，左脚独立，至跌岔，则右脚不能立矣。迨金鸡独立，则

273

陈氏太极拳图说

卷三

左脚仍然独立。前之右脚摆人，跌岔腿盘屈在地。至金鸡独立，复以右膝膝人，复能膝其痛处，令其叫苦。是即由否之泰，七日自然来复矣。彼硕果之仁未息，犹拳之天机未息，终有可复之理，故又取诸复。

七言俚语

其一

耸身直上手擎天，左手下垂似碧莲。

金鸡宛然同独立，不防右膝暗中悬。

其二

一条金蛇拖玉堂，忽然飞起似鹰扬。

只说右手冲上去，谁知膝膝_{上"膝"，膝盖之膝；下"膝"字是上顶之意}也难防。

金鸡独立

此偏运身法也。右体主动，左体主静。金鸡独立，其立在左精也。其运动在右，故以右为主。本势从跌岔起来，右手精由右大腿上去，过右胁至腋，过肘弯至右手掌，从五指转到手背，过肘至肩臂，下行至右足踵。右腿精由右足趾上行至膝腕_{膝骨}，中气由丹田上行过头顶，转到脑后，下行至长强以上。手足中气，只是一齐并运，不可迭次。运左手精也，是由左大腿上，行至左耳，下行过肩臂，从左臀到委中，行至左足踵止；左足立而不动。前后左右，用精匀停，自然立得稳。至朝左天镫，左手膝运行如右。

第四十八势　朝天镫

何谓朝天镫？左手掌朝上，如今之朝天镫，象形也。此势回应前之右擦脚。

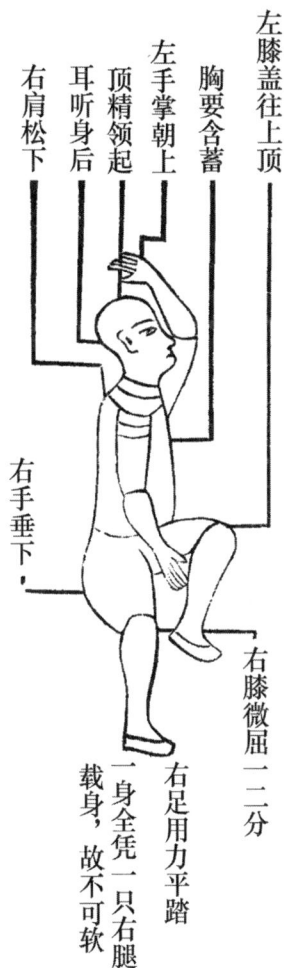

右肩松下
耳听身后
顶精领起
左手掌朝上
胸要含蓄
左膝盖往上顶

右手垂下

右膝微屈一二分
右足用力平踏
一身全凭一只右腿载身，故不可软

节解

人之一身，以腰为中界。左手、左膝气往上行；右手、右股气往下行。中间以腰为分界。

引蒙

右掌上顶毕，精由指运到手背，下行过右肩臂，直下至右足踵，过涌泉，至大敦、隐白，气方运够一圈。此是精该如此运法，是心中运行之意也。至于右手之迹，则大指向右肩肩髃下行，过右胁，至右大股，指头下垂如锥。右足下行，未着地，即移向西北。右足趾向西北，足踵先落地，去左足一尺余远。左手慢弯，势由左大股前上行，过左腹、左胁、左肩前、左耳侧，上逾左额角，展开胳膊，直冲上去，手掌朝天。左膝屈住上行，膝至左小腹前止。

或问：左右运行是一样法门，何不一齐并运，而必分开更迭运之，何也？曰：不能。两手可以一齐并举，若两足并起，是纵法也。以上纵法行于此势，心气往上一领，则周身之气聚于胸中，下体足虽起，上体手掌无力矣。非全无力，力不能聚于手掌，即下体之力，亦不能皆聚于

275

两膝盖。心气一提，气皆聚于胸中，不及分布四体，散而任其各体之按部就班，徐徐以行其周转。此所以左右分成两部。令左足着地，则右半身精力可以仔细运一周，右足着地，则左半身精力可以仔细运一周，而不至涉险，履不测之祸。且如此运法，亦不致有偏废之弊。此所以用迭运法、递运法，而不用一齐并运法者，职是故也。吾故曰：不能。学者当细参之。

内精

前之面向西南者，今则转向西北。上势金鸡独立，以右手右膝为主，此反之。

左手运行图　　　　　右手运行图

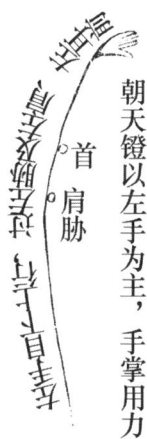

朝天镫以左手为主，手掌用力

首　肩胁

右手从上下行，过首、过右胁，前至大股，手下垂

首胁

大股下

膝盖用力

此以左膝为主

左腿屈膝如前右膝屈法

右腿直立如前左腿法

取象

上势从跌岔起来，带起带击，似较此势为难。然人之一身，右手右

足用之居多，左手左足用之少，以左手足未若右手足之便。以此观之，朝天镫较之金鸡独立为尤难。以左手左膝不得势故也。然金鸡独立先以右手右膝制胜，朝天镫继以左手左膝制胜，盛极矣。拳至跌岔，否极矣。否极者，泰必来。金鸡独立与朝天镫，左右迭次取胜可谓泰极矣，故取诸泰。天地循环之理，无往不复。否极必泰，泰极必否，虽天地亦不能逃其数，况拳之小技乎。虽然，是在善处之者。处否，苟能以贞一之心处之，虽否，亦未有过不去；遇泰，苟能以持盈保泰之心处之，而泰亦不至遽否也。学拳者宜知之。

朝天镫七言俚语

其一

也是手掌上朝天，中间膝盖法如前。

犹然一屈分左右，又使英雄不着鞭_{裆不能骑马，何用鞭为。}

其二

右足落下左足悬，上伸左掌镫朝天。

英才若会其中意，翻笑金鸡一脉传。

其三

右膝膝裆人不服，不料左股又重出。

不到真难休使用，此着不但令人哭_{死生之命，系之慎之。}

其四

牙与颔下不相干，最怕手掌向上端_{借字。}

狂夫不识其中苦，管令一日废三餐。

第四十九势　倒卷红

此退行法也，与珍珠[①]倒卷帘相同，故名之。此势与前倒卷红相呼应，又与野马分鬃对面照应，彼是向前进，此是往后退法。看毕左面手，即转过脸看右手。看右手运，亦是从前面看到后面。

引蒙

此势是大铺身法，退行中第一难运之势。朝天镫左手从何道而上，亦从何道而下。手指略抠，向后如搂平声。左足从何道而上，亦从何道而下。足不落地即往后退行，开大步。迨开步毕，右边有敌持械来，则右手带往右边拨械械，如枪棍之类，带往后搂。右足亦展开，腿往后退行，开一大步。右足退行毕，则又挨着左手倒卷倒卷即倒转圈，左足退行矣。先左后右，左右各二三次，至左手与左足俱到后边为止。

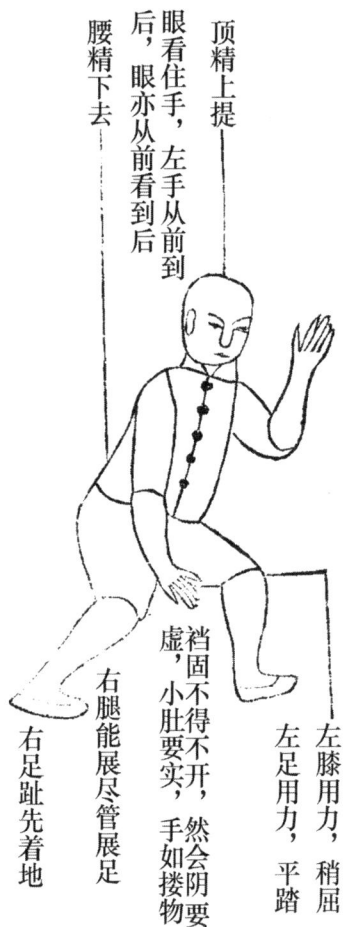

顶精上提

眼看住手，左手从前到后，眼亦从前看到后

腰精下去

裆固不得不开，然会阴要虚，小肚要实，手如搂物

左膝用力，稍屈

左足用力，平踏

右腿能展尽管展足

右足趾先着地

278

陈氏太极拳图说

卷三

①　原版本为"真珠"，依据目录，将"真珠"更正为"珍珠"。

内精

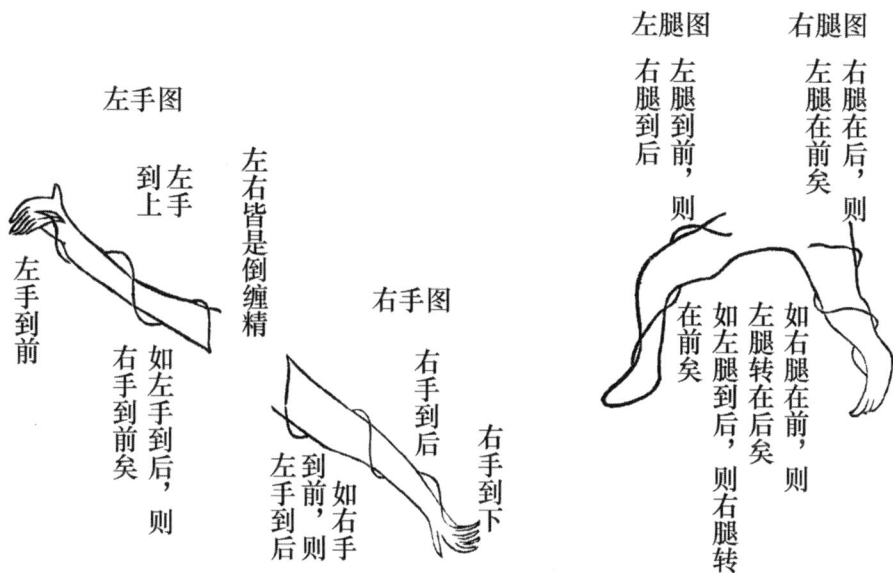

左手图
左手到上
左手到前
左右皆是倒缠精
如左手到后，则
右手到前矣

右手图
右手到后
右手到下
左手到前，则
如右手到后，则左手到前矣

左腿图
右腿到前，则
左腿到后

右腿图
右腿在后，则
左腿在前矣
如右腿在前，则
左腿转在后矣
如左腿到后，在前矣
则右腿转

两腿皆用缠丝精，皆是外往里缠，此谓倒缠法，即倒转圈也。

取象

前之倒卷红象取乎坤，今复取之，何也？试以前所未尽之意言之。左右手足，各宜倒卷而退行之，是坤六断之义也。问：何以不往前进，而往后退，无乃怯乎？曰：非也。譬如行军，能进攻则进攻，不能进攻则退守。进攻难，守亦不易。能退守为进攻地，为尤难。如此势，非不欲前进，但千人万马，枪刀俱近吾前，无缝可入，是不得不退行。而以左右两手倒卷，以避其锋刃，伺其有隙而后进，未为晚也。况有机可乘，则一箭中的或击首恶，或中要害，胜于杀其无名之卒万万矣。此所以退行之故。其意在此，何惧之有？且坤，顺也。顺其时，时当退则退；顺其地，地能退且退；顺其机，机无可乘，自宜倒卷；顺其势，势非可进，又宜退行。

此柔坤，柔道也能克刚，以退为进者，坤道也。坤错乾，乾，刚也。坤至柔，而动也刚。此拳外面似柔，其实至刚。初爻变震，震为足，动也。足动，退行之象。错巽，巽为进退。拳之进退，原无一定。可进则进，可退则退，相其可耳。为多白眼，眼主乎视，瞻视左右，使无失败。综艮，艮为手，手能止物。以手御敌，使不获伤己。成复，两手来回迭运，终而复始。二爻变坎，坎中满。中间一画，如人之身，自百会至长强中气贯通；上下四画，如左右四体。错离，离为目，目能眼光四射。离，明也。左右手足运行，如日月代明。离中虚，退行者，其心皆做退一步想，不敢自满，以期必胜。上下两画，如左右两半个身，运以实行也。成师，师者，众也。以心为主，而五官百骸，无不听命。三爻变艮，艮为阍寺，为指，为门阙。左右手顾住前后左右，如阍寺以指止物，固守门阙也。错兑，兑为金，百练此身成铁汉。如兑居西方，属庚辛金。综震，震为龙。拳之变化，如龙之不可端倪，成谦。我之遇敌，能以谦退自守，无咎居多。至于四五六爻之变，其义相同。坤之变爻如是，故复取之。而此势之前虚后实，自不待言而明矣。

第二倒卷红七言俚语

其一

朝天镫下倒卷红，左手先回快如风。

左手转毕右手转，退行真是大英雄。

其二

两手转来似螺纹，一上一下甚平均。

全凭太极真消息，四两拨动八千斤言四两力气可以拨转八千力。

第五十势　白鹅亮翅

与前两个白鹅亮翅相呼应。以此势回应前两个白鹅亮翅作结束。

节解

（见右图。——校者注）

引蒙

此势纯是引进精。倒卷红左手到下，右手从右向左，两手相去尺许。右手领左手，从左先转一小圈，随势由左斜而上行至右。右足亦是先转一小圈，从左向右开步，左足随右足至右，两足相去五六寸，左足趾点住地，右手与右足一齐运转，方成一气。

内精

沿路运行之法，前已图之。右手用顺转法，右足亦然。左手倒转法，皆是缠丝精。右手右足与左手一齐运行，惟左足必待右足落地，而后左足随之亦向右方，足趾点地。

取象

上势倒卷红身在险中。此势排难解纷，出险之外。故取诸解。然解难，非用引进不可。

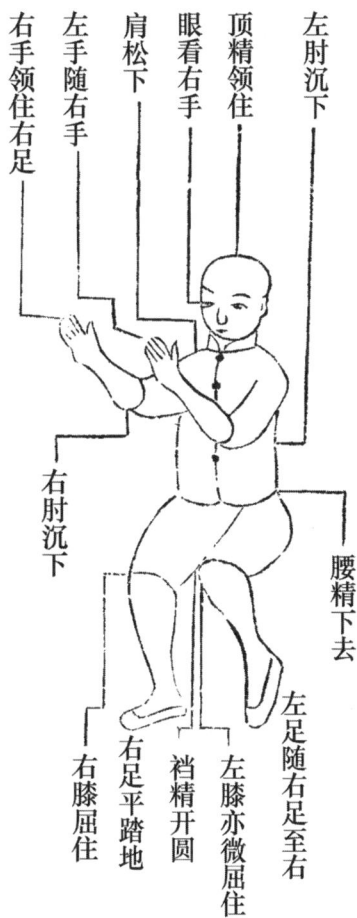

右手领住右足
左手随右手
肩松下
眼看右手
顶精领住
左肘沉下
右肘沉下
腰精下去
右膝屈住
右足平踏地
裆精开圆
左膝亦微屈住
左足随右足至右

七言俚语

其一

第三白鹅羽毛丰，左旋向右术最工。

此中含蓄无限意，又是引人落到空。

其二

一势更比一势难，此势回旋如转丸。

妙机本是从心发，敌人何处识龙蟠？

其三

引进之诀说不完，一阴一阳手内看。

欲抑先扬真实理，击人不在先着鞭。

第五十一势　搂膝拗步

此势回应前两个搂膝拗步。

节解

见前第六势。

平心静气，勿使横气填塞胸中。

引蒙

左右手从胸前平分下去，皆用倒缠丝精。右手绕右膝，向后转至胸前，去胸尺余。中指与鼻准相照，眼看住中指。左手从左面搂左膝，手自后而前绕一圈，复转至

右肘沉下　肩松下　顶精领住　眼看中指　左手在后

腰精下去　左膝露出膝盖前，左足较右足略前，平踏地　裆精撑圆　右膝微屈　右足略后，平踏

后，手与脊骨照落住，撮住五指。左足从右向左开一大步，落住后脚如钩，上下一齐合住。

内精说见第六势

头直，眼平视，肩与肩合，肘与肘合，手与手合，大腿根与大腿根合，膝与膝合，足与足合。平心静气，说合，上下一齐合住，气归丹田。合法皆用倒缠法，独左足开步顺转法。此势纯是合精。

取象

本势取乾坤坎离。以方向言之，说见第六势。言乾坤坎离，而兑震巽艮四隅之卦在其中矣。此以卦德言之，非徒取其卦位、卦体也。

七言俚语

其一

搂膝拗步至第三，回应前伏<small>指前两搂膝拗步言</small>兴正酣。

四面八方皆有备，功成始悟不空谈。

其二

太和元气到静时，不静不见动之奇。

六封四闭<small>上下四旁</small>谁能喻，惟有达人只自知。

第五十二势　闪通背

回应前闪通背。

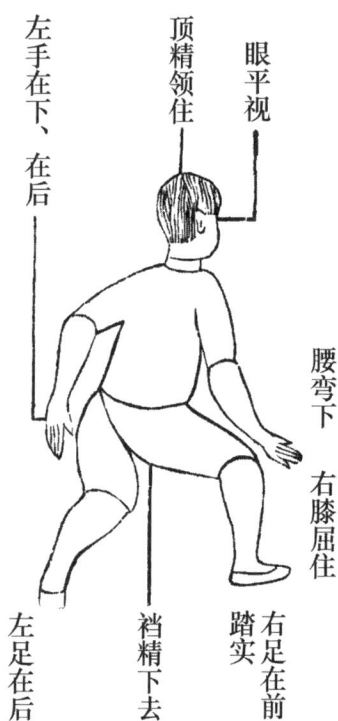

左手在下、在后　顶精领住　眼平视

腰弯下　右膝屈住

左足在后　裆精下去　右足在前踏实

节解

（见左图。——校者注）

引蒙

上势搂膝拗步毕，右足向前开一大步，右手由右而左，先绕一小圈，转回至前顶，从上侧棱住手。大弯腰，劈裆而下，至左右内髁，再从下涉上去，手至囟会，左足向前开一大步，左手随左足由后而前，手与肩平，胳膊展开。然后身倒转，右足随身倒转，落至左足之后。右手亦随住身倒转，自上而下，落到右足之后。手与腰平，胳膊展开，此是大转身法。全在顶精领住，裆精下去，步法活动，两肩松开，手足上下相随方得。

内精

图画讲义，俱详于前。

七言俚语

再将右手御前敌，身后敌人复搂腰。
岂知我腰忽弯下，臀骨上挑_{上声}敌难逃。

此是速精，缓则不及矣。看是粗势，其实精妙无比。

第五十三势　第六演手捶

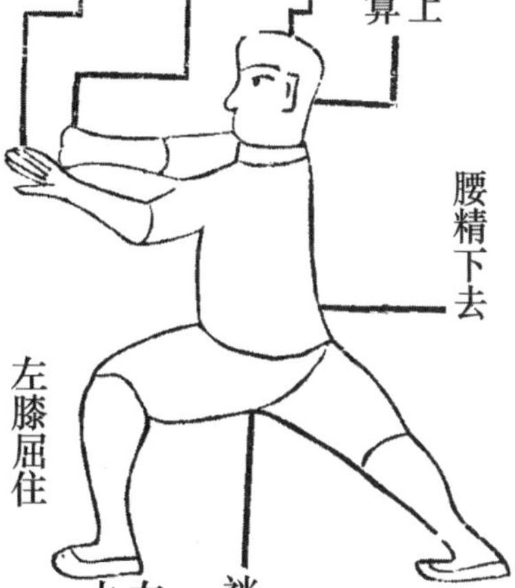

与第三演手捶为正应，又通结前五个演手捶，且起后指裆捶。此一捶与文法承上启下同义。

节解

（见右图。——校者注）

引蒙

第三演手捶，右手向前击敌，右足亦随之向前落住脚，故成背面图。以敌稍远，故特进右足与敌相接。此演手捶也，是右手向前击，用合捶。但敌去吾身甚近，故右足不必前进步，以助右手之不及。右足不动，仍在后面，故成正面图。

右手合住，肘尖朝上耳听身后，防敌暗算

顶精领住

右手搠住捶头，眼看住捶头

左手指展开，以应右手捶头

腰精下去

左膝屈住

左足用力平踏地

裆精下好

右足踵踏住地，须用力

内精

闪通背身撞倒转过来，右足在后，右手亦在后，用缠丝精从后转一圈，向前合住捶，击捶方有力。然又必周身上下一齐合住精，精神皆聚在捶头方能破敌。图画、内精皆见前。

取象

萃与小过、大壮，第三演手捶已言之矣，兹又取诸震。以捶之能惧迩，能惊远。震惊百里，演手捶似之。

一声霹雳出尘埃，万物群惊百里雷。

右手自下往前击，如同天上响觚觚。

第五十四势　揽擦衣

节解

此揽擦衣与前揽擦衣为呼应，且通结前三个揽擦衣。

引蒙

右手收至右胁前，右足从后进至左足之右，与左足并齐，然后右手与右足一齐运行。右手从左胁前，先自下而上绕一小圈，然后徐徐自左向右展开胳膊；手伸开，五指束住，手与肩平。右足随住右手，亦先绕一小圈，然后徐徐自左慢弯势_{如新月形}向右开步。左足在原位不动，左手自内而外亦绕一圈，复转回至左腋下，叉住腰。

内精

右手用顺缠精，缠至指头。自内而外缠者，谓之顺缠。右腿亦用顺缠精，缠至足趾。左手用逆缠精。自外向内缠者，谓之逆缠、倒缠。图画见前第一揽擦衣与第二十二势。

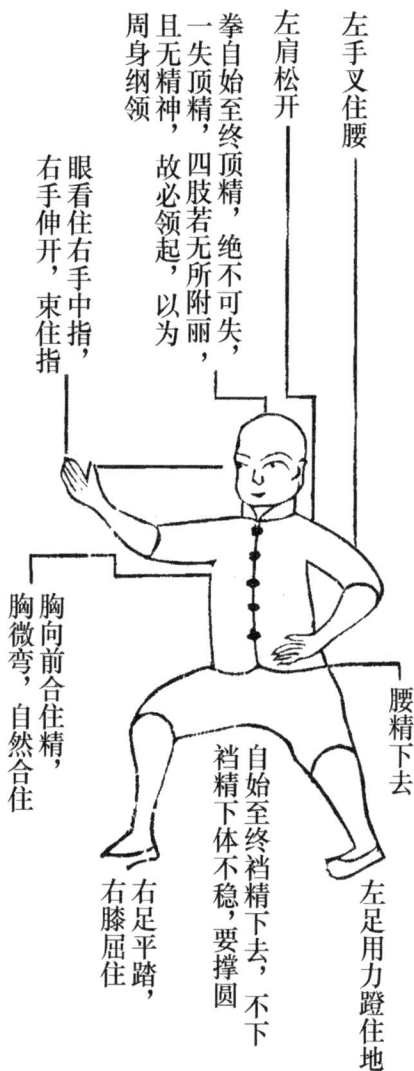

左手叉住腰

左肩松开

拳自始至终顶精，一失顶精，绝不可失，四肢若无所附丽，且无精神，故必领起，以为周身纲领

眼看住右手中指，右手伸开，束住指

胸向前合住精，胸微弯，自然合住

腰精下去

自始至终裆精下去，不下裆精下体不稳，要撑圆

左足用力蹬住地

右足平踏，右膝屈住

286

陈氏太极拳图说

卷三

取象

第二势取泰，二十一势取小畜，四十三势取蒙，皆各有取意，前已言之。此势左肱屈似潜龙勿用，右肱伸似见龙在田，故又取诸乾。乾道变化无方，具阳刚之德。左右肱也，是变化无方，故以龙比之。

七言俚语

独伸右手似见龙，左手盘回左面封。

自有太和元气宰，一阴一阳护前胸。

第五十五势　第七单鞭

节解

与前六个单鞭遥遥相应。

引蒙

左手从腰掏出，与右手一合。右手先转一小圈，用顺转法徐徐向左伸开胳膊，五指束住，眼注中指。右手向前转一小圈，与左手合住，右手用倒转精。左足先收至右足边，先转一小圈。复向左开一大步，如八字，撤右足，向后蹬住，平住踏地。

左肱与指伸开，束住五指

眼注左手中指

顶精领住

肩松开

右胳膊勿上架

顺其自然

右胳膊背住，右五指束住

胸要含蓄，气降丹田，无留横气于上

腰精下去

右腿不可软

右足往前钩，足踵用蹬精

裆精下去，撑圆

左足八字形，平踏

左膝屈住

287

陈氏太极拳图说

卷三

内精

左右手合皆是倒缠精，合毕左右手运行法：左手用顺缠精，精自胁下上去，至腋，由腋往外向里缠，缠至指肚止；右手精由胁后上行至肩，由肩从里往外斜缠，至指甲，是倒缠精。此两手运行之法。至于足，右足在本地不动，但拧足踵，使足趾向左钩住，左足收回，复展开。开步时，亦是顺缠精。由左右指肚起，从里往外缠至髀骨，意向里合。左手领左足，右手领右足，一齐运行。讲说不得不一一分明，图画详见第三势单鞭。

取象

第三势取坎离否泰，二十七势取无妄，三十六势坎离与乾坤相合，四十一势取震，四十四势取坎离之变卦。此势外柔内刚，故取诸乾坤。乾坤者，六子之父母，故皆包之。

七言俚语

七日来复_{第七单鞭}运转奇，上虚下实象坎离。

岂识刚柔无不具，六子由来宗两仪。

第五十六势　左右云手 [1]

与前之两云手相呼应。此居其下，故谓之下云手。在前者为前云手，在后者为后云手。云手者，手之来回旋转，如云之旋绕螺发，象形也。又曰：运手以手旋转，运行亦通。

云手起势图

肩松下，肘沉下　肩松下　五指束住，手向后去　肘微弯住　胸合住　手落下，有欲往里收兼有上泛之势　腰精下去　裆开圆　右足直向左足收回，不落地，随住右手顺转，复向右，慢弯开步，大约一尺　后腰向下，右膝微屈　左足踏实，后踵用力，足趾随左手指似有上提意

289

打拳全在起势，一起得势，以下无不得势。如此势上承单鞭，敌人从右来者，必先以右手引之。右手引，必先卸其右肩。卸右肩，必先以左手上领。左手上领，左肩松下，胸向前合住，下去裆精。左脚实，右脚虚。身法、手法，一齐俱动。以下先运右手，自然得机得势，来脉真故也。即无敌人，徒手空运，亦觉承接得势，机势灵活，故吾谓每一势全在一起，于接骨斗榫处，彼势如何落下，此势如何泛起，须要细心揣

① 原版本为"下云手"，依据目录名称，将"下云手"改为"左右云手"。

摩。又全在一落，必思如何才算走到十分满足，无少欠缺。神气既足，此势似可停止，而下势之机已动，欲停而又不得停。盖其欲停将停之机，又已叫起下势矣。吾故曰：此时之境，似停不停不停者，神犹未足也，不停而停所停者，只一线下势即起，此际当细参之。况且右肱本自伸展，不屈势必不能再伸。故左手往上一领，而右肩自然卸下，右手自然以引进之精，收回胳膊。故不屈者，不能伸抑，不伸者，必不能屈，此皆自然之理，人所共知。所难者，全在以缠丝之精，引之使进耳。左手虽向上领起，右手引进收回，又全在胸前合住，腰精下去，裆精撑圆，左足踏实，右足虚提，而后上体愈觉灵动。六十四势，着着如此。特举一隅，以例其余，学者当自反耳。

云手右手运行图

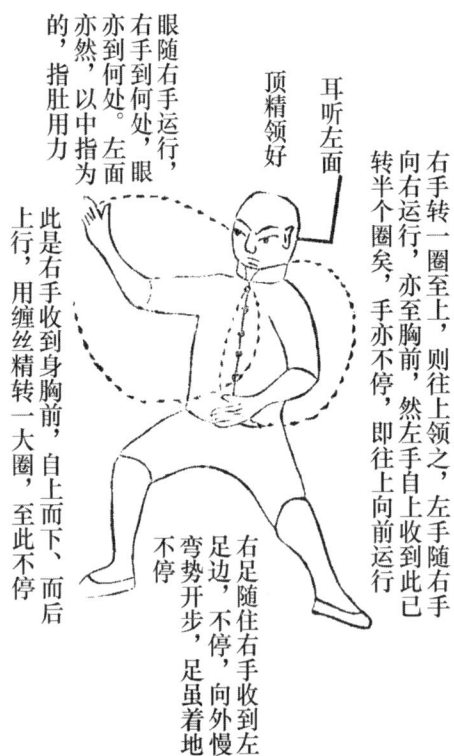

顶精领好

耳听左面

眼随右手运行，右手到何处，眼亦到何处。左面亦然，以中指为的，指肚用力

右手转一圈至上，则往上领之，左手随右手向右运行，亦至胸前，然左手自上收到此已，即往上向前运行

转半个圈矣，手亦不停

此是右手收到身胸前，用缠丝精转转一大圈，自上而下，而后上行

右足随住右手收到左足边，不停，向外慢弯势开步，足虽着地不停

云手左手运行图

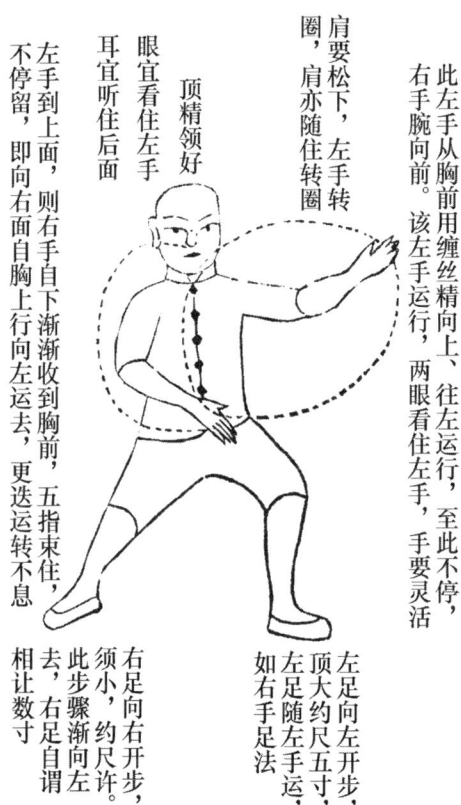

肩要松下，左手转圈，肩亦随住转圈

此左手从胸前用缠丝精向上，往左运行，右手腕向前。该左手运行，两眼看住左手，手要灵活

顶精领好

眼宜看住左手

耳宜听住后面

左手到上面，则右手自下渐渐收到胸前，五指束住，即向右面自胸上行向左运去，更迭运转不息

左足向左开步，须大约尺五寸，右足随左手运去，如右手足法

右足向右开步，约尺许，左足随向左去，此步骤渐向左，足自谓相让数寸

内精

丹田气，一分五处。其实一气贯通上下，不可倒塌一也。心气一领，丹田上行六分至心，又一分两股：三分上行至左肩，三分上行至右肩，皆是由肩骨中贯到左右指头。其在骨中者，谓之中气，其形于肌肤者，谓之缠丝精。其余四分，一分两股：二分行于左股，二分行于右股，皆是由骨中贯至左右足趾。足后踵先落地。前掌要灵，趾头该点则点，须要用力；该运则运，足趾与腓须要用力。左右云手，皆是以顺转法运之。先上领其左手，次降其右手，再次右手由右下行，收到胸前。左手从上往后转半圈，待右手从胸上行，向右运行，则左手下行，收到胸前；待左手由胸上行运于左，则右手自右下行，收到胸前，左右手皆不暂停。此往彼来，彼往此来，左右连环递运，如日月之运行，日往则月来，月往则日来。故一只手只管半个身，左手向左运，左足随左手向左运行开步。左足开步稍大，纯用横行前进法也，故大所不得大。至于右手运行，其转圈一般大，独于足步稍异。右手运行向右，右足亦是由左向右开步，但所开之步略小一点。身横行向左方进右足，步不小不能往左，渐趋渐进，故右步须逊于左步，亦小所不得小。云手无定数目，因现在之地，以为停止。大约不过向左面开三四步远为率。至于将停止时，其始左手上领在左，左肱半伸半屈；云手临终，左手仍落在左面，半伸半屈，右手则落在胸前矣。此是左右手之规格。至于足步，左足向左开步毕，右足应分往里收回，收时却不收回，即于所开之步落住脚，大约左足与右足相去多不过二尺。

运行法。左右运行，皆是一顺前去。如左手左足，由胸由里上行。手向左伸展，左足由里上行开步，则右手下行，收到胸前。右足随右手收到左足边，相去不过四五寸。右手由胸前上行，向右伸展运行，则左手即从左下行，收到胸前。左右手皆是向右面去。右足从里慢弯，向右运行开步，则左足即从左方收到右足，微收一二寸，亦算不必收到右足边。此即渐往左趁之法，不然则左足收到右足边，左足仍在原位，不能向左开展。此即一起足，即为下步蓄势，预留下步地位，相让之法也。每势皆是如此，须记至或左或右，左右手足一顺运行，但分上行下行、外往里收之形迹耳。

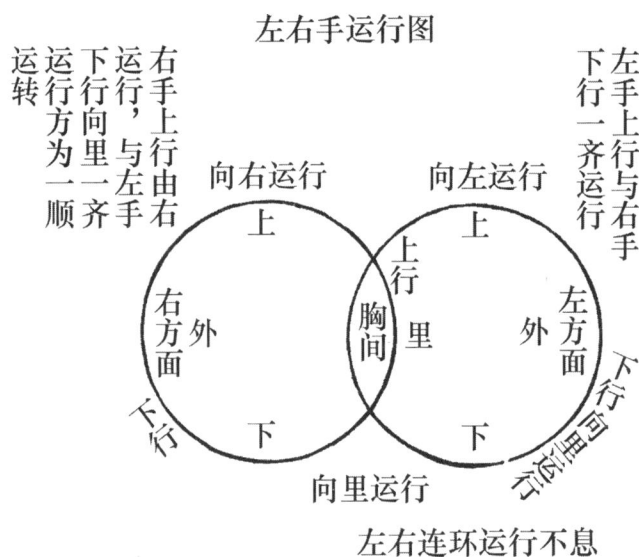

左右手运行图

运运转行方为一顺 下行向里运行，与左手 右手上行由右 向右运行 上 向左运行 上 左手上行与右手 下行一齐运行

外 右方面 下 上行 胸间 里 下 外 左方面 下 下行向里运行

向里运行

左右连环运行不息

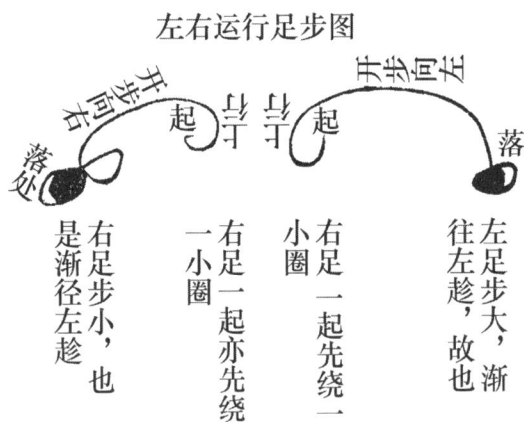

左右运行足步图

开步向右 起 起 起 开步向左 落

蓥处 右足步小，也，是渐径左趁 右足一起先绕一小圈 右足一起亦先绕一小圈 左足步大，渐往左趁，故也

取象

左右云手心极虚明，且两手旋舞，有象日月，故取诸离。《彖》曰：离，丽也。日月丽乎天，重明以丽乎正，六二、六五皆得其正。拳以中

气运行，人乃心服。斯即化成天下，离得乾之中气，故拳之中气皆乾，则之中气也。《象》曰：明两作离，左手如日，右手如月，一伸一屈，如日月之代明。大人即天君也。以继明即左右手之旋转也照四方御敌于上下四旁也。惟其得中，故出而有获。中爻初变艮，艮为山。中气贯注，屹如山峙。艮为手，止也。以手止人，击也。错兑，悦我之交敌，纯以团和气引之使进。综震，奋也，精神振作意。震为足，左右运行无间意。二变乾错坤，能得乾坤之正气。三变震，震，东方之卦，万物出乎震，得生动之气。错巽，万物齐乎巽，言官骸一齐运动，皆顺以动也。综艮，艮为门阙，为阍寺，为手，我之守户，谨严无间可入。况至昏，以寺人禁止，以手令敌人进不得攻。离错坎，人能虚心待物，小心谨慎，不敢自恃。虽右左上下俱有敌来，则视为无平不陂。以此黄中通理，柔顺济以刚直，则履险若夷，亦无陂不平矣。离，火，锁化得动，故无往不吉。

同体。遁者，藏也，言精神贵乎蕴蓄，不可外露圭角。鼎上则两耳在旁，耳中之环，动之则循环不已，左右手之运动似之。下则三足并峙，屹然不动。如打拳之两足，一足踏地不动，鼎足峙也，一足运行如鼎足之似折非折，极其稳当。盖以彼足稳此足，何至有变？虽似不稳，其实无意外之变。盖取足底稳当，不必泥鼎三足、人两足之形。

讼，两人对质，此一言，彼一语，各说己之直，左右手之递运，各行其是而已。家人五官，百骸更迭运动，如一家人，内外男女老幼各尽其分，所当为无妄。打拳之心一诚而已，以实心行实事，绝不自欺，全是以实理贯注于其间。革变也，该左手当令则易以左手，该右手当令则易以右手，无少差错，无少委延。大畜，含养也，太极阴阳包含极广。暌，隔也。左右足之运行，神虽无间，中间形迹不无隔阂。

中孚言拳之情性，皆诚实也。大壮四阳并进，锐不可当。打拳中气所往，人孰能禁，需自需于泥，以需于酒食。言由危至安，先忧后喜也。需经需有孚，光亨，贞吉，利涉大川。《象》曰：需，须也，险在前也。

刚健而不陷，其义不困穷矣。言得乾之中气，无往不宜。初爻：需于郊，利用恒。二爻：需于沙，衍在_衍，宽意，以宽居_中中，故终吉。三爻：需于泥，致寇至，敬慎不败。四爻：需于血，出自穴。五爻：需于酒食_{喻乐境}_也，贞吉，以中正也。上六：入于穴，有不速之客三人来，敬之。终吉，运手向左，有进无退。以中气行乎其间，故入险出险皆得其吉。

七言俚语

其一

日月光华旦复旦，左右手运形纠缦。

向左左右_{言手而足在其中皆向左}，左上_{言左手上行，由里向外}

右下_{言右下行，由外往里收回}次莫乱。

向右右足专向右，左足_{言足而手在其中}在右意相贯_{言左足虽}

_{在左，其意亦向右。}

左右自由各当令，当令之时递更换_{该左皆向左，该右皆向右}。

太极阴阳真造化，鸳鸯绣出从君看。

其二

一来一往手再运，旋转与前不差分。

但从下棚观仔细，左足微殊_{略向西北趁五六寸}启下文。

第五十七势　高探马

节解

上是正面图，新式也；下是背面图，老式也。

引蒙

新式：右足进至左足边，不落地，即抽回落住地。左足亦抽回，落在右足边，足趾点住地。当右足抽回时，左右手亦随住右足，自上而下，向后转一大圈，转向前，左右手掌合住，相去尺许。

老式：左右手亦是从后绕一大圈。身顺转过来，右足不动，左足抽回，落在后面，右肱伸展，左肱屈住，左右手虽相去尺五，而手掌却自对脸合住精。

内精

高探马新、旧式，右手皆是倒转精，由背下上行至背，由背向里，再由下至外斜缠至指甲，阳精也；左手皆是顺转精，由腋下上行至腋，再由腋上行，从里向外，斜缠至指肚，阴精也。一阴一阳，精

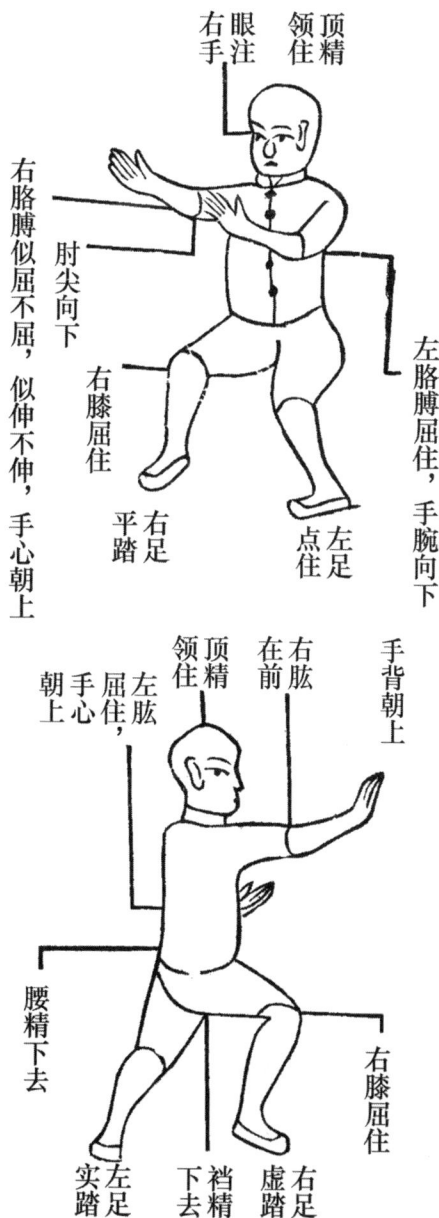

右眼手注　领住　顶精

右胳膊似屈不屈，似伸不伸，手心朝上

肘尖向下

右膝屈住

右足平踏

左足点住

左胳膊屈住，手腕向下

朝上手心　左肱屈住　领住顶精　右肱在前　手背朝上

腰精下去

右膝屈住

实左足踏　下去裆精　右足虚踏

方合住。新式身法不动，故左足在前，然胸中之精，亦是随手足而顺转，是谓内外一气流转。老式身顺转半圈，故左足在后，身法转圈较新式大，然无新式胸中之和。新式是背折肘精，其路近旧法，是转身缕法 <small>缕法即引进之法</small>，其路远。图见二十四势。

取象

前高探马取噬嗑、取贲，此势又取诸随。言内外上下，必随其精，不可拂逆。

七言俚语

上下手足各相随，后往前转莫迟迟。

只分身法转不转，击搏各有各新奇。

第五十八势　十字脚<small>一名十字靠</small>

节解

此势与前左右擦脚相应。谓之十字脚者，以手捽成十字打脚。

引蒙

高探马毕，先将左足向前偏左，斜开一步，左手拦腹，放在右胁，右手屈住，胳膊亦横在左胳膊上面。然后右脚自左向右横摆之。左手自右向左，如平衡，横打右足之趾。

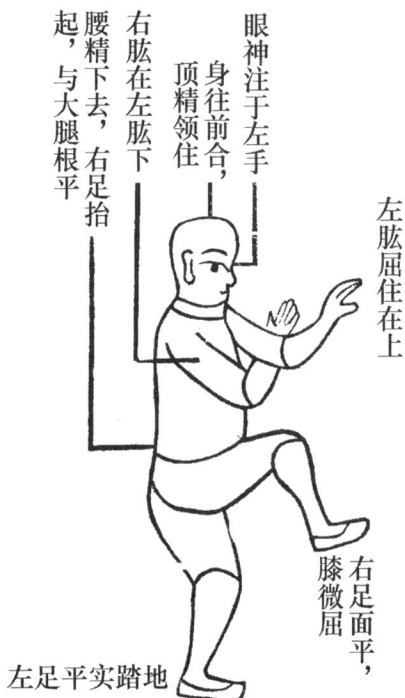

眼神注于左手

身往前合，顶精领住

腰精下去，右足抬起，与大腿根平

右肱在左肱下

左肱屈住在上

右足面平，膝微屈

左足平实踏地

内精

右手先用顺转缠丝精，由腋缠至指肚，落在左胁，手背朝上。左手则用倒转缠丝精，缠至指肚，由下而左，上行而右，压在右肱之上。右足自左横摆向右，左手自右向左横运，打右足之趾。左手自右而左，击左面敌也。右足自左而右，以足横摆击右面敌也。如左手右足不得势击，或里靠或外靠，右脚先落在地。肩或右肩，或左肩，因己之得势者用之向前一合愈快愈妙，以肩击敌之胸，此十字脚之妙用也。人制我两手，以靠打之；我制人之两手，里外靠打人，更觉得势爽快。

凡左右缠丝精，伸展胳膊向外去者，皆是由肩、由腋缠到指头。往里收束者，引进其精，皆是由指甲、脂肚缠至肩，缠至腋。

周身之精，往外发者，皆发于丹田；向里收者，皆收于丹田。然皆以心宰之，处处皆见太和元气气象。

左右手内精运行图

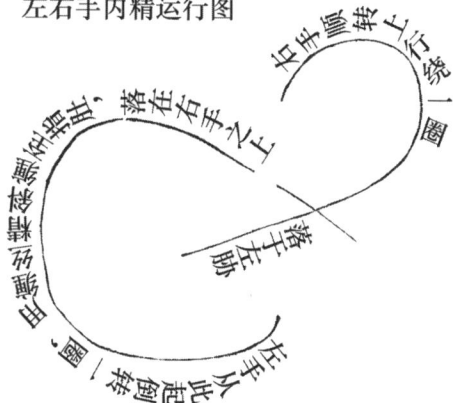

取象

我先以右手击人，人捉住吾右手，贴住吾身，此右手已不得势，一难也。吾继以左手击人，又被人捉住吾左手，压在右胳膊之上。左手又不得势，又一难也。非我故以两手排成十字，是我以两手先后击人，人制我而窘，成十字形，难而又难，故取诸蹇。蹇，难也。《易》曰：蹇，利西南。故左足向西南开步因西南之地平易。初爻：往蹇，来誉。三爻：往蹇来反。皆诚心以待救，静心以自守。至九五：大蹇朋来。或以脚摆，或以左靠，或以右靠，无数法门，不得于此，即得于彼，故《象》曰：

大蹇朋来。左右肩，左右手足，皆一身之同体也。有此同体，蹇何患也。上六：往蹇来硕。何吉如之。

七言俚语

两面交手较短长，上下四旁皆可防。

惟有拴横拴横者，人以手捉住吾手，横而着之心胸之间，吾不得动

困吾手，兵困垓心势难张。

岂知太极运无方，无数法门胸内藏。

山穷水尽疑无路，俯肩一靠破铜墙。

不到身与身相靠，虽有宝珠难放光。

元气自然藏妙诀，饥极捉兔看鹰扬。

鹰追六翮随势转，兔从何处不仓皇。

曹操烧辎重，汉高脱荥阳。

奇计奇谋原无定，有智全在用当场。

当场一时以智胜，有备无患在平常。

平常功夫诚无间，一点灵心闻妙香。

第五十九势　指裆捶

指裆捶前半势

与二起、金鸡独立、朝天镫三势相应，二起踢颔下，此指指裆下，是上下相应。金鸡二势，以膝膝裆，此以捶指裆，是异同相应，收束谨严，斐然成章。

引蒙

十字脚，左足向前，偏左开步。待右脚摆罢，右足踵顺转大半圈。

面转前势身后，右足落住地，左足向前偏左方面开一大步。左手从左膝搂过落身后，撮指，腕朝上。先时左足才落地，左手即从面前自上而下，向左方胁后复上行转过，向前自上而下，以捶击敌人之裆。裆者，要害之地，击之可以制胜。

节解

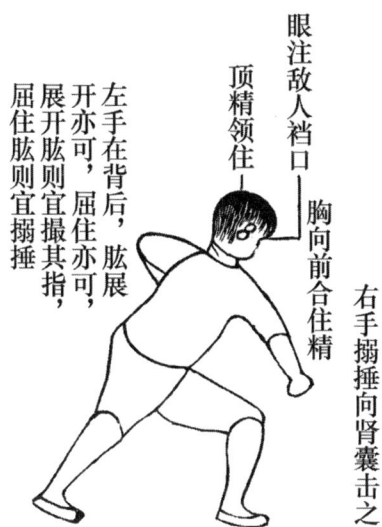

眼注敌人裆口
顶精领住
胸向前合住精
右手搦捶向肾囊击之
左手在背后，肱展开亦可，屈住亦可，
展开肱则宜撮其指，
屈住肱则宜搦捶

左足在前
用力平踏
裆精圆活
右足在后
亦用力
蹬住

内精

左足踵落地，用跌脚精。然左足踵扭转，必由右足之力，与髁骨微向下，下坐之精均而后。右足自左而右，形如衡平，一拨转，则左足踵如磨脐，扭转自易。左足转运，是顺转精，然左膝必

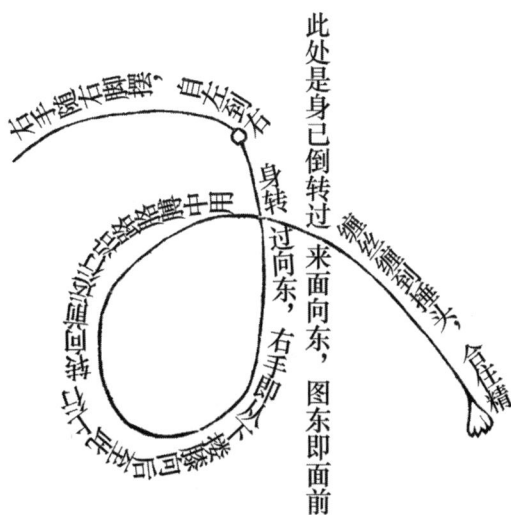

此处是身已倒转过来面向东，图东即面前
身转过向东，右手即
右手搦右膝搂，自左剜右

微屈二三分，不然，右足用摆精，则左足站立不住，上面身体却是倒转扭转。左足向前开步，左手从左膝搂过，向后用倒转缠丝精缠到指。当右足落地时，右手即用倒转精斜缠至腋。待右手从后转过来向前时，腋下精由腋后斜缠至捶头，全身精神俱聚于捶，用合精，手背朝上，合住精，击敌之裆。此近吾身者用之，远则不及，周身精神，皆是合精。

右手用倒缠法，与搂膝拗步精同。但搂膝拗步，右手从后折过，来到面前，手落在胸前；此则右手从后折到前，斜而向敌裆中，合捶击敌。用精虽一样，而归尾稍异。搂膝拗步，手落于上，五指伸而束，此是手搦捶落在下面，故不同。至于左手，手之运行，精用倒缠，与搂膝拗步无异，不必绘。

此是面向西图，西即面前，此仍在摆脚界里。

取象

此势右手搦住捶，象硕果不食，故取诸剥。上势在险之中。此势出险之外，难已解矣，故又取诸解。《彖》曰：解，险已动，动而免乎险。解，盖刚柔得中，其难自解。平易而遇险，今又复平易，故又取诸复。盖中道而行，自无不复。《易》曰：七日来复。其否极泰来之谓乎。

七言俚语

其一

众敌环攻难出群，左肱右足扫三军。

转身直取要害地，降得妖魔乱纷纷。

其二

人身痛处虽不少，尤痛常存裆口中。

能入虎穴取虎子，英雄也教不英雄。

两势各界解

指裆捶下虽名青龙出水，其实乃是指裆与下势单鞭夹缝中运行之势，不可另作一势。指裆是青龙出水前半势，青龙出水是指裆后半势，合之为一势，所以将青龙出水另图者，因其内精发源最远，由仆参逆行而上，逾背后至附分，以至右指，故另图之。

指裆捶后半势：青龙出水 [①]

近与玉女穿梭相应。其右手顺转，同左手倒转，同其平纵法。但玉女穿梭大转身，此不转耳，远与七势、九势两收相应。左右手精皆一样。但左右手从远收到胸前，此从近处纵到远方，一收一放，遥遥相应。

节解

左胳膊屈住，左手落于胁，顶精领足，胸向前合，右肩松下。

引蒙

指裆捶下，紧接青龙出水。二势夹缝中，先将右肩松下，右半个身随之俱下，下足再泛起来往前纵。其未纵时，右手捶如绳鞭穗，欲往前击，先向后收。然后从后翻上，向前绕一大圈击去，身亦随之前纵。其纵之诀：前面手向前领，后面右足

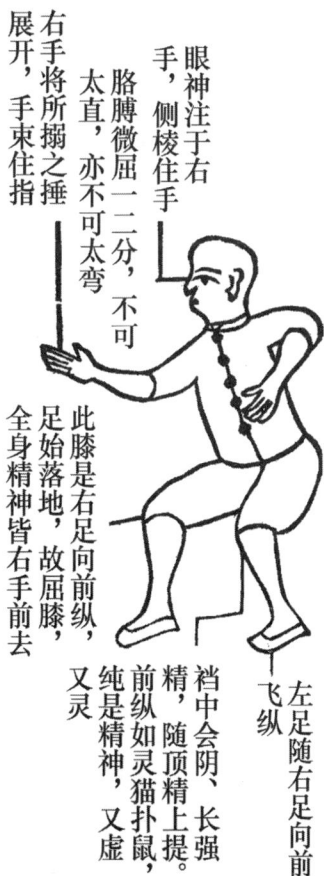

眼神注于右手，侧棱住手

胳膊微屈一二分，不可太直，亦不可太弯

右手将所搊之捶展开，手束住指

此膝是右足向前纵，足始落地，故屈膝，全身精神皆右手前去

裆中会阴、长强精，随顶精上提。前纵如灵猫扑鼠，纯是精神，又灵

左足随右足向前飞纵

又虚

---

① 依据前"两势各界解"的论述，指裆捶是青龙出水前半势，青龙出水是指裆捶后半势，合之为一势。

之隐白、大敦、厉兑、窍阴、侠溪，皆用精。精由足底过涌泉，至足踵翻上去，逆行而上，逾委中、殿门、承扶、环跳，斜入扶边，上行越魂门、魄户至附分，再斜上行，由曲垣逾小海，斜入支沟、阳池，沿路翻转，将手展开，束住五指，右手领身纵向前去，左脚用力往下一蹬，随右手皆至于前，左手亦随身至，前脚落地后，左手落右乳前，停住。

内精

右半身皆用右转精_{右转即顺转，从里往外转}。右手用缠丝精，由腋上行，从里向外，斜缠至指肚。右足亦用缠丝精，顺缠至大腿根，上行与扶边相会，一齐上行，至附分分行至腋，斜缠至指肚。左手左足须用倒转精，而后才能随住右手右足转圈。前纵之本，全由于心。心精一提，上边顶精领住中间丹田，精发上行，偏于右半身。下边两足，右足用跃法，右足掌用力后蹬。未纵以前，全是蓄精，聚精会神，团结其气。方纵之时，纯是向前扑，精一往直前。右手带转、带进，如鹞子扑鹌鹑、苍鹰捉狡兔一样。其志专，其神凝，其进速，其气_{气即魄力}稳。玉女穿梭平纵身法，此亦平纵身法，愈远愈好，要皆本自己力量为之，必得优游气象，勿露努张之气方好。

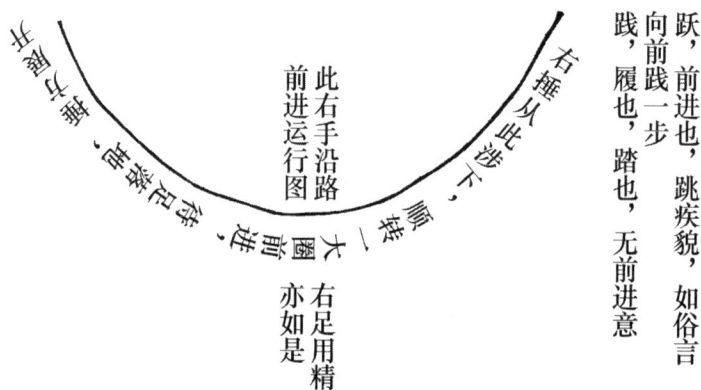

跃，前进也，跳疾貌，如俗言向前践一步践，履也，踏也，无前进意

右捶从此纵下，顺转

此右手沿路前进运行图

大圈亦如是

右足用精前进

右捶从此纵下，居落在右

七言俚语

其一

龙在水中自养真，如蠖先屈用求伸。

天上一声雷震疾，池中踊跃倍精神。

其二

翻捶吊打进莫迟，如龙出水别春池。

腾空一跃飞天上，五色祥云身后随五色祥云，喻周身也。

第六十势　单鞭

此第七单鞭，通结前六个单
鞭，如七日来复，章法严密。

节解

（见右图。——校者注）

引蒙

两肱与左右手，两股与左右
足，先从外向里一合，然左手自
右胁向左伸开，束住指。左足亦
自右向左开步，沿路运行，慢弯
势。右手从后向前转一小圈，撮
住指，与左手相合。两手合，则
上体皆合，右足钩向左，两足与
两膝一合，则裆精自开圆。余法
见前。

右手五指撮住

左肩松下，眼
注左手中指

顶精领住

右肩松下，
耳听身后

右肘沉下

左肩松下，

左肘沉下

左五指束住

胸向前合

膝屈

左足如八
字撒，平踏

右足钩住，
用力后蹬

右膝微屈二三分

裆开圆

两腰精下去

内精

左右两手先一合，其精皆是缠丝精，由肩髃向里斜缠至指甲，然后左手先由下而上绕一小圈，再徐徐慢弯向左运行。伸开肱，展开指，束住指，勿令散开。用缠丝精，由内向外斜缠至指肚，是顺转圈。右手向后转前，亦转一小圈，用缠丝精倒缠，由肩向内斜缠至指甲。两足合时，皆是倒缠。由足趾从外向里，逆而上行，斜缠至腿根。合以后，左足随左手，顺转一小圈，然后慢弯向左开步。其精由腿根从内向外，下行斜缠至趾，放成八字形，大敦、仆参须实踏地。右足前钩，上下体皆外往里合住精，方不散涣。

取象

上虚象离，故取离；下实象坎，故取坎。坎离乾坤之中男、中女，水火相交，仍归乾坤。乾坤者，万物之父母。故前之取象，虽有不同，要皆不出乾坤坎离之外。故此势以乾坤坎离通结上六势。

七言俚语歌

其一

第一单鞭取坎离，第二单鞭亦如之。

第三单鞭震无妄，第四单鞭仍坎离。

第五单鞭取晋震，第六单鞭中爻宜。

乾坤坎离第七势，包罗万象更无疑。

其二

第七单鞭旨归宗，长蛇一字势若重。

岂知启下承上处，各因地势耸孤峰。

承接不同象自异，请君一一视来踪。

阴阳变化原无定，乾坤坎离尽包容。

其三

东衡西打在单鞭，左右运行玄又玄。

此精皆由心中发，股肱表面似丝缠。

斜缠顺逆原有定，最耐浅深细究研。

究研功力真积久，一旦豁然太极拳。

人身处处皆太极，一动一静俱浑然。

如欲浑然穷原象，三五光明月正圆。

照临天下千万物，无物能逃耳目前。

或擒或纵皆由我，头头是道悟源泉。

第六十一势　铺地锦一名铺地鸡

节解

上步七星前半势名铺地鸡，后半势名七星捶，势成如金刚捣碓。何谓七星捶？以左右手足形象七星，故以七星捶名之。所以不名金刚捣碓者，以左手由下而上行，此则以左手屈而在上，形如北斗。故不名金刚捣碓，而名上步七星捶。

引蒙

右手捶胳膊屈住，身坐地，左手左胳膊展开。左腿

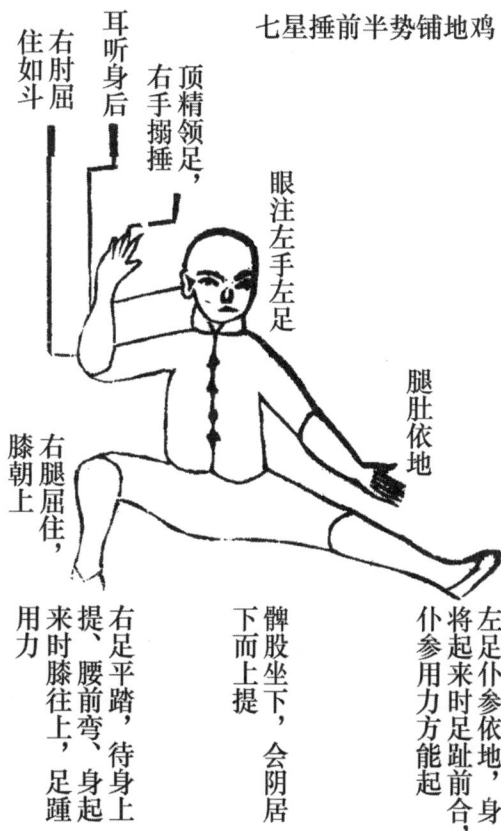

七星捶前半势铺地鸡

右肘屈住如斗

耳听身后

顶精领足，右手搦捶

眼注左手左足

腿肚依地

膝朝上

右腿屈住，

右足平踏，待身上提、腰前弯、身起来时膝往上、足踵用力

髀股坐下，会阴居下而上提

左足仆参依地，身将起来时足趾前合，仆参用力方能起

展开，腿肚依地，足踵依地。右膝屈住，膝依身。右足五趾抓地，足大趾与后踵皆用力。

内精

身将起来时，右手用顺转精，由手斜缠至腋，由腋上行至肩，至背后下行至右腰，由腰至左髀股，用倒缠精至左足趾，与青龙出水用精相反。彼是由足运至手，此是由右手运至左足。左手用往前冲精。

此初坐下左右腿图

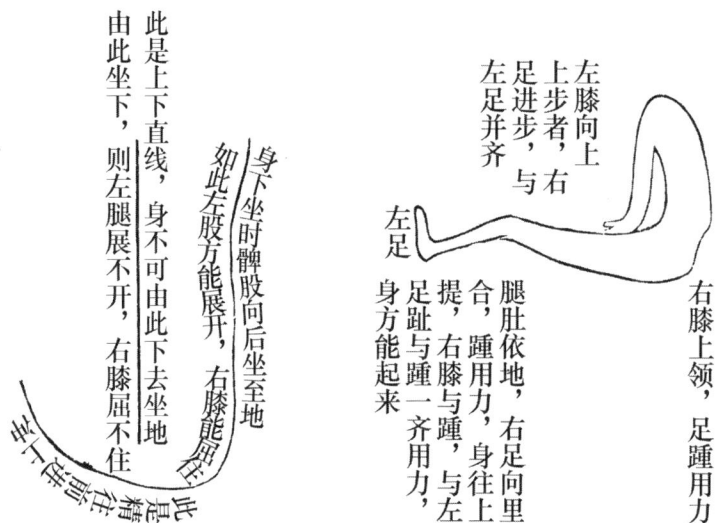

左图是坐后上起之图，其用精如此；右图是髀股初落地身未起来时图，右图在前，左图在后

此势与跌岔相呼应。跌岔悬空直下，右脚跺地，如金石声，以跺敌人之足。左足蹬人臁骨，可破其勇。右手展开胳膊握地而上，左手前冲以推敌人之胸。此则以髀股后坐，坐人之膝。右手拳屈有欲前击意。左腿展开，如不得胜，两手向右捺地，用扫堂鞭，以扫群敌下臁，则难自解。此以同类相呼应者如此，又与金鸡独立相呼应。金鸡独立，左腿竖起，此则左腿横卧；金鸡右膝膝人，此亦以右膝屈住；金鸡独立，左手下垂，右肱向上伸，此则右手屈住，左手向上冲。故以上下

相呼应，又与二起相呼应。二起身飞半空，此则身落地面，故亦以上下作呼应。

铺地鸡，鸡性躁，肌肤热，欲就湿土卧以凉其肤。其卧于地，一翅展开，一腿伸开。人之左手右肱伸展似之，故以是名。

取象

巽为鸡。鸡性好斗，斗则展翅，左右手似之。雌鸡孵卵，好卧身坐地上，其形相似，故取诸巽。巽在人为股。巽，入也。髀股坐地，左股展开在地，身皆落于地上，犹陷入坑。坎巽之九，林在床下，地也。鸡铺地，身卧地，犹巽在林下。初爻，利用武人。左手伸，右手屈，武人象也。故取之。

七言俚语

其一

未被人推身落地，如何下体坐尘埃。

下惊上取君须记，颔下得珠逞奇才_{此说到七星捶。}此说到七星捶。

其二

曩时跌岔甚无情_{以足蹬臁}以足蹬臁，此又落尘令人惊。

人知扫腿防不住，岂料七星耀玉衡。

第六十一势　上步七星

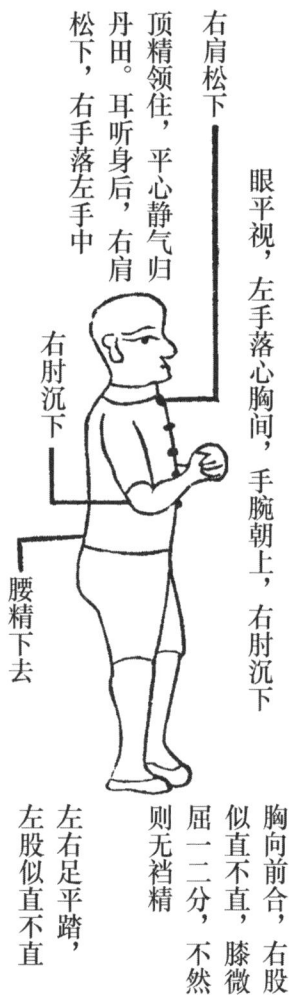

右肩松下

顶精领住，平心静气归
丹田。耳听身后，右肩
松下，右手落左手中

右肘沉下

腰精下去

眼平视，左手落心胸间，手腕朝上，右肘沉下

左右足平踏，
左股似直不直

则无裆精

胸向前合，右股
似直不直，膝微
屈一二分，不然

节解

（见左图。——校者注）

引蒙

左手前冲，向上绕一圈落胸前。指微弯，腕向上。右手自后向前兼向上行，亦顺转一大圈，搠捶落左手腕中。左足向里一合，头上顶精一提，下体右膝右足仆参里边与左足踵一齐用力，上提身即起右足。从后向前进步，亦向上转一圈落下，与左足齐。

内精

身起来时，用身内精，与前三个金刚捣碓同，要皆气归丹田，心平气和，得太极原象。

取象

七星捶与前三个金刚捣碓取象同。但前者取一本散为万殊，此则取万殊归于一本。如《中庸》始言：天命中散，为万事终。言上天无声无臭，意同如此，方能收束全局。

七言俚语

其一

太极循环如弄丸，盈虚消息化波澜。

岂知凡事皆根此，那有奇方眩人观。

308

陈氏太极拳图说

卷三

其二

人人各具一太极，但看用功不用功。

只要日久能无懈，妙理循环自然通。

其三

脚踢拳打下乘拳，妙手无处不浑然。

任他四围皆是敌，此身一动悉颠连。

我身无处非太极，无心成化如珠圆。

遭着何处何处击，我亦不知玄又玄。

总是此心归无极，炼到佛家一朵莲。

功夫到此仍不息，从心所欲莫非天。

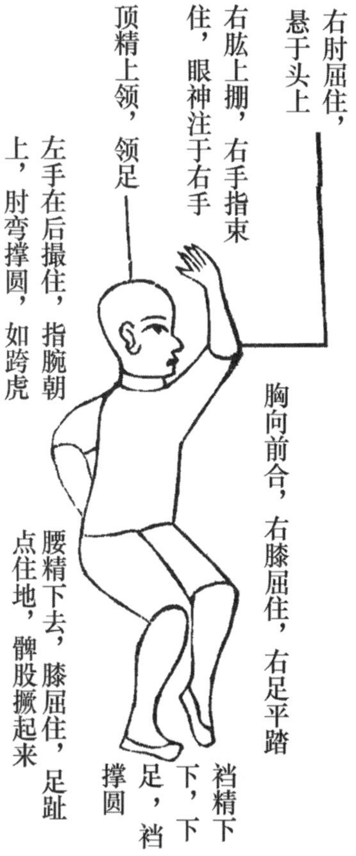

第六十二势　下步跨虎

与搂膝拗步呼应。搂膝拗步，右手在前，左手在后。此则右手在上，左手在下。彼则步宽而拗，此则步收而束，以反对相呼。

节解

（见左图。——校者注）

引蒙

右手与左手从胸前平分而下，右手从前向后倒转一圈。转向前，横胳膊，落囟门上。左手分下来，亦倒转一圈，肘撑圆落身后。右足退行一大步，屈住

右肘屈住，悬于头上

右肱上掤住，眼神注于右手指束

顶精上领，领足

左手在后撮住，指腕朝上，肘弯撑圆，如跨虎

胸向前合，右膝屈住，右足平踏

腰精下去，膝屈住，足趾点住地，髀股撅起来

裆精下下，裆撑圆

内精左右手足图

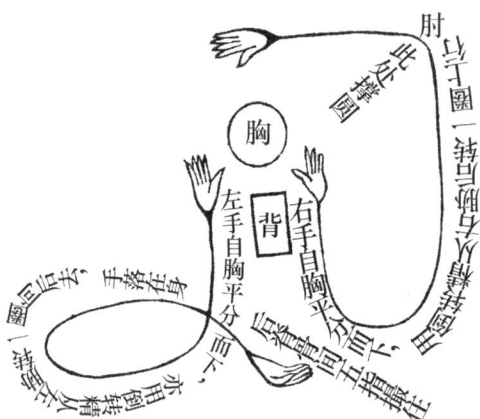

背在后，书法不得不如此

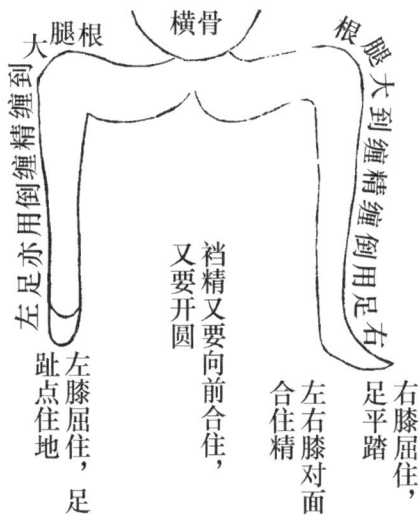

膝，足平踏地。左足亦退行一步，横宽相去一尺，足落地点住足趾，膝屈住。顶精上提，裆精下下，上下两相夺精，中间胸向前合，髀股向后撅。腰精下去，小腹向前合，仰起面看右手中指。

此势下身法愈小愈好，然裆非大开则身下不去。右胳膊上如千斤重物压在顶上，左右肱外方内圆，上下精神团聚，皆用抱合精。上虚下实，然实处要运之以虚，惟虚则灵，灵则物来顺应，自勿窒碍。

此势易犯者有十弊。右肱不可直，直则不能顾头颅，一也。左手在后合不住精，则呼应不能相顾，二也。左右足太近则裆不开，三也。左右足也知分宽，而人字裆不变，遂令身下不去，四也。或硬往下撅足，顶精不领，强使裆开，强则硬，硬则死煞，死煞则不活动，不活动则不灵，不灵则转动痴，五也。顶精亦知上领，左右股未用缠丝精撑开合住、合住撑开，虽名曰开，不过裆开少差一点缝，不能裆如斗口，稳如泰山，六也。一身精神全在于目，目之所注，即精神所聚处。右手上掤，左手合于后，两胳膊撑圆，才算得一势。如糊糊涂涂上下其手，不用其心，心一不用，神无所趣，亦凝聚不住，失之散涣，七也。腰精下不去，不能气归丹田。气不归到丹田，则中极会阴失于轻浮。因为胸中横气填塞饱满，即背后陶道、身柱、灵台，左右横气亦皆填塞充足，而前后胥滞涩矣。盖不向前合，失之一仰；向前合，则裆精轻浮，足底不稳，上体亦不空灵，八也。顶精领过则上悬，领不起则倒塌，此不会下腰精、裆精，以致身不自主，九也。裆精、腰精既皆下好，而髀股泛不起来，不惟前裆合不住，即上体亦皆扣合不住。上下扣合不住精，则足底无力，而外物皆能摧倒我，其弊十也。

具此十病，则上下四旁，焉能处处合式、处处灵动乎？不但不能合式，不能灵动，而且奇奇怪怪百病丛生。至此虽有良医，不可救药，盖由积弊之深，以致入于歧途，不可哀哉！

问：运动此势如何为合式？胸前两手自胸平分下去，一向右，一向左。右手向右者，用上往下分披精分开。右手用倒缠法缠到肩髃，此是手自上而下向右胁之后，此半圈也。再从下之后向上行，屈住肱，落到头上，去囟门五六寸。手展开，束住指，束则心敛，小指腓朝上，手腕向外，手背向里，用倒缠精复从肩髃缠回，斜缠至五指侧，此右手后半圈也，合之方成一大圈。胳膊在上，势如蛾眉，此右手之式。左手自胸披下，用缠丝精倒缠至肩。待左手从后向左胁外转，向前复转向后，落左胁之后，其精复由肩逆缠至指。五指撮住，胳膊弯，撑圆，左手与右手合住精相呼应，此左手式。两眼神注于右手指甲，眼注于此，心亦在此，令神有所归，此眼视式。顶精领起来，领顶精非硬抈脑后顶间二大筋之谓，乃是中气上提。若有意若无意，不轻不重，似有似无，心中一点忽灵精，流注于后顶，不可提过，亦不可不及。提过则上悬，不及则气留胸中，难于下降，此顶精式。顶要灵活，灵活则左右转动自易，此顶式耳听左右背后，恐有不虞侵凌。人有从后来者，必先有声音，可闻其声音，有声自与无声不同。故心平气静，耳自聪灵，此左右耳式。两肩要常松下，见有泛起，即将松下。然不得已上泛，听其上泛，泛毕即松，不松则全肱转换不灵，故宜泛则泛，宜松则松。

每势毕，胸向前合，两肩彼此相呼应，此两肩式。两肘当沉下，不沉则肩上扬，不适于用。独此势不然，此势右肘在上屈住，向上撑小胳膊，横而上撑。肘与肱不上撑则擎不住上边之物，左肘背折撑住与右肘相呼应，此左右肘式。右手五指力皆注于小指腓，擎而上撑。此处用力领，则肘与大小肱皆用力矣。左手在后，撮住指腕向上，不至被人捉一指而背折。且指撮住亦见心收敛。左右手一上一下，一前一后，呼应一气，此左右手式。腰以上背后魄户、膏肓向胁前合。胸前左右胁第一行渊腋、大包属三焦。二行辄筋、日月亦属少阳三焦。三行云门、中府、食窦胸乡属肺与脾。四行厥阴、期门、天池属肝胆。五行阳明大肠缺盆、气户、梁门、关门属肠胃。第六行少阴、腧府、神藏、幽门通骨属心肾。中一行华盖、紫宫、玉堂、膻中、中庭、鸠尾。左右胁由渊腋、大包以至幽门、通谷两边，皆向玉堂、膻中合住，左右各胁皆相呼应，此左右胁腰以上之式。腰以下左右气冲、维道皆向气海、关元、中极合住，此左右软胁下式。两髀股臀肉向上泛起来，不泛起则前面裆合不住。软胁下为腰，腰精搔不下，则膝与足无力。髀股环跳里边，骨向里合，不合则两大腿失之散，此腰与臀、环跳里边骨三处式。

胸中横气下归丹田即气海，丹田之气会于阴，横气聚积于此，刚气化为柔气。心不动，此气常静，心气一发，则此气上升，以辅心气。即此气善用则为中气，不善用则为横气。气非有两，其柔而劲者为中气，一味硬者为横势。其为用也，不偏不倚、无过不及是中气之用，非中气之体。中气之体即吾心中阴阳之正气，即孟子所谓配道义、浩然之气也。此胸以下丹田之气。如此心中一物无有极其虚灵，一有所着，则不虚不灵。惟静以持之，养其诚，以至动静咸宜，变化不测，此心之式。至于裆中上体气积卵上边，即向下一降，即俗所谓千斤坠，至实矣！不用则实者反化为虚，此谓运实与虚，不虚则上下皆不灵动。卵两边大股根撑开，此处撑开一寸，则两膝自开一尺。此势应开二寸，然所开处要虚，不可犯实。一涉于实，则转动不灵。然开处两腿根皆是合精，髀股泛起，小腹向前合，则裆自开矣。善开裆者，裆开一线亦谓之开，以其虚而圆，两边相合，中开宽大。不善开裆者，裆如人字，肮叉上窄下宽，不虚不圆，虽亦像开，不得谓之开矣！此裆中式。两大腿前合后开，外合内开，两两相对，相呼相应，此大腿式。

两膝盖皆向里合，两膝屈住，两膝之间撑一尺余宽，此膝之式。两小腿外臁皆向内臁合住精，两两相对，此两小腿式。两足右足平踏，如土委地，左足点住，如锥扎地中。右足平而实，左足竖而虚，虚者伏下势脉，足趾与腓皆用力往里合，并足踵皆重踏于地，此两足之式。至于下体，两足皆用缠丝精倒缠逆行而上，由足趾过涌泉到足腓，从外往里缠。缠至两大腿根入丹田，此下体用精式。以一势之微，其生弊如彼。其立规如此，自首至足，各有定式，果能力去其弊，化入规矩之中，超出规矩之外，循规矩而不囿于规矩，则得矣。

取象

右肱居上，如离之上一画。中间，心之虚明，如离中虚。下体丹田精实，足底用力，如离之下一画，故取诸离。

七言俚语

其一

平分两手泛轮尻，猬缩微躯似猿猱。

右手上擎山岭压，左肱下跨虎身牢。

裆根大开圭壁势，眼睛上视指甲高。

一实一虚足相异，转身一动服儿曹。

其二

泰山_{喻强敌}压卵_{喻手据上游}_{言在头上}，乾错为坤载地球_{离为}

乾之中爻，变来是乾，为离之父，故言离必本于乾。

乾卦中爻又一变，重离火耀碧峰头。

第六十三势　摆脚、当头炮_{头半势转身摆脚，后半势当头炮}[①]

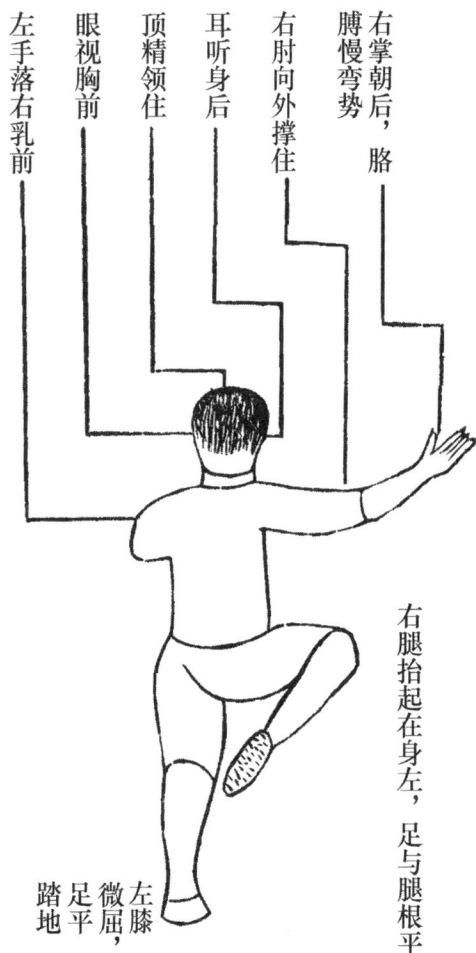

图中文字（自右向左）：

右掌朝后，胳

膊慢弯势

右肘向外撑住

耳听身后

顶精领住

眼视胸前

左手落右乳前

右腿抬起在身左，足与腿根平

左膝微屈，踏足平

足地

摆脚

此势与前之摆脚相呼应，但其承上启下处机势不同，中间一样。

节解

（见左图。——校者注）

引蒙

上势下步跨虎，右手在头上挪，手背朝上。右胳膊似动不动，不动而动，随身倒转。左手在后，亦渐往上去，亦随身倒转。左足向西北开一步，右足随身倒转，倒开一大步，落在左足之西北方。左右肱亦向西北展开，手展开，骈_{并也}住五指，两

---

① 依据陈鑫原著第六十三势"头半势转身摆脚，后半势当头炮"及"合之摆脚为一势"，以及第六十四势"此势一名护心捶，与第一势金刚捣碓紧相呼应"的表述，本书再版时，陈氏第十九世孙陈东山将当头炮与摆脚合并为第六十三势，将第六十四势改为金刚捣碓。特此校正。

手与乳平，右腿向东南抬起来，足与腿根平。然后右足自南而北空中横运，左右手自北而南横摆。其右脚摆毕，右足落在原位，左右手自南涉下去，至西北不停，从后向前转一大圈，落胸前。左手在前，右手在后，搦住两拳，合住胸，合住裆，左右足不动，屈住膝。

内精

左手从后转过来，其精自日月上行至肩。前用顺缠法，斜缠至手。右手用倒转缠丝精，由肩背上外往里缠，缠到捶头。左腿用顺缠精，由足趾缠精到腿根，归丹田，下入裆中。右腿用倒缠精，由足趾上行，缠到腿根，归裆中。

七言俚语

右手上托倒转躬，先卸右肱让英雄。

再将两手向左击，右脚横摆夺化工。

当头炮

此成势名以此为主，合之摆脚为一势。当头炮者，面前先以捶击人，故名。

引蒙

左右手自上而下，从前而右，而后复自右，之后转向前，转一大圈，搦捶落胸前。左手言手而肱在中用顺转精，右手用倒转精；左腿用顺转精，右腿用倒转精，上摆脚已言之。左右肘向外，左右捶指臂朝上。上下四体皆用抱合精，胸中精也。是自左、自上而下，从下向上、自右转向左转一圈，胸向前合。裆精开圆，合住，两足趾对脸合住精，顶精领住，两肩、两膝、两踝皆外往里扣，合力聚于捶。眼视左右手中间。

节解

（见右图。——校者注）

内精

转身后，左右手从后绕一圈向前，左捶用背折精，捶打不上；用背折肘，右捶合住精，向前以为左手接应。此势左手倒转，自上而下，周身皆是随左手之转而转。盖此身自左脚偷开一脚，转过身来，则右胳膊已得顺势往下，卸其上压之重任。重任方卸八九分，则左手即用顺转背折精，击敌之左胁，

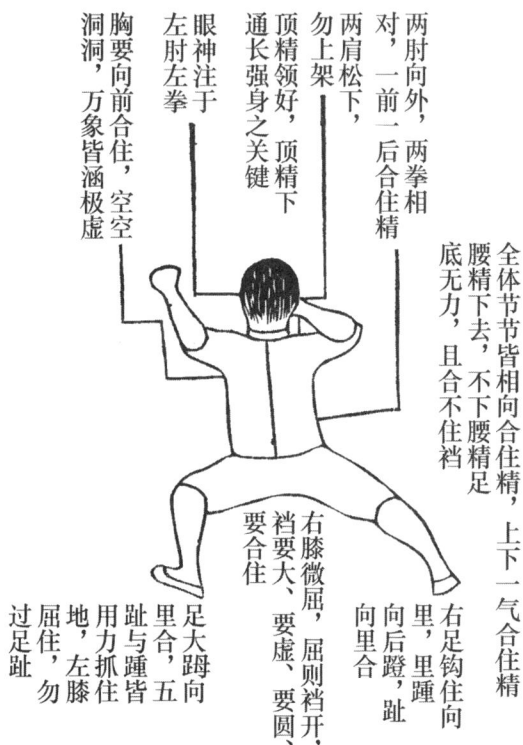

两肘向外，两拳相对，一前一后合住精

两肩松下，勿上架

顶精领好，顶精下

通长强身之关键

眼神注于左肘左拳

胸要向前合住，空空洞洞，万象皆涵极虚

全体节节皆相向合住精，上下一气合住精

腰精下去，不下腰精足底无力，且合不住裆

右足钩住向里，里踵向后蹬，趾向里合

右膝微屈，屈则裆开，裆要大、要虚、要圆、要合住

足大蹈向里合，足与踵皆用力抓住地，左膝勿屈住

过足趾

难可解矣。然左手为用，恒不及右手力量。今左手近敌，先得势击，故全身精神，则必随势以助左手。外面两手虽对而相合，其实皆是自右向左而合，其自左而下卸也，开也。转过精，自左向右合精也。

此是转关处，转过弯来，手向前去，即是击人处。不转一圈，则击人无力。

此是沿路运行之法，缠丝精即寓于两肱运行之中。

左右运行图

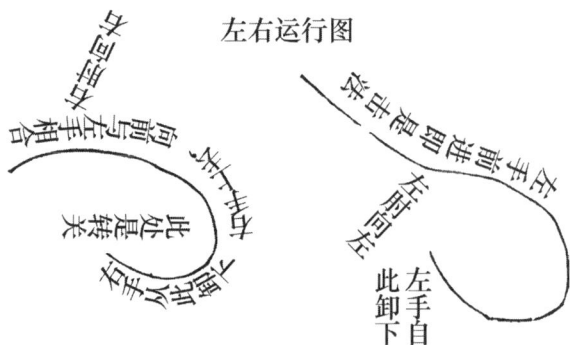

向前进即是击人处

左肘向右，此处是转关

此处是转关与左手相合

左手自卸下

取象

两手分开，象坎之上爻；中间将身平卧，象坎之中爻；两足分开，象坎之下爻，故取诸坎。坎中满，言阳之实，在中也。外柔内刚，坎之象也。坤以中爻之柔，交乾之中爻。阴者易为阳，是坤以中气相交之验也，中男之象也。合之上势，离下坎上，则为既济；综之，则为未济。

七言俚语

阖辟刚柔顺自然，一扬一抑理循环。

当头一炮人难御，动静形消太极拳言皆归于太极，合太极。

第六十四势　金刚捣碓

引蒙

此势一名护心捶，与第一势金刚捣碓紧相呼应，皆是以护心为主。心不动摇，则上下四旁皆顾而无失。

内精

一开一合，拳术尽矣。然吾身之开合，即天地之阖辟，天地之阖辟，即吾身之开合。人身一小天地，一而二，二而一也，合之即太极也。太极者，阴阳已具，而未形者也。阴阳者，太极既分之名也。动而生阳，则为开；静而生阴，则为合。故吾谓一开一合，而拳术尽之。左足在前，右足在后，右足前进与左足齐，左右手自下而上转一圈，落于胸前，则为金刚捣

碓。终而复始，始而又终，惟终与始，循环不穷。故用功可因自己力量运动，其遍数一遍可，十遍亦可，不拘遍数。有力尽管运动，无力即止，不必强为运动，以致出乎规矩。惟顺其自然，则得矣。

五言俚语

太极理循环，相传不计年。此中有精义，动静皆无愆。收来名为引，放出箭离弦此二句，上句言引进落空，下句言乘机击打。虎豹深山踞，蛟龙飞潭渊上句言静，下句言动。开合原无定活泼泼地，屈伸势相连却有一定。太极分阴阳，神龙变无方。天地为父母，摩荡柔与刚。生生原不已，奇正不寻常，乾坤如橐籥，太极一大囊。盈虚消息故，皆在此中藏。至终复自始，一气运弛张。有形归无迹，物我两相忘与道为一。太极拳中路，功夫最为先。循序无躐等，人尽自合天。空谈皆涨墨，实运是真诠。鸢飞上戾天，鱼跃下入渊。上下皆真趣，主宰贵精研。若问其中意，道理妙而玄。往来如昼夜，日月耀光圆。会得真妙诀，此即太极拳。凡事都如此，不但在肘间。返真归璞后，就是活神仙。随在皆得我，太璞自神全仍归太极。

附录

陈氏家乘

陈奏庭，名王廷。明庠生，清入武庠，精太极拳。往山西访友，见两童子扳跌，旁有二老叟观，公亦观之。老者曰："客欲扳跌乎？"曰："然。"老人命一童子与之扳跌，童子遂搂公腰，亮起，用膝膝公气海者三，将公放下。忽老幼皆不见，天亦晚，公怅然而归。

公与登封县武举李际遇善。登封因官逼民乱，以际遇为首，公止之。当上山时，山上乱箭如雨，不能伤公。遇一敌手，公追之，三周御寨未及。李际遇事败，有蒋姓仆于公，即当日所追者。其人能百步赶兔，亦善拳者也。公际乱世，扫荡群氛不可胜记，然皆散亡，只遗长短句一首，其词云：叹当年披坚执锐，扫荡群氛，几次颠险。蒙恩赐，罔徒然，到而今年老残喘，只落得黄庭一卷随身伴。闷来时造拳，忙来时耕田，趁余闲，教下些弟子儿孙，成龙成虎任方便。欠官粮早完，要私债即还，骄诌勿用，忍让为先。人人道我憨，人人道我颠，常洗耳，不弹冠，笑杀那万户诸侯，竞兢业业不如俺，心中常舒泰。名利总不贪，参透机关，识彼邯郸。陶情于鱼水，盘桓乎山川，兴也无干，废也无干。若得个世境安康，恬淡如常，不忮不求，哪管他世态炎凉？成也无关，败也无关，不是神仙，谁是神仙。

陈敬柏，字长青。乾隆初人，好太极拳。山东盗年十八，将抚宪厩窗摘玻璃一块，窃骡飞檐走壁，越城而去，捕役不敢拿。时公随营奉谕往捕，贼以刀扎向敬公。公以牙咬刀，将贼扳出门外，贼服。案破后，贼亦随营效用。时山东名手，艺不及公，因号公为"盖山东"，言艺之高也。

陈毓蕙，字楚汀。乾隆壬子举人，江苏华亭、奉贤、金匮等县知县，常州府督粮通判、川沙厅同知、丁卯乡试同考官。

陈步莱，字蓬三。癸酉举人，直隶南皮、清河、巨鹿等县知县。调署云南丘北县，特授弥勒县知县。

陈步蟾，字履青。乾隆甲午举人，湖南麻阳县知县，戊申乡试同考官。

陈善，字嘉谟。生员，乾隆六十年与千叟宴。

陈毓英，字冠千。邑庠生，乾隆六十年年八十八，与千叟宴。

陈继夏，字炳南。乾隆末人，精太极拳，每磨面，始以两手推之，依次递减，减至一指，则必奔而推之，即一磨亦不闲功，后艺出师右。公善丹青，赵堡镇关帝庙显功皆公画，传神入妙。一日绘古圣寺佛佛像_{寺在陈沟村西}，有人自后捺公，公将其人倒跌面前。问其姓名，乃河南苌三宅也，苌乃艺中著名者。公事母孝，菽水承欢，乡党皆化之。

陈秉旺、秉壬、秉奇三人皆善太极拳，互相琢磨，艺精入神，人称"三杰"。秉壬兼精医术。秉旺子长兴，尽传其父学，行止端重，号"牌位陈"，门徒尤盛，杨福魁其最著者。长兴子耕耘，字霞村；耕耘子延年、延禧能事其业。耕耘尝从仲甡与粤匪战，有军功。

陈鹏，字万里，嘉庆初名医也。习太极拳入妙，人莫测其端倪。家贫，介以自持，气舒以畅，天怀淡泊，无俗虑。

陈耀兆，字有光，生于乾隆，卒于道光，寿八十。为人乐善好施，家道严，内外肃然，训子有义方，子孙皆入庠。性癖太极拳，当时武士皆沐其教，然其精妙，未有出其右者。

陈公兆，字德基。学术醇正，名士多出其门。持己端方，事不徇私，为人乐善好施。道光十七年岁饥馑，公设粥场施饭，活人无算。每遇严冬，买衣施贫。乡里艰于婚葬，慷慨周济无德色。式谷贻谋有义方。子有恒、有本皆入庠，有品行，精太极拳。孙仲甡得其详，后屡立战功另有传。寿八十，乡邻以齿德兼优，额其门。

陈有恒，字绍基，弟有本，字道生，均庠生。习太极拳，有本尤得骊珠，子侄之艺，皆其所成就。风度谦冲，常若有所不及。当时精太极拳者率出其门。兄友弟恭，始终如一，怡怡如也。有本门人陈清平、陈有纶、陈奉章、陈三德、陈廷栋均有所得，陈耕耘亦师事焉。清平传赵堡镇和兆元、张开、张睪山；有纶传李景延、张大洪。景延兼师仲甡，尝从战粤匪。廷栋兼善刀法。

陈仲甡，字宜篪，号石厂。幼而岐嶷，涉猎经史。嗣以家传太极拳弃文就武，得其诀，艺成而上，具神武力。咸丰三年，粤捻林凤祥、李开方率众数十万扰及豫北，五月十八日由巩掳船渡河。公倡义御寇，率胞弟武生季甡、族弟衡山、耕耘、长子垚、侄淼等，纠合族徒数百、乡勇万余，二十一日迎战，身先徒众，直入阵中，杀伪指挥数人。贼败，又追杀数百，激贼怒，二十二日大肆掳掠焚杀，所过室家为之一空。公更怒，决计奋斗，拔帜歼将者数数。混战八十余合，忽见贼中有黄巾黄甲者，援桴击鼓，旁建司马旗号。公心知为魁，飞身突前，径戮贼首，如探囊中物，余众惊溃。然料其必复仇，初谋设伏。二十三日，季甡伏蟒河北，垚、淼伏庙中，衡山、耕耘为接应，公率众诱敌过蟒河，伏兵突出，三面夹攻。贼不能支，弃甲曳兵，自相蹂躏，尸横遍野，然犹未伤及贼之大营也。再伏防之，二十四日，衡山伏伍郡村，季甡伏沟左，耕耘伏沟右，族侄敬本等为左右翼，族兄俊德率李南方等为援兵。贼果大举自柳林出，公先迎敌，众皆恐后。及锋刃相接，芟夷斩伐如草莱焉。突遇劲敌，乃贼中骁将"大头王"杨辅清也，身高六尺，腰大数围，尝腋挟铜炮，纵越武昌城陴，城遂坠。嗣后所向无敌。今见前徒失败，挺身接战。公视其像貌魁梧，不可轻敌，乃诱入沟中，以左右伏兵困疲之。贼力乏败走，公追之，以枪搅其项。贼犹狡捷，藏身镫里。公欲掴下马腹，贼又飞上马背，急以单手送枪，正中咽喉，贼乃翻身落马，遂取其首级，贼众骇散，几若无所逃命。忽见西有尘埃蔽天，东有炮声震地，迅令分众迎敌，比及接绥，乃李文清公率师助阵，贼已逃归柳林中矣。究为惊弓之鸟，难安其巢，乃移丑类，围覃怀，五旬不下，闻公奉命赴援，潜从太行山后遁去。诸帅闻公名，争相礼聘，公因母老，情不忍离。后母病，亲视汤药，衣不解带者数月。及母卒，哀毁鹄立，丧葬一依古礼，自是一意授徒，徒益众，屡常满户。咸丰六年，土匪扰亳州，钦命团练大臣剿匪事宜。太仆寺袁大帅谕令总理河南，军需总局藩宪莫大人、臬宪余大人等，札谕前温县令张礼延随营。公带乡勇兼程至亳，偕弟季甡连获五胜，先剿白龙王庙党援，寻捣雉河集巢，不数日克复亳州。余孽窜陈州，复追至陈，三战三捷，斩首千余人，获军器数车。七年，土匪盘踞六安州。六月奉袁大帅、抚宪英大人札谕，急援六安州。公昼夜环攻，三日城克复，奏伟功，蒙上宪会衔请奖，兵部奉旨给予六品顶翎，归河北镇标补用。十一月，土匪由开州、清丰，掠安阳、滑、浚等县，彰德府罗公请调援彰。将至境，匪闻风东窜，是先声足夺人也。八年，四方盗贼蜂起，张乐行犯氾水，公奉县谕招募乡勇，沿河防御甚严。贼窥探数日，无计北渡，温境获安。九年，蒙城、阜阳失守，钦命团练大臣剿匪事宜。顺天府尹毛大人谕公随同大翼长贾伊邱、罗四大人犄角击贼，连破数寨，寻复二城，蒙奖五品，赏戴花翎归河北镇，以尽先守备补用。十一年，长枪会匪李占标率众十数万由山东掠彰、卫、怀三府，钦命团练大臣剿匪事宜，联大人谕令募勇防御。公迎敌于武陟木栾店，贼返旗不敢西趋。同治六年，土匪张总愚率数十万众由绛入怀，公率子鑫、侄淼、族徒乡勇数千，于十二月十四日早晨战杀至午，淼连毙数匪，身被重伤，犹奋勇死斗，因马蹶，中炮阵亡。公悲愤督众怒战，戮猛将二人、旗指挥二人、锐卒二百余人。鏖战至晚，贾其余勇，又杀数百。贼终败溃，逃出怀境。其生平战功累累，啧啧人口者，皆根本于精太极拳也。及公卒，吊者数郡毕至，众议易名英义，吾从众曰可_{刘毓楠}。

陈季甡[①]，字仿随，武庠生，仲甡同乳弟也。尝随兄屡立战功。

陈花梅，字鹤斋，从学于长兴，功夫甚纯。子五常、五典能滥其业，门人陈玺均从仲甡战粤匪。

陈衡山，字镇南，精太极拳。柳林之战，衡山最前列，真勇士。后教授生徒。

陈仲立，三德侄孙，武生。弓箭极有揣摩，学拳于三德，枪刀齐眉棍熟练。

陈同、陈复元、陈丰聚、任长春[②]，均仲甡门人。咸丰三年从战有功。

陈淼，仲甡兄子，字淮三，有义行。同治六年，张总愚寇覃怀，掠温邑，淼率勇士御贼，枪毙数匪，身被 重创，创犹奋呼督众，马蹶中炮身亡。妻冉氏以节孝标。

陈垚，字坤三，仲甡子，年十九，入武庠。每年练一万遍拳，二十年不懈。从父击贼，未尝少挫。

右节录《陈氏家乘》。

323

---

① 依据现有的文史资料佐证，陈季甡于道光二十三年前任钜鹿县知县，后随兄战功累累同期并进，咸丰七年晋六品，八年赐五品，九年御封武节将军。

② 原版本将"任长春"误排为"刘长春"，依据民国四年《中州文献辑志》和《中州先哲传·陈仲甡传》的记载及有关文史资料，任长春青年时期在清"武节将军"陈仲甡家当长工，兼学太极拳，直至陈仲甡去世。故将"刘长春"更正为任长春。

陈英义公传

英义陈先生，名仲甡，字志壎，又宜篪，号石厂，祖居山西洪峒，由明洪武迁温，世有隐德，以耕读传家。先生兄弟三人，与弟季甡同乳而生，面貌酷似，邻里不能辨。幼而岐嶷，生三岁误入于井，有白虎负之，水深丈余，衣未曾湿。稍长，即厌章句之学，弃文习武学万人敌，韬略技艺，无不精通。然循循儒雅，从未与人角，为乡党排难解纷，义声著于世。性又好客，尝慕北海之为人，与朋友交，不分尔我。与弟季甡同入武庠，并期上进，以光门闾，以报国家。孰知数奇，竟难一第。于是隐居林下，教授生徒，躬耕奉亲，不复有仕进意。咸丰三年五月，粤匪渡河，率众数十万，意欲踏平河朔。合郡惶惶，莫必其命，温尤临河，恐惧更甚。邑令张公，亲诣其家，敦请御敌。先生念切桑梓，义不容辞，遂披坚执锐，倡义勤王，率生徒数百人，直入敌营，左冲右突，如入无人之境。杀其骁将徽号"大头王"，又杀其伪司马、伪指挥数十人。贼为大却，遂潜师围怀城，然锐气已挫，及诸大帅兵至，遂望风而逃。诸帅闻先生名，皆敬仰，遣使聘请，日不离门，多有亲诣其家者。公念母老，坚辞不出。后不得已，往见诸帅，其中有河南省巡抚李讳系公座师，见时有悔不识英雄之语，坚留破敌，先生再三婉辞，方许归养。事平蒙奏，赐五品花翎。先生心安奉母，绝不以功名动心，其淡泊又如。此后母病，亲视汤药，衣不解带者年余。母终，哀毁骨立，丧葬一依古礼，吊客数郡毕至。自是一意授徒，徒益众，户外屦尝满。生三子，垚入武庠，焱、鑫岁贡，皆英英露爽有父风，人谓公有子云。公生于嘉庆十四年正月二十七日寅时，卒于同治十年十月十四日戌时，享寿六十三岁。卒之日，邻里哀痛，吊者填门，众议易名称英义。予辱先生二十年交，亦从众曰可。

陈仲甡传（中州先哲传）

　　陈仲甡，字宜篪，温县人。清初有陈王廷者，精拳法，善登封李际遇。际遇举兵，王廷往止之，矢如雨下不能伤，以故陈氏世其学习之者众，仲甡技称最。咸丰三年五月，粤寇林凤翔、李开方率众数十万由巩渡河，踞温东河干柳林中，势张甚。仲甡倡乡人逐寇，与弟季甡、耕耘、从子淼、长子垚并其徒数百，乡勇万余人助之。二十一日迎战，仲甡陷阵杀敌指挥数人，寇败又追杀数百人。明日寇大肆焚杀，所过皆墟，纵骁骑来薄，仲甡督众搏战，皆一当百，寇披易，死者相属，斩其一酋，寇又败去。寇连战不得志，悉自柳林出众约十万。仲甡命季甡率众伏沟左，耕耘率众伏沟右，自率众挡敌。一悍贼身长六尺，腰数围，殊死战。仲甡奇其貌，诱入沟，伏发，仲甡以枪斫其项，贼匿马腹，搏之下，复飞身据鞍，仲甡一枪中贼喉，取其元，乃寇中骁将、破武昌时曾挟铜炮跃登城，号"大头王"杨辅清也。划然四溃，比李堂阶率乡兵来助，寇已窜柳林中。寇自粤西造乱，转略数省，所至披靡，以乡勇御寇，自仲甡始，于是仲甡名闻诸帅间。六年，团练大臣袁甲三檄仲甡攻亳州，五战五克之；追寇陈州，三战三捷，击杀千余人；七年，随克六安州；八年，张落行犯汜水，仲甡率众防河；九年，团练大臣毛昶熙檄随攻蒙城、阜阳；同治六年十二月，捻寇张总愚率众数十万由山西犯怀庆，仲甡与子鑫、犹子淼及其徒数千御之，自晨至晡，斩其将二人，执旗指挥者二人、寇党数百人，始大败。淼枪毙数寇，被枪犹死战，马忽蹶，中炮阵亡。仲甡时年六十余，未几卒，远迩惜之，私谥曰"英毅"。仲甡事亲孝，教子严，与朋友交有信，然循循儒雅，从未与人角。季甡字仿随，武庠生。传其学者曰陈同、曰陈复元、曰陈丰聚、曰李景延、曰任长春，然皆不及仲甡。

民国四年岁次乙卯，敏修先生征中州文献，得温邑《陈氏家乘》，采先大人事迹，列中州文献辑《义行传》中。愚因先生作叙，犹推论先大人事实，故将是传录之于前，以便阅者知太极 拳有功于世云尔。男鑫谨志。

温县陈君墓铭

南阳张嘉谋

　　温县陈沟陈氏，世传太极拳，咸丰间，英义公仲甡，治之尤精，有功乡邦。君英义季子也，讳鑫，字品三，廪贡生。承其先志，服膺拳经，综会群谱，根极于易。凡河图洛书、先天后天、卦象爻象，所见无非太极，约之以缠丝精法，成《太极拳图说》四卷。又辑《陈氏家乘》五卷，可谓善继善述，有光前烈者矣。

　　太极拳推行既久，虽皆祖陈氏，然各即所得，转相教授。或口说无书，坊贾牟利，又多剿窃删节，以迎合畏难速化不求甚解之心理，学者苦无从窥其全，君深忧之。年老无子，食贫且病，乃召兄子椿元[①]于湘南，归而授之。书曰："能传传焉，否则焚之，勿以与妄人！"会河南修通志，馆长韩君，命嘉谋与王子圜白同杜编修友梅访君书时，君卒已数年，将葬。椿

---

① 陈椿元为陈鑫堂兄陈森之三子。陈森有三子，长子梅元、次子槐元、三子椿元，陈氏家谱和碑文记载为"椿元"。南阳张嘉谋在"温县陈君墓铭"中、巩县刘焕东在"温县陈品三太极拳谱后叙"中将"椿元"误写为"春元"。张嘉谋、刘焕东为本书的校阅者，校阅时又将"编辑者""椿元"误改为"春元"，本次改版将"春元"统一更正为"椿元"，特此说明。

元介巩刘君瀛仙，以书请铭。嘉谋既美椿元能读楹书，世其家学，且慨吾国积弱，有渐而病，读先哲道要者之善失真也。因诹于王子圜白，而系之辞曰：

惟太极圈，包罗地天，繄谁打破，陈家世拳。探原于易，研几钩玄，河图龙马，木火腾骞。洛书龟蛇，金水藏坚，雷风山泽，坎离坤乾。五十学易，尼山心传，出震成艮，四时行焉。总括要述，缠丝微言，缠肱缠股，根腰吕间。上下左右，顺逆倒颠，大圈小圈，矩方规圆。消息盈虚，往来雷鞭，纽鳔舒卷，反正风帆。扶摇羊角，逍遥游衍，九万里上，六月图南。骨节齐鸣，声谐凤鸾，轻飘鸿羽，重坠鳌山。水流花放，峡断云连，有心无心，自然而然。龙虎战罢，真人潜渊，浮游规中，妙得其环。乃武乃文，乃圣希天，拳乎仙乎，道在艺先。

跋

　　吾友孙子仲和，为余述陈君仲甡手擒大头王事，英风义概，令人骇服。又言某封翁家，突来数十巨盗，封翁好言款之，急招仲甡至。则红烛高烧，宾筵盛列矣。仲甡入，遽灭其烛，盗大讹抽刀相扑。盗人人喜得仲甡歼之，须臾无声则盗皆自杀，而仲甡固无恙也。盖盗互扑杀时，仲甡固皆在其手侧，惟用盗代死，而自手执一碗，一足立筵席中间也，可谓妙绝，益令人骇服不止。今见太极拳谱，是陈君一生用力而得，力者用以传其家人。故至今温县陈沟陈氏，人无男女，皆习是术，以神勇称方。惧其秘不示人也，而竟详悉推阐，梓以传世，是真大道为公者矣。读是书者，若能潜玩而力学之，所裨益于健全者甚大，由是自强，强国不难矣。太极之理，其自序及诸贤各序论之详矣，故不具论，论其轶事使后人有考焉。

后学荆文甫谨跋

温县陈品三《太极拳谱》后叙

　　余少交温县关子绍周，得闻陈沟太极拳宗师陈仲甡昆季杀敌卫乡之伟烈，心窃慕之。及长，南北奔走廿余年，所见太极拳书颇多，而陈沟独无闻，窃疑其学或失传欤？今春晤陈椿元于焦作，出示其叔父品三先生所著《太极拳谱》，本羲易之奥旨，循生理之脉，解每势之妙用，指入门之诀窍；举六百年来陈氏历代名哲苦心研究之结果，慨然笔之于书而无所隐，一洗拳术家守秘不传之故习。余受而读之，喜且惊，陈氏太极之学果未绝，且大有所发明。实孔门之孟轲、荀卿，佛家之马鸣龙树也！品三先生名鑫，为仲甡公次子，清岁贡生。课读之余，精研拳术，尽传其父学。晚更竭十余年之力，以成此书。欲及身刊发传世，志未遂。先生无子，临终出全编授其犹子椿元曰：“此吾毕生心血也。汝能印行甚善，否则焚之可也。”余闻椿元语而痛之，念强寇侵凌之今日，此谱亟宜刊行，藉练国人体魄。七月间，因事走徐海平津大同，所至访有力之同好者。河南国术大家陈子峻峰及张子霁若、白子雨生，均慷慨资助。八月返汴，而张中孚、关百益、王可亭、韩自步诸先生，亦均慕义若渴，热心酿金，两次会议，遂付剞劂。品三先生可瞑目于地下，国术界自今又开一引人入胜之大道矣！

　　顾余犹窃窃隐忧者：人情对于秘藏奇书，日夜思慕之，不惮跋涉山川，走数十百里，以求朝夕录且读，舌弊手胝不自足。及其公开流传，随处可得，则往往读之不能终卷，何则习见生玩也！所望国人读是谱者，一如异僧传道，黄石授书，特别宝重而熟玩之，不仅得之于心，更进而实有诸身。十年锻炼，一可挡千，孟贲遍地，四夷敛迹，恢复失土，发扬国权，则同人等努力刊行此书之微愿也。

中华民国二十一年双十节

刘焕东谨叙

新刊订补《陈氏太极拳图说》姓氏

原著者　　温县陈鑫品三

编辑者　　胞侄　雪元

　　　　　胞侄　椿元

参订者　　孙女　淑贞

　　　　　孙男　金鳌

　　　　　孙男　绍栋

校阅者　　西华陈泮岭峻峰

　　　　　巩县刘焕东瀛仙

　　　　　开封关百益以字行

　　　　　南阳张嘉谋中孚

助刊者　　西平陈泮岭

　　　　　泌阳韩运章自步

　　　　　巩县张镜铭霁若

　　　　　巩县白雨生

　　　　　开封关百益

　　　　　南阳张嘉谋

　　　　　南阳王谛枢

注：

"新刊订补《陈氏太极拳图说》姓氏"，"新刊"指首次发表，"订补"指对原有作品的修订、补充，故称"新刊订补"（依据为国家版权局1992年对图书"新刊订补"的解释）。

"原著者：温县陈鑫品三"，"原著者"指原作品的作者。

"编辑者：胞侄雪元、胞侄椿元"，包含着两层意思。编辑者将不完整的书稿经过整理、修订、补充编辑成完整的作品并使之得以发表。"胞侄"说明"编辑者"与"原著者"的关系。

"参订者：孙女淑贞、孙男金鳌、孙男绍栋"，指参加该书整理、修订、补充的工作者。孙女淑贞为陈森之孙女，孙男金鳌为陈垚之长孙，孙男绍栋为陈森之长孙。该书的"原著者""编辑者""参订者"均以辈分、年龄大小为序。

"校阅者"中的西华陈泮岭为原河南省国术馆馆长，开封关百益为原河南省博物馆馆长，巩县刘焕东、南阳张嘉谋均为当时德高望重的社会名流。

"助刊者"陈泮岭、韩自步、张镜铭、白雨生、关百益、张嘉谋、王谛枢均为当时的知名人士，对《陈氏太极拳图说》的出版发行极为关注，为此捐资七百大洋，该书才得以出版发行。

陈式太极拳小架六十四势分解图

预备势

第一势　金刚捣碓（6 图）

第二势　揽擦衣（2 图）

第三势　单鞭（4 图）

陈氏太极拳图说

附录

第四势　金刚捣碓（4图）

第五势　白鹅亮翅（3图）

陈氏太极拳图说

附录

第六势　搂膝拗步（4图）

第七势　初收（4图）

第八势　斜行拗步（4 图）

陈氏太极拳图说

附录

第九势　再收（4 图）

第十势　前堂拗步（2 图）

陈氏太极拳图说

附录

第十一势　演手捶

第十二势　金刚捣碓（4图）

陈氏太极拳图说

附录

第十三势　披身捶、背折靠（6 图）

第十四势　指裆捶

第十五势　肘底看拳（3 图）

第十六势　倒卷红（3 图）

343

第十七势　白鹅亮翅（2 图，同第五势）

第十八势　搂膝拗步（3图，同第六势）

第十九势　闪通背（3图）

第二十势　演手捶（3图）

第二十一势　揽擦衣（2图，同第二势）

第二十二势　单鞭（4图，同第三势）

第二十三势　左右云手（3图，更迭运行）

第二十四势　高探马（4图）

第二十五势　右擦脚（2 图）

第二十六势　左擦脚（2 图）

第二十七势　蹬一跟（又名中单鞭）

第二十八势　击地捶（2图）

第二十九势　二起脚（3图）

第三十势　兽头势

第三十一势　左踢一脚

第三十二势　右蹬一跟

第三十三势　演手捶（同第二十势）

第三十四势　小擒拿

第三十五势　抱头推山（4 图）

第三十六势　单鞭（同第三势）

第三十七势　前昭

第三十八势　后昭

第三十九势　野马分鬃（3图）

第四十势　单鞭（3图，同第三势）

第四十一势　玉女穿梭（7图）

第四十二势　揽擦衣（同第二势）

陈氏太极拳图说

附录

第四十三势　单鞭（同第三势）

第四十四势　左右云手（3图，更迭运行）

第四十五势　摆脚（2图）

第四十六势　跌岔

第四十七势　金鸡独立

第四十八势　朝天镫

第四十九势　倒卷红（3图，同第十六势）

第五十势　白鹅亮翅（同第五势）

第五十一势　搂膝拗步（同第六势）

第五十二势　闪通背（2 图，同第十九势）

第五十三势　演手捶（同第二十势）

第五十四势　揽擦衣（同第二势）

陈氏太极拳图说

附录

第五十五势　单鞭（同第三势）

第五十六势　左右云手（3图，更迭运行）

第五十七势　高探马（4图，同第二十四势）

第五十八势　十字脚（2图）

第五十九势　指裆捶、青龙出水（2图）

第六十势　单鞭（同第三势）

第六十一势　铺地锦、上步七星（4图）

第六十二势　下步跨虎

第六十三势　摆脚、当头炮（3图）

第六十四势　金刚捣碓（4图，同第一势）

陈氏太极拳图说

附录

收式

敬礼

陈氏太极拳图说

附录